AF748330

प्रारम्भिक सत्य
अन्तिम सत्य दिशा

notionpress
.com

प्रारम्भिक सत्य
अन्तिम सत्य दिशा
(नागरिक के लिए आवश्यक न्यूनतम जानकारी)

लव कुश सिंह "विश्वमानव"

सत्यकाशी पीठ
पांचवां और अन्तिम शंकराचार्य पीठ

Notion Press

Old No. 38, New No. 6
McNichols Road, Chetpet
Chennai - 600 031

First Published by Notion Press 2020

Copyright © Lava Kush Singh "Vishwmanav" 2020
All Rights Reserved.

ISBN **978-16-48993-72-5**

This book has been published with all reasonable efforts taken to make the material error-free after the consent of the author. No part of this book shall be used, reproduced in any manner whatsoever without written permission from the author, except in the case of brief quotations embodied in critical articles and reviews.

The Author of this book is solely responsible and liable for its content including but not limited to the views, representations, descriptions, statements, information, opinions and references ["Content"]. The Content of this book shall not constitute or be construed or deemed to reflect the opinion or expression of the Publisher or Editor. Neither the Publisher nor Editor endorse or approve the Content of this book or guarantee the reliability, accuracy or completeness of the Content published herein and do not make any representations or warranties of any kind, express or implied, including but not limited to the implied warranties of merchantability, fitness for a particular purpose. The Publisher and Editor shall not be liable whatsoever for any errors, omissions, whether such errors or omissions result from negligence, accident, or any other cause or claims for loss or damages of any kind, including without limitation, indirect or consequential loss or damage arising out of use, inability to use, or about the reliability, accuracy or sufficiency of the information contained in this book.

समर्पण

यह पुस्तक समर्पित है -

उन सभी खोजी आत्माओं को,

जो सत्य की ज्योति को अपने भीतर

और संसार के हर कोने में जलाना चाहते हैं।

भारतीय संविधान के धारा-51 (ए)
नागरिक का मौलिक कर्तव्य के अनुसार

01. संविधान के प्रति प्रतिबद्धता, इसके आदर्शों, धाराओं, राष्ट्रीय ध्वज व राष्ट्रीय गान का आदर करना।
02. स्वतंत्रता के लिए संघर्ष हेतु प्रेरित करने वाले सुआदर्शों का अनुकरण करना व उन्हें चिरस्थायी बनाना।
03. भारत की सर्वोच्चता, एकता और अखण्डता की रक्षा करना तथा समर्थन करना।
04. जब भी आवश्यकता पड़े देश की रक्षा करना व राष्ट्रीय सेवाओं हेतु समर्पित होना।
05. समाज में भाई-चारें की भावना का विस्तार करना, मातृत्व भाव, धार्मिक, भाषायिक, क्षेत्रीय विभिन्नताओं में एकता कायम करना तथा नारी सम्मान आदि का ध्यान देना।
06. अपने मिश्रित संस्कृति का मूल्यांकन करना उसको स्थायित्व देना और इसकी परम्परा को कायम रखना।
07. प्राकृतिक सम्पदा की रक्षा करना जिसमें जलवायु, जंगल, झील, नदियां, जंगली जीवों व समस्त जीवों के प्रति दया का भाव सम्मिलित है।
08. वैज्ञानिक भावना को प्रोत्साहित करना, मानवीय भावनाओं के स्वरूप की परख करते रहना।
09. जन सम्पत्ति की सुरक्षा करना और हिंसा आदि का परित्याग करना।
10. व्यक्तिगत, सामूहिक गतिविधियों के प्रत्येक क्षेत्र में सर्वोच्चता हासिल करना, जिससे राष्ट्र शतत उत्थान, प्रयत्न व प्राप्ति की ओर अग्रसर होता रहे।
11. जो कि माता-पिता या अभिभावक हो, वे अपने 6 साल से 14 साल के बच्चों को शिक्षा या अन्य ऐसे सुअवसरों का लाभ उन्हें मुहैया करावें।

मूल जीवन मंत्र

"हे प्रभु, तेरे प्यार में बस दो ही बातें है। एक तो अपना कल्याण करूँ, दूसरा तुझ जैसा बन सबका कल्याण करूँ"

विषय- सूची

भाग-1 : सत्य- व्याख्या

भाग-2 : सत्य-अर्थ

भाग-3 : सत्य-मार्गदर्शन

भाग-4 परिवर्तन

भाग-5: केन्द्र या मध्य (भारत) में पांचवां और अन्तिम सत्यकाशी पीठ

भाग-6: सत्यकाशी पीठ के कार्य

मुख पृष्ठ की व्याख्या

यह आवरण एक ऐसी दार्शनिक यात्रा का द्वार खोलता है, जो *प्रारम्भिक सत्य* के बीज से उठकर *अन्तिम दृष्टि* की अनन्त ज्योति तक पहुँचती है। कवर के केंद्र में चमकती हुई **कॉस्मिक आँख** मानव-चेतना की उस जाग्रत अवस्था का प्रतीक है, जहाँ दर्शक बाहरी संसार से परे, अस्तित्व के मूल सत्य को देखने की क्षमता प्राप्त करता है। यह नेत्र केवल देखने का साधन नहीं-यह *"द्रष्टा का जागरण"* है।

दायीं ओर प्रकाश-किरणों से जुड़ा हुआ एक **प्राचीन ग्रन्थ** दिखाई देता है, जो युगों-युगों से चले आ रहे वेदमन्त्रों, ऋषियों की वाणी और शाश्वत ज्ञान-परंपरा का संकेत देता है। ग्रन्थ से निकलती ऊर्जा और नेत्र से निकलती प्रकाश-रेखा का मिलन यह बताता है कि *सत्य कभी अलग-अलग नहीं; विज्ञान, दर्शन और अध्यात्म-तीनों की धारा एक ही केंद्र से फूटती है।*

पृष्ठभूमि में फैली **गैलेक्सी और ब्रह्माण्डीय प्रकाश-संरचना** यह दर्शाती है कि यह पुस्तक केवल मानव-इतिहास या किसी धर्म का वर्णन नहीं करती-यह तो ब्रह्माण्ड की उस मौलिक व्यवस्था का अन्वेषण है जहाँ से सत्य की यात्रा शुरू होती है और जहाँ जाकर वह अपनी पूर्णता प्राप्त करती है।

शीर्षक **"प्रारम्भिक सत्य – अन्तिम दृष्टि"** बड़े और प्रखर अक्षरों में उकेरा गया है, जो पुस्तक के मूल संदेश को ही उद्घोषित करता है-कि प्रत्येक खोज की शुरुआत एक साधारण प्रश्न से होती है, लेकिन उसका अंत उस दिव्य बोध में होता है जो समस्त सीमाओं के पार है।

नीचे लिखा **"सत्यकाशी पीठ - पाँचवाँ और अन्तिम शंकराचार्य पीठ"** इस ग्रन्थ को एक आध्यात्मिक परम्परा, एक गहन साधना-मार्ग और एक व्यापक चेतना-परियोजना से जोड़ता है। यह संकेत देता है कि यह पुस्तक महज एक विचारग्रन्थ नहीं, बल्कि एक *दीक्षा* है-ज्ञान की, दृष्टि की, और सत्य के जागरण की।

समग्रतः, यह कवर पाठक को यह संदेश देता है:

"यह यात्रा केवल पढ़ने की नहीं-देखने, अनुभव करने और जागने की है।"

भूमिका

मानव सभ्यता की समग्र यात्रा एक ऐसे निर्णायक मोड़ पर आ खड़ी है जहाँ केवल तकनीकी उन्नति पर्याप्त नहीं, और केवल आध्यात्मिक भाव भी अधूरा है। वर्तमान काल हमें एक ऐसी चेतना की पुकार देता है जिसमें विज्ञान की शोध-प्रज्ञा और आध्यात्मिकता की आन्तरिक ज्योति-दोनों एक ही केन्द्र पर संयुग्मित हों। जैसा कि वेदान्त का आदर्श कहता है- *"मनुष्य के सच्चे स्वरूप को जानना ही सर्वोच्च ज्ञान है"*-मानव का यह आत्मदर्शन तभी संभव है जब उसकी व्यक्तिगत चेतना, सामूहिक चेतना और वैश्विक चेतना एक पूर्ण, संतुलित और उत्तरदायी रूप में विकसित हों। आज का विश्व इसी संयुक्त विवेक के अभाव में संघर्षों, वैचारिक टकरावों और बौद्धिक विखण्डन से जूझ रहा है।

वर्तमान पीढ़ी और आने वाली मानव जाति के लिए एक सुरक्षित, समतामूलक, उन्नत और लाभ-प्रधानता से मुक्त पृथ्वी का निर्माण तभी सम्भव है जब हम *अपूर्ण मानव* की सीमाओं से आगे बढ़कर *पूर्ण मानव–विश्वमानव* की दिशा में अग्रसर हों। यही वह बिंदु है जहाँ यह ग्रंथ "प्रारम्भिक सत्य – अन्तिम दृष्टि" अपने पूरे अर्थ के साथ उदित होता है-एक ऐसे युगदृष्टा चिन्तन के रूप में जो मानव के मनो-बुद्धिक विकास को एक नई दिशा प्रदान करता है।

इस ग्रंथ का केंद्रीय संदेश यह है कि बौद्धिक विकास का मार्ग अनन्त न होने के कारण जब मन संकुचित दिशाओं में उलझने लगता है, तब वैचारिक संघर्ष और अस्तित्वगत संकट दोनों बढ़ते हैं। इसलिए मानवता की अगली छलाँग-एक ऐसे *पूर्ण मन* के निर्माण में निहित है जो व्यक्तिगत लाभ, शक्ति और स्वार्थ के चक्रों से ऊपर उठकर एक वैश्विक एकात्मता की ओर अग्रसर हो। लेखक द्वारा प्रस्तुत "विश्वशास्त्र" इसी आवश्यकता का प्रतिफल है-एक ऐसी वैचारिक-वैज्ञानिक रूपरेखा जिसमें पूर्ण मानव निर्माण हेतु *WCM–TLM–SHYAM.C* जैसी समग्र तकनीकें मानव-चेतना के विकास का मार्गदर्शन करती हैं।

मानव सभ्यता की श्रृंखला तभी आगे बढ़ती है जब उसकी प्रथम कड़ी-अर्थात् मानव की बुनियादी चेतना-सही दिशा में विकसित हो। यदि हम केवल अंतिम या मध्य कड़ी को आगे बढ़ाएँ तो संघर्ष, प्रतियोगिता और असंतुलन ही उत्पन्न होते हैं। इसलिए इस ग्रंथ का उद्देश्य केवल विचारों का संकलन नहीं, बल्कि विचारों की *दिशा-निर्धारण* है-एक ऐसी दिशा जो आरम्भिक सत्य को जानकर अन्तिम दृष्टि की ओर ले जाती है।

"प्रारम्भिक सत्य – अन्तिम दृष्टि" केवल दार्शनिक विमर्श नहीं; यह आधुनिक मानव का बौद्धिक मानचित्र है-जहाँ विज्ञान और आध्यात्मिकता एक-दूसरे के विरोधी नहीं, बल्कि परस्पर पूरक शक्तियाँ हैं। एक ऐसा युग भी उदित हो रहा है जिसमें एशिया की आध्यात्मिक चेतना और

पश्चिम की वैज्ञानिक दृष्टि मिलकर मानव इतिहास का नये प्रकार का पृष्ठ लिख रही हैं। यह ग्रंथ उसी बदलते काल की दस्तक है-एक चेतावनी भी, और एक आह्वान भी।

यह कृति पाठक को आत्मा से ब्रह्माण्ड तक, व्यक्ति से विश्वमानव तक, और प्रारम्भिक सत्य से अन्तिम दृष्टि तक की यात्रा पर ले जाती है। यह केवल पढ़ने का नहीं-सोचने, समझने और भीतर रूपान्तरित होने का ग्रंथ है।

✍ ***लव कुश सिंह "विश्वमानव"***

एक शोधक, चिंतक और मार्गदर्शक, जिन्होंने अपना जीवन *मानवता, आत्मा और नव-सृष्टि* के अध्ययन एवं लेखन को समर्पित किया है।

- प्रमुख ग्रंथ: *विश्वशास्त्र*
- दृष्टि: *नव-मनुष्य और नव-संसार का निर्माण*

प्रारम्भ के पहले दिव्य-दृष्टि

मेरे इस जीवन की एक अलग यात्रा में "दिव्य" शब्द का जो दर्शन हुआ वह इस प्रकार है। "दिव्य" शब्द का प्रयोग वेदों के समय से ही हो रहा है और वह दूसरे शब्दों के साथ मिलकर "दिव्य दृष्टि", "दिव्य रूप", "दिव्य दिन", "दिव्य वर्ष", "दिव्य युग" इत्यादि के रूप में हमारे सामने है। अनेक विद्वान व तत्वद्रष्टाओं ने इस दिव्य शब्द का अनेक-अनेक प्रकार से अर्थ बतायें हैं। यहाँ दिव्य शब्द के प्रयोग व उसके अर्थ को नीचे दिया जा रहा है जिससे हम सभी को उसके अर्थ के प्रति समझ बन सकें।

01. "महाभारत" का युद्ध और "गीता" ज्ञान का प्रारम्भ जिस दृश्य से होता है, वह है-"संजय" और "धृतराष्ट्र" के बीच वार्तालाप। जिसमें महर्षि व्यास द्वारा युद्ध को देखने व धृतराष्ट्र को उसका "जैसा हो रहा है वैसा ही हाल" सुनाने के लिए संजय को एक दृष्टि दी जाती है जिसे हम सभी "दिव्य दृष्टि" के नाम से जानते हैं।

02. "अखिल विश्व गायत्री परिवार" के संस्थापक, "युग निर्माण योजना" के संचालक व 3000 से भी अधिक पुस्तक-पुतिकाओं के लेखक पं0 श्रीराम शर्मा आचार्य (जन्म-20 सितम्बर, 1911, मृत्यु-2 जून, 1990), जिनके कई लाख समर्थक-सदस्य हैं, के अनुसार "दिव्य का अर्थ देवता नहीं हो सकता। ऋग्वेद (2,164.46) में कहा गया है-अग्नि रूपी सूर्य को इन्द्र मित्र वरूण कहते हैं। वही दिव्य सुपर गुरूत्मान है। निरूक्त दैवत काण्ड (7,18) में कहा गया है-जो दिवि में प्रकट होता है उसे दिव्य कहते हैं। दिवि, द्य को कहते हैं। नैघण्टुक काण्ड में दिन के 12 नाम लिखे हैं उनमें द्यु शब्द भी दिन का वाचक है। अब दिव्य का अर्थ हुआ कि-जो दिन में प्रकट होता है। और यह प्रत्यक्ष है कि दिन में सूर्य ही प्रकट होता है। अतः दिव्य सूर्य का नाम है। ऋग्वेद (1,16:3,10) के मन्त्र में कहा गया है कि-आग का घोड़ा (सूर्य) है। इसमें भी सूर्य का ही वर्णन है। वेद में दिव्य नाम सूर्य का है, देवता को दिव्य कदापि नहीं कहते। व्याकरण से भी दिव्य शब्द का अर्थ देवता नहीं बनता। दिव् धातु में स्वार्थेयत प्रत्यय लगाने से दिव्य शब्द बनता है। इसकी व्युत्पत्ति यह हुई-दिव भवं दिव्यन अर्थात जो दिवि में प्रकट होता है। अतः दिव्य केवल सूर्य ही को कहते हैं। दिवि, द्यु को कहते हैं और द्यु दिन का नाम है। देवता शब्द दूसरें देवातल आदि सूत्रों से बनता है। इस कारण भी दिव्य और देवता शब्दों का आपस में कोई सम्बन्ध नहीं है। "दिव्य" शब्द और "देवता" शब्द बनाने के रूप ही अलग-अलग हैं।"

03. "ज्ञान व संस्कृति" और "बाबा भोलेनाथ" की नगरी काशी (वाराणसी, उ0प्र0, भारत) के बनारसी संस्कृति में दिव्य शब्द का अन्य शब्द के साथ प्रयोग कर "दिव्य निपटान", "दिव्य स्नान", "दिव्य आनन्द" की परम्परा है। इस परम्परा का वाहक काशी (वाराणसी) का अस्सी मुहल्ला है जिस पर प्रो0 काशी नाथ सिंह द्वारा पुस्तक "काशी की अस्सी" भी लिखा गया है और फिल्म भी बना है। काशी ज्ञान की नगरी है। यहाँ के लोगों का जन्म ही ज्ञान में होता है और ज्ञान में ही जीवन जीते है, ज्ञान ही बोलते हैं तथा ज्ञान में ही शरीर त्याग करते हैं। इनकी जीवन शैली और भाषा में सारा शास्त्र समाहित होता है। इसके उदाहरण को केवल "दिव्य निपटान" के अर्थ से ही जाना जा सकता है।

सुबह हो या शाम, सामने गंगा बह रही हो, उपर खुला आकाश हो, भांग को गोला पेट में जा चुका हो, और जब किनारे पर निपटने (नित्य क्रिया) करने बैठते हैं तो बनारसी उसे "दिव्य निपटान" कहते हैं अर्थात उस प्रकार से क्रिया जिसमें कुछ भी बनावटी न हो अर्थात प्राकृतिक हो उसे "दिव्य" कहते हैं। इस प्रकार आधुनिक सुविधाओं से युक्त शौचालय में नित्य क्रिया करना बनारसी ज्ञान में किसी भी स्थिति में "दिव्य निपटान" नहीं हो सकती। इसी प्रकार कपड़े पहनकर नहाना "दिव्य स्नान" नहीं और आधुनिक सुख-सुविधाओं से आनन्द में होना "दिव्य आनन्द" नहीं।

सन् 1893 से सन् 1993 के 100 वर्षों के समय में विश्व के बौद्धिक शक्ति को जिन्होंने सबसे अधिक हलचल दी वे हैं-धर्म की ओर से स्वामी विवेकानन्द और धार्मिकता की ओर से आचार्य रजनीश"ओशो"। दृष्टि के सम्बन्ध में इनके निम्न विचार हैं। स्वामी विवेकानन्द के अनुसार-"अनात्मज्ञ पुरूषों की बुद्धि एकदेश-दर्शिनी होती है। आत्मज्ञ पुरूषों की बुद्धि सर्वग्रासिनी होती है। आत्मप्रकाश होने से, देखोगे कि दर्शन, विज्ञान सब तुम्हारे अधीन हो जायेंगे।" (राम कृष्ण मिशन, विवेकानन्दजी के संग में, पृष्ठ-118) आचार्य रजनीश "ओशो" के अनुसार-"श्रीराम कितने ही बड़े हों, लेकिन इस मुल्क के चित्त में वे पूर्ण अवतार की तरह नहीं हैं, अंश हैं उनका अवतार। उपनिषद् के ऋषि कितने ही बड़े ज्ञानी हों, लेकिन अवतार नहीं हैं। श्रीकृष्ण पूर्ण अवतार हैं। परमात्मा अगर पृथ्वी पर पूरा उतरे तो करीब-करीब श्रीकृष्ण जैसा होगा। इसलिए श्रीकृष्ण इस मुल्क के अधिकतम मन को छु पाये हैं; बहुत कारणों से। एक तो पूर्ण अवतार का अर्थ होता है, मल्टी-डाइमेंन्सनल; जो मनुष्य के समस्त व्यक्तित्व को स्पर्श करता हो। श्रीराम वन-डाइमेंन्सनल है। अब तक श्रीकृष्ण को पूरा प्रेम करने वाला आदमी नहीं हुआ। क्योंकि पूरे श्रीकृष्ण को प्रेम करना तभी सम्भव है, जब वह आदमी भी मल्टी-डाइमेंन्सनल हो। हम आम तौर पर एक आयामी होते हैं। एक हमारा ट्रैक होता है व्यक्तित्व का, एक रेल की पटरी होती है, उस पटरी पर हम चलते है। जो एक गुरू बोल रहा है, वह अनन्त सिद्धों की वाणी है। अभिव्यक्ति में भेद होगा, शब्द अलग होंगे, प्रतीक अलग होंगे मगर जो एक सिद्ध बोलता है, वह सभी सिद्धों की वाणी है। इनसे अन्यथा नहीं हो सकता है। इसलिए जिसने एक सिद्ध को पा लिया, उसने सारे सिद्धों की परम्परा को पा लिया। क्योंकि उनका सूत्र एक ही है। कुंजी तो एक ही है, जिससे ताला खुलता है अस्तित्व का।"

उपरोक्त विचारों से यह स्पष्ट होता है कि "दिव्य" का अर्थ सीधा सा प्राकृतिक रूप अर्थात "जैसा है ठीक वैसा ही" है तथा "दिव्य दृष्टि" का अर्थ सर्वग्रासिनी या बहुआयामी (मल्टी-डाइमेंन्सनल) दृष्टि होता है। इस प्रकार ब्रह्मा का "दिव्य रूप" चार सिर वाला, विष्णु का "दिव्य रूप" चार हाथ वाला और शिव-शंकर का "दिव्य रूप" पाँच सिर वाला पुराणों में प्रक्षेपित है। किसी भी वस्तु को एक दिशा से देखकर उसके वास्तविक रूप लम्बाई, चौड़ाई, ऊँचाई इत्यादि के साथ नहीं देख सकते। हम सभी अपनी आँखों से ही आँखों या पूरे शरीर को नहीं देख सकते। उसके लिए हमें दर्पण की आवश्यकता पड़ती है अर्थात स्वयं से बाहर आकर ही पूरे को देखना सम्भव हो पाता है। इसी प्रकार पृथ्वी को देखने के लिए हमें पृथ्वी से बाहर जाना पड़ता है और सारी पृथ्वी के विकास के चिन्तन के लिए मन को पृथ्वी से बाहर ले जाना पड़ता है। "विश्वशास्त्र" ऐसे ही मन की स्थिति का परिणाम है। वर्तमान और भविष्य के समय के लिए सबसे सत्य दृष्टि तो यही है-

"एक गुण से देखना दृष्टि है,
अनेक गुणों से एक साथ देखना दिव्य दृष्टि है,
सिर्फ विद्वता को देखना दृष्टि दोष है"
और

"जो मन कर्म में न बदले, वह मन नहीं और व्यक्ति का अपना स्वरूप नहीं।"

विश्व या जगत्

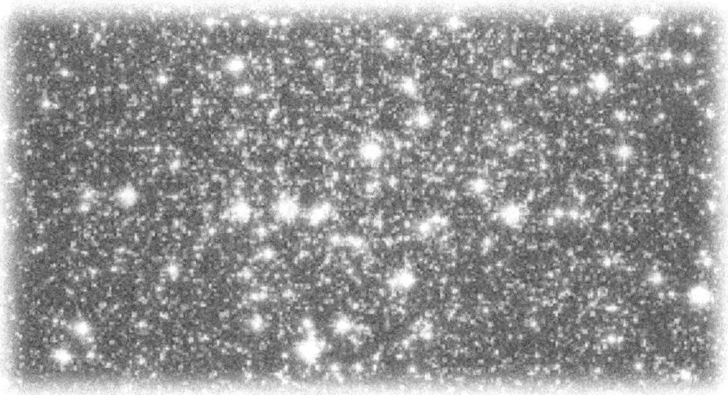

विश्व को अन्य अर्थों में संसार, जगत, सृष्टि, दुनिया के रूप में भी लेते हैं। कुँए के चारो ओर बने चबूतरे, जिस पर खड़े होकर पानी खींचते है, उसे भी जगत् कहते हैं। जगत संस्कृत मूल का शब्द है। वाक्यों द्वारा इन शब्दों का अर्थ निम्न प्रकार स्पष्ट है-

01. कुँए के जगत् पर रखा घड़ा नीचे गिर गया।
02. दुर्गम काज जगत् के जेते। सुगम अनुग्रह तुम्हरे तेते।
03. ब्रह्मा जी को भगवान नारायण ने सम्पूर्ण जगत् की रचना करने की आज्ञा दी।
04. इस चराचर जगत् में समस्त वस्तुएँ नश्वर हैं।
05. हिन्दी का चिट्ठा जगत् दिनोदिन प्रगति कर रहा है।

वर्तमान में विश्व (WORLD) पृथ्वी की सीमा तक के अर्थों में अधिकतम प्रयोग होता है। परन्तु मानवीय व्यक्तिगत दृष्टि में प्रत्येक मनुष्य का विश्व, जगत्, संसार, सृष्टि व दुनिया उतना ही बड़ा होता है जितने क्षेत्र तक का उसका ज्ञान होता है।

इस प्रकार व्यक्ति का अपने व्यक्तिगत दृष्टि से विश्व को देखना उसका प्राथमिक विश्व तथा व्यक्ति का अपने सार्वभौम दृष्टि से विश्व को देखना उसकी अन्तिम व पूर्ण दृष्टि होती है।

संवेदना के अनुभव की सीमा ही व्यक्ति का शरीर होता है। जिस व्यक्ति की संवेदना उसके अपने शरीर तक होता है उसके शरीर की सीमा उसके अपने शरीर तक ही होती है। इसी प्रकार जो व्यक्ति अपने परिवार, मुहल्ला, गाँव, जिला, प्रदेश, देश, पृथ्वी और ब्रह्माण्ड तक की संवेदना का अनुभव करता है उस व्यक्ति का शरीर उस स्तर का होता है। अनन्त ब्रह्माण्ड तक के शरीर का अनुभव ही "अंह ब्रह्मास्मि" कहलाता है और अपने शरीर के सुख-दुःख का अनुभव करते हुये अपने उस शारीरिक सीमा के लिए कर्म करता है।

इस प्रकार मैं लव कुश सिंह "विश्वमानव" अनन्त ब्रह्माण्ड तक की संवेदना का अनुभव कर उसे सत्य, शिव और सुन्दर की ओर दिशा देने के लिए यह "विश्वशास्त्र" व्यक्त किया हूँ।

कुछ वर्षों पहले वैज्ञानिक डा0 फ्रेड हायल भारतवर्ष आये थे। विज्ञान भवन में उन्होंने कहा था- "अंतरिक्ष की गहराइयाँ जितनी अनन्त की ओर बढ़ेंगी, उसमें झाँककर देखने से मानवीय अस्तित्व का अर्थ और प्रयोजन उतना ही स्पष्ट होता चला जायेगा। शर्त यह रहेगी कि हमारी अपनी अन्वेषण बुद्धि का भी विकास और विस्तार हो। यदि हमारी बुद्धि, विचार और ज्ञान मात्र पेट, प्रजनन, तृष्णा, अहंता तक ही सीमित रहता है, तब तो हम पड़ोस को भी नहीं जान सकेंगे, पर यदि इन सबसे पूर्वाग्रह मुक्त हों तो ब्रह्माण्ड इतनी खुली और अच्छे अक्षरों में लिखी चमकदार पुस्तक है कि उससे हर शब्द का अर्थ, प्रत्येक अस्तित्व का अभिप्राय समझा जा सकता एवं अनुभव किया जा सकता है।"

वस्तुतः चेतना का मुख्य गुण है-विकास। जहाँ भी चेतना या जीवन का अस्तित्व विद्यमान दिखाई देता है, वहाँ अनिवार्य रूप से विकास, वर्तमान स्थिति से आगे बढ़ने की हलचल दिखाई देती है। इस दृष्टि से मनुष्यों, जीव-जन्तु और पेड़-पौधों को ही जीवित माना जाता है। परन्तु भारतीय आध्यात्म की मान्यता है कि जड़ कुछ है ही नहीं, सब कुछ चैतन्य ही है। सुविधा के लिए स्थिर, निष्क्रिय और यथास्थिति में बने रहने वाली वस्तुओं को जड़ कहा जाता है, परन्तु वस्तुतः वे प्रचलित अर्थों में जड़ है ही नहीं। सृष्टि के इस विराट रूप, क्रमिक विस्तार एवं सतत गतिशीलता के मूल में झाँकने पर वैज्ञानिक पाते हैं कि यह सब एक सुनियोजित चेतना की विधि व्यवस्था के अन्तर्गत सम्पन्न हुआ क्रियाकलाप है।

इस सम्पूर्ण विवेचन से यह निष्कर्ष निकलता है कि मनुष्य को यह नहीं समझना चाहिए कि वह इस सृष्टि का सर्वतः स्वतन्त्र सदस्य है और उसे कर्म करने की जो स्वतन्त्रता मिली है, उसके अनुसार वह इस सृष्टि के महानियंता की नियामक व्यवस्था द्वारा निर्धारित दण्ड से भी बच पायेगा। इस विराट ब्रह्माण्ड में पृथ्वी का ही अस्तित्व एक धूलिकण के बराबर नहीं है तो मनुष्य का स्थान कितना बड़ा होगा? फिर भी मनुष्य नाम का यह प्राणी इस पृथ्वी पर कैसे-कैसे प्रपंच फैलाये हुये है यह जानने और उसे उस अन्तिम मार्ग से परिचय कराने हेतु ही इस "विश्वशास्त्र" को प्रस्तुत किया गया है। वस्तुतः यथार्थ में ऐसा होना चाहिए कि जीवकोपार्जन हेतु ज्ञान व कर्म मनुष्य-मनुष्य के अनुसार अलग-अलग हो सकते हैं परन्तु जीवन का ज्ञान एक ही होना चाहिए और यदि मानव जाति के नियंतागण ऐसा कर सके तो भविष्य की सुरक्षा हेतु बहुत बड़ी बात होगी। साथ ही ब्रह्माण्ड के अनेक रहस्यों को जानने के लिए मनुष्य के शक्ति का एकीकरण भी कर सकने में हम सफल होंगे।

"प्रत्येक व्यक्ति केवल अपने ही विश्व को देखता है, इसलिए उस विश्व की उत्पत्ति उसके बन्धन के साथ होती है और उसकी मुक्ति से वह विश्व मय हो जाता है। तथापि वह औरों के लिए, जो बन्धन में हैं, अवशेष रहता है। नाम और रुप से ही विश्व बना है। समुद्र की तरंग, उस हद तक ही तरंग कहला सकती है, जब तक कि नाम और रुप से वह सीमित है। यदि तरंग लुप्त हो जाये तो वह समुद्र ही है। यह नाम और रुप माया कहलाता है और पानी ब्रह्म।"

-स्वामी विवेकानन्द

ब्रह्माण्ड या व्यापार केन्द्रः एक अनन्त व्यापार क्षेत्र

आकाश पर नजर डालने से एक काली चादर या कुछ जुगनू से बैठे चमकते दिखते हैं। दिन और रात में चमकते हुये दो गोले घूमते नजर आते हैं। मोटी दृष्टि यहीं समाप्त हो जाती है, पर जब गहराई में उतरकर वास्तविकता खोजने की बात चलती है तो प्रतीत होता है कि इस नगण्य के पीछे न जाने कितना बड़ा विशाल विस्तार छिपा पड़ा है। उसकी परतें उठाते चलने पर विशालता का अनंत विस्तार आँखों के सामने आकर खड़ा हो जाता है। ब्रह्माण्ड का स्वरूप कभी मानवी मान्यता के अनुसार बहुत छोटा था, पर अब पर्यवेक्षण से उसकी विशालता इतनी बढ़ चली है कि उसकी कल्पना करने तक में मस्तिष्क चकराने लगता है।

ब्रह्माण्ड के बारे में जैसे-जैसे जानकारीयाँ बढ़ती जा रही हैं वैसे-वैसे उसके विस्तार का दायरा बढ़ता जा रहा है। अभी वह बचपन की ही अवधि में है इसलिए उसे बहुत समय बढ़ने, फलने और परिपुष्ट होने में लगेगा। प्रौढ़ता आने के उपरान्त ही वृद्धावस्था की झुर्रियाँ पड़ना आरम्भ होगी। कमर झुकेगी। खाँसी-श्वास का सिलसिला चलेगा और घटते-घटते हारा थका जराजीर्ण होने पर वह मरण की तैयारी करेगा। मरने के उपरान्त उसे फिर जन्म लेने में कितने समय भूतकाल जैसा गर्भावस्था में रहना होगा, यह तो नहीं कहा जा सकता किन्तु यह निश्चित है कि जन्म-मरण के चक्र में पदार्थों एवं प्राणियों की तरह ब्रह्माण्ड को भी गुजरना पड़ेगा। और यह क्रम सदैव चलता रहता है। वर्तमान समय का ब्रह्माण्ड अभी बचपन की अवधि में है।

हमारा सौर मण्डल ब्रह्माण्ड में उपस्थित कई अरब निहारिकाओं में से एक में उपस्थित अरबों-खरबों सौरमण्डल में से एक सौर मण्डल है। कई अरब निहारिकाओं का समुच्चय आकाशगंगा (मिल्की वे या ग्लैक्सी) कहलाता है। ब्रह्माण्ड में असंख्यों आकाशगंगाएँ हैं। हमारा ब्रह्माण्ड दिनों-दिन फैलता जा रहा है और निहारिकाएँ एक-दूसरे से दूर हटती जा रहीं हैं। एक आकाशगंगा को ही लें तो पाते हैं कि अपने सूर्य जैसे लगभग 500 करोड़ ताराओं, सौरमण्डल तथा अकल्पनीय विस्तार वाले धूल तथा गैस वर्तुलों के मेघ मिलकर मात्र एक गंगा बनती है। ऐसी 10 करोड़ से अधिक आकाशगंगाओं या उनके मध्य के अकल्पनीय आकाश को एक ब्रह्माण्ड कहा जाता है। यह ब्रह्माण्ड कितने है? इस स्थान पर मनुष्य की बुद्धि व कल्पना थक जाती है। इसलिए दर्शन ने उसे "नेति-नेति" एवं विज्ञान ने उसे "अनन्त" कहा है। आध्यात्मवाद ने इस समस्त रचना को ही नहीं उसके स्वामी, नियंता, रक्षक को भी अनन्त नाम से ही सम्बोधित किया है।

क्या अनन्त अंतरिक्ष का अन्त है? इस प्रश्न के उत्तर में विश्व प्रसिद्ध वैज्ञानिक आईन्सटीन एवं मिन्कोवस्की ने "है" के रूप में दिया है। वे कहते हैं-"सीधे चलते हुये कोई भी वस्तु अन्ततः घूमकर अपने मूल उद्गम पर ही आ जाती है। इस गणित के सिद्धान्त के आधार पर अंतरिक्ष का अंत भी वहीं होना चाहिए, जहाँ से उसका आरम्भ हुआ है।" अर्थात अनादि और अनन्त कहे जाने वाले अंतरिक्ष का किसी एक बिन्दु पर मिलन अवश्य होगा ही, भले ही वह कितना दूरवर्ती क्यों न हो? ब्रह्माण्ड निरन्तर फैल व बढ़ रहा है। विराट की पोल में प्रत्यक्ष ग्रह-नक्षत्र किसी असीम-अनन्त की दिशा में तेज गति से भागते चले जा रहे हैं। यों ये पिण्ड अपनी धुरी व कक्षा में भी घूमते हैं, पर हो यह रहा है कि वह कक्षा, धुरी और मण्डली तीनों ही असीम की ओर दौड़ रहे हैं। ब्रह्माण्ड 150 मील प्रति सेकण्ड की गति से विकसित हो रहा है और यह गति बिना किसी बाधा के सभी स्थान पर है। जो तारे कुछ समय

पूर्व दिखते थे, वे अब अधिक दूरी पर चले जाने के कारण अदृश्य हो गये। इस क्रिया को विस्तार, विघटन या अन्त में एकता की प्राप्ति के लिए दौड़ भी कह सकते हैं। गोलाई का सिद्धान्त अकाट्य है। प्रत्येक गतिशील वस्तु गोल हो जाती है। स्वयं ग्रह-नक्षत्र इसी सिद्धान्त के अनुसार चौकोर, तिकोने, आयताकार न होकर गोल हुये। यह ब्रह्माण्ड भी गोल है। नक्षत्रों की कक्षाएँ भी गोल हैं।

ब्रह्माण्ड का 99 प्रतिशत भाग शून्य है। एक प्रतिशत भाग को ही यह ग्रह-नक्षत्र घेरे हुये है। आकाश में सूर्य जैसे खरबों तारकों का अस्तित्व है। वह तारे आकाशगंगाओं से जुड़े हैं। वे उसी से निकले हैं। मुर्गी अण्डे देती है, उन्हें सेती है, और जब तक बच्चे समर्थ नहीं हो जाते, उन्हें अपने साथ लिए फिरती है। आकाशगंगाएँ ऐसी ही मुर्गीयाँ हैं जिनके अण्डे-बच्चों की गणना करना पूरा सिरदर्द है। हमारी आकाशगंगा 1 लाख प्रकाश वर्ष लम्बी और 20 हजार प्रकाश वर्ष मोटी है। सूर्य इसी मुर्गी का एक छोटा चूजा है जो अपनी माता से 33000 प्रकाश वर्ष दूर रहकर उसकी परिक्रमा 170 मील प्रति सेकण्ड की गति से करता है। आकाशगंगाएँ भी आकाश में करोड़ों हैं। वे आपस में टकरा न जाएँ या उनके अण्डे-बच्चे एक-दूसरे से उलझ न पड़े इसलिए अपने सैर-सपाटे के लिए काफी बड़ा क्षेत्र हथिया लिया है। ये आकाशगंगाएँ एक-दूसरे से लगभग 20 लाख प्रकाश वर्ष दूर रहती है। अनन्त आकाश में गतिशील आकाशगंगाओं में एक अपने सौरमण्डल की भी है, जिसकी चाल 24,300 मील प्रति सेकण्ड नापी गई है। इस तरह ब्रह्माण्ड चैतन्य तो है ही, निरन्तर फैल रहा है, इसकी हर इकाई गतिशील है। निष्क्रियता कहीं भी दृष्टिगोचर नहीं होती।

प्रकाश की गति 1 सेकण्ड में 1 लाख 86 हजार मील है। इस गति से चलते रहने पर 1 वर्ष में प्रकाश जितनी दूरी तय करता है उसे 1 प्रकाश वर्ष कहते हैं। आकाश को अत्यधिक प्रभावित करने वाले क्वासर तारे अभी तक चार खोजे जा सके हैं। इसमें जो निकटतम है उनकी दूरी 800 करोड़ प्रकाश वर्ष मानी गई है। यदि वहाँ तक पहुँचने का कोई मनुष्य दावा करे और अब तक उपलब्ध राकेटों के सहारे 2500 मील प्रति घंटा की चाल से चले तो उस मनुष्य के 100 वर्ष वाले जीवन के 8 करोड़ जन्म लेने पड़ेंगे। यदि वापस भी लौटना हो तो फिर इतना ही वर्ष और चाहिए। यह लगातार गति में रहने की गणना है। यदि बीच में तेल-पानी या सुस्ताने की आवश्यकता पड़ी तो समय और भी अधिक लग जायेगा। यह आलंकारिक विवरण इस विराट परब्रह्म का मात्र एक अंश की झलक भर का दर्शन है।

निष्कर्ष रूप में सारांश यह है कि यह ब्रह्माण्ड एक अनन्त व्यापार केन्द्र या क्षेत्र (TRADE CENTRE or TRADE AREA) के रूप में है जहाँ प्रत्येक क्षण व्यापार या आदान-प्रदान (TRADE or TRANSACTION) चल रहा है और यह स्थिर नहीं है।

"ब्रह्माण्ड" शब्द के सम्बन्ध में वर्तमान विचार

ब्रह्माण्ड शब्द विश्व के प्राचीनतम भाषाओं में से सर्वश्रेष्ठ प्राचीन भारतीय भाषा संस्कृत का शब्द है। जिसका प्रयोग दिनोदिन कम होता जा रहा है। क्योंकि इसके स्थान पर जगत, विश्व, संसार, सृष्टि इत्यादि शब्दों का प्रयोग बढ़ रहा है। और यह भी प्रश्न उठता है कि-"ब्रह्माण्ड शब्द के स्थान पर प्रयोग किये जा रहे जगत, विश्व, संसार, सृष्टि इत्यादि शब्द ब्रह्माण्ड शब्द के ही अर्थ को व्यक्त करते हैं या किसी अन्य अर्थ को।" वर्तमान समय (सन् 2012 ई0) तक के विचार के अनुसार यह माना जाता है कि जगत, विश्व, संसार, सृष्टि इत्यादि शब्द ब्रह्माण्ड शब्द के अर्थ को व्यक्त नहीं करते बल्कि यह अंग्रेजी के यूनिवर्स (UNIVERSE) शब्द के अर्थ को व्यक्त करते हैं। क्योंकि हिन्दी व्याकरण शब्द विन्यास के अनुसार ब्रह्माण्ड शब्द ब्रह्म + अण्ड से मिलकर बना है। और ब्रह्म का अर्थ होता है-जीव और अण्ड का अर्थ होता है-अण्डा। अर्थात ब्रह्माण्ड का अर्थ हुआ-जीव का अण्डा। अर्थात यह ब्रह्माण्ड, जीव के अण्डे जैसा है।

ब्रह्माण्ड शब्द के उपरोक्त हिन्दी अर्थ के आधार पर अंग्रेजी के यूनिवर्स शब्द से तुलना करने पर यह स्पष्ट होता है कि-

01. ब्रह्माण्ड शब्द जहाँ पूर्ण विश्वास के साथ ब्रह्माण्ड के प्रत्येक इकाई में जीवन को सिद्ध करता है, वहाँ यूनिवर्स शब्द सम्पूर्ण यूनिवर्स में जीवन व्याप्त है, इस विषय पर अति तुक्ष सोच रखता है।
02. ब्रह्माण्ड शब्द जहाँ ब्रह्माण्ड को अण्डे के खोल जैसे एक खोल में सीमाबद्ध होने और एक निश्चित आकृति वाला सिद्ध करता है वहीं यूनिवर्स शब्द यूनिवर्स को अनन्त और निराकार मानता है।
03. ब्रह्माण्ड शब्द जहाँ पूर्णता लिए है वहीं यूनिवर्स शब्द मात्र ब्रह्माण्ड के आन्तरिक भाग का ही मात्र प्रतिनिधित्व करता दिखाई देता है।
04. ब्रह्माण्ड शब्द के अनुसार जहाँ ब्रह्माण्ड के बाहर और भी कुछ है को सिद्ध करता है वहीं यूनिवर्स शब्द के अनुसार यूनिवर्स में ही खोज करना अभी शेष ही शेष है।
05. ब्रह्माण्ड शब्द जहाँ अपने अर्थ को एक निष्कर्ष के रूप में प्रस्तुत करता है, वहीं यूनिवर्स शब्द उलझे हुये खोजों का एक समूह दिखाई पड़ता है।
06. ब्रह्माण्ड शब्द जहाँ ब्रह्माण्ड को किसी तन्त्र की कार्यकारी इकाई के रूप में प्रस्तुत करता है, वहीं यूनिवर्स शब्द यूनिवर्स की ही कार्य प्रणाली समझने में असमर्थ है।
07. ब्रह्माण्ड शब्द जहाँ ब्रह्माण्ड में निहित जीवों को मात्र एक उद्देश्य, जीवन में वृद्धि के लिए प्रेरित करता है, वहीं यूनिवर्स शब्द यूनिवर्स में निहित जीवों को अपना ही जीवन किसी भी प्रकार बचाने के लिए, किसी भी प्रकार के उद्देश्य को अपनाने के लिए बाध्य करता है।

जबकि आधुनिक विज्ञान की दृष्टिकोण से देखा जाय तो, उपरोक्त अर्थ और व्याख्या के आधार पर कदापि यह सिद्ध नहीं होता कि हमारा ब्रह्माण्ड वास्तव में जीव के अण्डे जैसा ही है। क्योंकि ये तभी सिद्ध हो सकता है जब कोई बुद्धिजीवी आधुनिक विज्ञान के माध्यम से इस यूनिवर्स से (सशरीर या मानसिक आधार पर) बाहर जाये और तथाकथित ब्रह्माण्ड के बाहरी स्वरूप को देखें और पुनः इस यूनिवर्स में वापस लौटकर हमें ब्रह्माण्ड के स्वरूप के विषय में बताए कि हमारा यूनिवर्स अण्डे के रूप वाला ही है। किन्तु हम सभी धर्म और आधुनिक विज्ञान के तकनीकों तथा उनके समस्त प्रमाणों और उपलब्धियों के आधार पर विवादमुक्त रूप से जानते हैं कि न कि ऐसा पहले ही कभी सम्भव था, ना ही यह भविष्य में सम्भव होने जा रहा है। जबकि आधुनिक विज्ञान वर्तमान में भी मात्र यूनिवर्स शब्द पर ही अपना सम्पूर्ण ध्यान केन्द्रित करते हुये इसके गूढ़ रहस्य को ही सुलझाने में प्रयत्नशील है। आधुनिक विज्ञान के खोजों के आधार पर यह कह सकते हैं कि ये खोजें भी यूनिवर्स शब्द के समान ही अनन्त और निराकार सिद्ध हो रही है, जिसका ना तो कोइ सीमा है ना ही कोई आकार।

तो क्या हमारे पूर्वजों ने मात्र पृथ्वी के जीवों के अण्डों को देखकर निर्णय लिया कि हमारा ब्रह्माण्ड जीव के अण्डे जैसा ही है, या किसी अत्यधिक विकसित वैज्ञानिक प्रयोग तथा गणना द्वारा खोजे गये सिद्धान्त के आधार पर यह निर्णय लिया? जिस सिद्धान्त के अभाव में यूनिवर्स आज भी आधुनिक विज्ञान के लिए रहस्य का विषय बना हुआ है। विज्ञान को दिशाहीन अनन्त मार्ग पर चलने के लिए अगर कोई एक मात्र नैतिक रूप से उत्तरदायी है, तो वो हैं-भारतीय। इनके उत्तरदायी होने के दो मुख्य कारण हैं-

01. भारतीयों का, अपने पूर्वजों द्वारा अत्यधिक विकसित विज्ञान के द्वारा की गयी अति दुर्लभ खोजों की टूटी कड़ीयों को फिर से जोड़ने के स्थान पर, सदैव उनकी उपेक्षा करते रहने का अस्वाभाविक स्वभाव।

02. भारतीयों का आधुनिक विज्ञान के आधार पर स्वयं को तुक्ष मानना, और साथ ही साथ सदैव ही दूसरों के बताए मार्गों को श्रेष्ठ मानते हुये उनके ही मार्गों पर कटिबद्ध होकर निरन्तर चलते रहना।

उपरोक्त व्याख्याओं के आधार पर ब्रह्माण्ड की परिभाषा इस प्रकार होती है-"ब्रह्माण्ड वो है जिसका स्वरूप जीव के अण्डे जैसा है। जिसकी परिधि एक ठोस तत्व से निर्मित है और आन्तरिक क्षेत्र में सम्पूर्ण ग्रह,

उपग्रह और तारे इत्यादि स्थित है और इसके आन्तरिक क्षेत्र को हम जगत्, संसार, विश्व, सृष्टि, यूनिवर्स इत्यादि के नाम से सम्बोधित करते हैं। इसके आन्तरिक क्षेत्र और इसमें स्थित सम्पूर्ण ग्रह, उपग्रह और तारों आदि के मध्य मात्र इतना सा अन्तर है कि इसका आन्तरिक क्षेत्र "मूलतत्व" के मूल रूप से निर्मित है, जबकि सम्पूर्ण ग्रह, उपग्रह और तारे आदि मूलतत्व के, ब्रह्माण्ड के मूल तापमान में अस्थिरता आने के कारण, आपस में जुड़ने और जुड़कर टुटने से निर्मित है।"

भारतीय वैज्ञानिक पूर्वजों ने ब्रह्माण्ड को समझने के लिए कौन-कौन से वैज्ञानिक प्रयोग और गणनाएँ की, इसका कोई ठोस प्रमाण, सम्पूर्ण विश्व में प्रत्यक्ष रूप से वर्तमान समय में कहीं भी उपलब्ध नहीं है किन्तु यह तो निश्चित है कि उन्होंने अपने वैज्ञानिक प्रयोगों और गणनाओं के आधार पर अवश्य ही किसी ऐसे सिद्धान्त को और उसके प्रयोग की उचित दिशा को उसी समय खोज लिया था जिसके बिना उनके द्वारा यह सिद्ध करना सम्भव नहीं था कि हमारा ब्रह्माण्ड जीव के अण्डे जैसा ही है। अतः उनके द्वारा खोजे गये उस सिद्धान्त को और उसके प्रयोग की दिशा को समझने के लिए सबसे पहले ये समझना अतिआवश्यक है कि भारतीय वैज्ञानिक पूर्वजों ने ब्रह्माण्डीय खोज को आरम्भ करने के लिए आखिर ब्रह्माण्ड के किस बिन्दु को अपना "प्रथम लक्ष्य" बनाया। चूँकि प्रमाणों के अभाव में ये कहना कठिन है कि उन्होंने ब्रह्माण्ड के किस बिन्दु को अपना प्रथम लक्ष्य बनाया, किन्तु मानव स्वभाव के आधार पर अगर देखा जाय तो निश्चित रूप से उनके खोज का भी वही केन्द्र बिन्दु रहा होगा, जो वर्तमान में वर्तमान विज्ञान का रहा होगा। अतः उस अतिमहत्वपूर्ण केन्द्र बिन्दु को पूर्णतया स्पष्ट करने के लिए नितान्त आवश्यक है कि वर्तमान के आरम्भिक, सभी ब्रह्माण्डिय खोजों के लक्ष्यों पर ध्यान पूर्वक दृष्टि डालते हुये, उनका ध्यानपूर्वक पुर्नावलोकन किया जाए। पुर्नावलोकन करने के उपरान्त सम्पूर्ण विश्व के समक्ष स्वयं ही निर्विवाद रूप से स्पष्ट हो जायेगा कि, वर्तमान के आरम्भिक लक्ष्यों में से केन्द्र बिन्दु के रूप में मात्र एक ही लक्ष्य था, जिसपर वर्तमान में भी निरन्तर खोज जारी है, और वह लक्ष्य था-"हमारे ब्रह्माण्ड के सम्पूर्ण ग्रह, उपग्रह और सूर्य तथा तारे आदि अन्तरिक्ष में आखिर किस सिद्धान्त के कारण, अपनी कक्षा से बाहर नहीं निकल पाते तथा केवल अपनी ही गोलाकार कक्षा में ही स्थित रहते हुये, अपने-अपने केन्द्र की निरंतर परिक्रमा करते रहते हैं?"

वर्तमान विज्ञान के दृष्टिकोण से अगर उपरोक्त केन्द्र बिन्दु को देखा जाए तो, निष्कर्ष रूप में अभी तक एक ही मूल कारण स्पष्ट हो पाया है कि "हमारे ब्रह्माण्ड के सम्पूर्ण ग्रह, उपग्रह और सूर्य तथा तारे आदि इसलिए अपनी कक्षा से बाहर नहीं निकल पाते तथा अपनी ही गोलाकार कक्षा में स्थित रहते हुये, अपने-अपने केन्द्र की निरंतर परिक्रमा करते रहते हैं क्योंकि ये अपने-अपने गोलाकार केन्द्र के गोलाकार चुम्बकीय क्षेत्र में फँसे हुये हैं।" जैसे कि हमारे सौरमण्डल के सम्पूर्ण ग्रह हमारे सौर मण्डल के केन्द्र सूर्य के चुम्बकीय क्षेत्र में फँसे होने के कारण, अपनी कक्षा से बाहर नहीं निकल पाते और अपनी-अपनी गोलाकार कक्षा में ही स्थित रहते हुये, सूर्य की निरंतर परिक्रमा करते रहते हैं।

उपरोक्त स्पष्टिकरण के उपरान्त ऐसे तो बहुत सारे प्रश्न एकाएक उत्पन्न हो जाते हैं, किन्तु सारांश में एक प्रश्न द्वारा ऐसे व्यक्त किया जा सकता है कि-"हमारे ब्रह्माण्ड में स्थित केन्द्रीय कक्षा हो या अन्य, किसी भी गोलाकार कक्षा के निर्माण का मूल आधार क्या है, अर्थात गोलाकार कक्षा के निर्माण हेतु किन-किन दशाओं का होना अनिवार्य है?" इस प्रश्न के समाधान हेतु अगर ध्यानपूर्वक, वर्तमान विज्ञान के दृष्टिकोण से विचार किया जाए तो, समाधान के रूप में एक ही निष्कर्ष स्पष्ट होगा कि, इस प्रश्न का स्पष्ट उत्तर वर्तमान विज्ञान के पास उपलब्ध है ही नहीं और जो अस्पष्ट उत्तर है भी, वो भी उत्तरों की जाल में ऐसे उलझे हुये हैं कि, उनको व्यक्तिगत आधार पर समझना या किसी को भी व्यक्तिगत आघार पर समझाना, किसी भी प्रतिभाशाली से प्रतिभाशाली वैज्ञानिक के वश का नहीं। वर्तमान विज्ञान द्वारा इस प्रश्न के अनुत्तरित रहने का कारण यह है कि वर्तमान विज्ञान द्वारा दिया गया "प्रथम लक्ष्य" के सम्बन्ध में त्रुटिपूर्ण स्पष्टिकरण। क्योंकि अगर "प्रथम लक्ष्य" के सम्बन्ध में दिया गया स्पष्टिकरण परिशुद्ध होता तो, स्पष्टिकरण के उपरान्त कोई भी अनुत्तरित प्रश्न शेष रहने की सम्भवतः न्यूनतम सम्भावना ही शेष रहती। जबकि भारतीय वैज्ञानिक पूर्वजों के ब्रह्माण्डिय खोजों को "प्रथम लक्ष्य" से जोड़कर देखा जाय तो, ऐसा प्रतीत होता है कि भारतीय वैज्ञानिक पूर्वजों ने "प्रथम लक्ष्य" का परिशुद्ध हल सम्भवतः खोज निकाला था। क्योंकि

अगर उनके द्वारा निकला "प्रथम लक्ष्य" का हल परिशुद्ध नहीं होता तो वो "ब्रह्माण्ड" जैसे महानतम शब्द का आविष्कार ही नहीं करते। और साथ ही साथ ये भी ध्यान देने योग्य बिन्दु है कि संस्कृत भाषा के इस महानतम् शब्द का, किसी भी भाषाविद् द्वारा किसी भी प्रकार अभी तक आलोचना नहीं की गयी है, जिससे इस शब्द के अर्थ की सत्यता और भी सशक्त हो जाती है। "प्रथम लक्ष्य" रूपी प्रथम कड़ी को सम्भवतः खोजने के उपरान्त सबसे बड़ी चुनौति अभी शेष है कि आखिर उन्होंने "प्रथम लक्ष्य" के समाधान हेतु कौन-कौन से प्रयोग और कौन-कौन सी गणनाएँ की होंगी?

ब्रह्माण्ड के सम्बन्ध में सार्वभौम सत्य-सैद्धान्तिक विचार

हिन्दी व्याकरण शब्द विन्यास के अनुसार ब्रह्माण्ड शब्द ब्रह्म + अण्ड से मिलकर बना है। ब्रह्म, ब्रह्मा से सम्बन्धित है। और एकात्म ज्ञान से सम्बन्धित हैं। इसी प्रकार विष्णु, एकात्म कर्म से और शंकर, एकात्म ध्यान से सम्बन्धित हैं। इसी क्रम में उनका अस्त्र क्रमश: ब्रह्मास्त्र, सु-दर्शन और पशुपास्त्र है अर्थात क्रमशः ज्ञान का अस्त्र, अच्छे विचार का अस्त्र और सार्वभौम सत्य-सिद्धान्त का अस्त्र है। इस प्रकार ब्रह्माण्ड का अर्थ ज्ञान के अण्डे से है। ब्रह्म के साथ अण्ड जोड़ने के पीछे ये रहस्य था कि ज्ञान का प्रारम्भ और अन्त एक चक्र है जैसे क्रिया-कारण, जन्म-मृत्यु-जन्म। अर्थात एक चक्र या गोला। ब्रह्माण्ड के सभी ग्रह-तारे सब गोल रूप में हैं। यह ब्रह्माण्ड, ईश्वर की दृश्य कृति हैं जो उससे निकला है और इसमें वह स्वयं है। जिस प्रकार यह "विश्वशास्त्र" श्री लव कुश सिंह "विश्वमानव" से निकला है और इसमें वे स्वयं है। यह ब्रह्माण्ड, ज्ञान का अण्डा है, अनन्त है, इसका कोई निश्चित आकार और सीमा नहीं हैं, यह एक बड़े वट वृक्ष के समान है। बस, कुछ नहीं।

ब्रह्माण्ड की उत्पत्ति

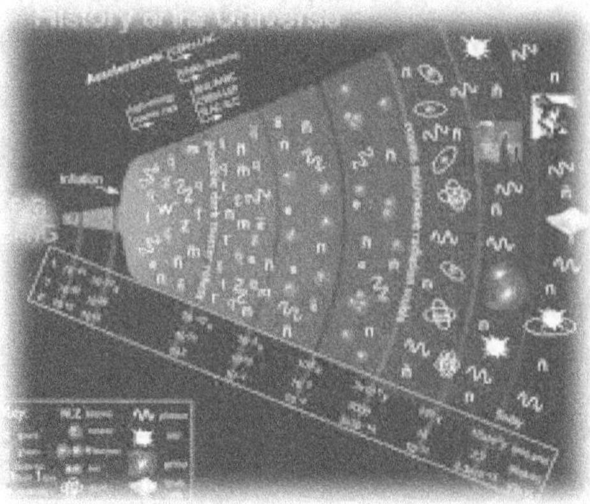

ब्रह्माण्ड का आरम्भ कब और किस क्रम से हुआ इसके सम्बन्ध में अनेक मत हैं, पर जिस प्रतिपादन पर आम सहमति हो चुकी है वह यह है कि-"आरम्भ में थोड़ा सा सघन द्रव्यमान था। उसके अन्तराल में किसी अज्ञात कारण से विस्फोट हुआ और उसकी धज्जियाँ उड़ गई। अंसख्य टुकड़े हुये, वे जिधर-तिधर छितर गये। इस छितराव ने एक नई दिशा अपनाई। टुकड़ों में से अधिकांश अपनी धुरी पर लट्टू की तरह घूमने लगे और साथ ही घुड़दौड़ की तरह आगे की ओर भी भागने लगे।" चूँकि यह समस्त सृष्टि रचना में गोलाकार है फलतः गति भी गोलाकार ही अग्रगामी रह सकती है। अनवरत घुड़दौड़ को अन्ततः गोलाकार बनाना पड़ा और किसी लक्ष्य तक पहुँचकर प्रयास को इतिश्री कर देने की अपेक्षा अनन्तकाल तक अनवरत घुड़दौड़ जारी रखने का एक सुनिश्चित मार्ग मिल गया। द्रव्यमान के छितरे हुये टुकडों ने न केवल वाह्य जगत में, ब्रह्माण्ड के क्षेत्र में अपनी घुड़दौड़ को जारी रखा वरन् आत्मसत्ता की नीजी परिधि में भी इसी नीति को अपनाया। वे अपनी-अपनी धुरियों पर भी घूमने लगे। इस प्रकार वैयक्तिक और सामूहिक दोनों ही क्षेत्रों में उसने अपने प्रयास-पुरूषार्थ को अग्रगमन के लक्ष्य में नियोजित किये रहने का मार्ग चुना और अनुशासन अपनाया।

विज्ञानवेत्ताओं के अनुसार सृष्टि का आरम्भिक द्रव्यमान एक सघन बादल के रूप में था। उस स्थिति में उसका घनत्व 10-12 किलोग्राम प्रति घन मीटर आँका गया है। जिसे प्रोटोगैलेक्सी के नाम से पुकारते हैं। आरम्भ में वह बादल ऐसे ही अनगढ़ था। विस्फोट होने के बाद उस केन्द्र में तथा टुकड़ों में एक नई क्षमता उद्भूत हुई। उसे गुरूत्वाकर्षण के नाम से जाना जाता है। विस्फोट के बाद टुकड़े निहारिका बन गये और छोटे ग्रहतारकों के रूप में अपने छोटे-छोटे कलेवरों को सुगठित बना सकने में सफल हो गये। निहारिकाएँ अभी भी उतनी सुव्यवस्थित नहीं हो सकी हैं। ब्रह्माण्ड फूल रहा है। उसके अन्तराल में अवस्थित निहारिकाएँ तथा तारामण्डल क्रमशः एक-दूसरे से दूर जा रहे हैं। इस हटने का तात्पर्य पीछे की ओर से नहीं आगे की ओर बढ़ना है। पदार्थ चल रहा है, यह स्पष्ट है पर क्यों चल रहा है, किस दशा में चल रहा है कि उसके सामने भी प्रगति का, विस्तार का, पराक्रम के प्रकटीकरण का और अपूर्णता को पार करते हुये चरम पूर्णता तक पहुँचने का लक्ष्य ही प्रेरणा स्रोत बनकर रह रहा है।

हर 50 वर्ष में हमारी आकाशगंगा के किसी विशालकाय तारा में सुपरनोवा विस्फोट होता है। इस विस्फोट से अंतरिक्ष में बड़े पैमाने पर विकिरण एवं पदार्थ किसी भावी खगोलीय पिण्ड से बीज के रूप में आते हैं और पूरी आकाशगंगा में एक तीव्र कम्पन उत्पन्न करते हैं। यह कम्पन्न तरंग अतंर तारक गैसों को गर्म करती है, बादलों के छोटे टुकड़ों को वाष्पीभूत करती है और बड़ों पर गहरा दबाव डालती है, जिससे वे बादल उसी स्थान पर अपने स्वयं के गुरूत्व बल के कारण दबकर ठोस रूप में परिणत हो जाते हैं और नए तारे का निर्माण करते हैं।

सुपरनोवा ऐसे विस्फोट हैं जो आकाशगंगा के इंजन को विकास की दिशा में आगे की ओर बढ़ाते हैं। अरबों वर्ष पहले पृथ्वी पर भी प्राकृतिक विस्फोटों की श्रृंखला द्वारा ही जीवन का उद्भव सम्भव हुआ। तारक पिण्डों का अपना एक जीवन चक्र होता है, जिसमें वे घूमते रहते हैं। तारे के निर्माण के कुछ काल पश्चात् उनमें विस्फोट

होता है। इस विस्फोट से वे नए-नए भारी तत्वों को अंतर तारक गैसों में समविष्ट करते हैं फिर इनसे दूसरे खगोलिय पिण्ड का निर्माण होता है जो कुछ काल पश्चात् पुनः सुपरनोवा विस्फोट में फटते हैं। इसी प्रकार खगोल में यह सृजन और विध्वंश का यह क्रम सदा चलता रहता है।

भारतीय दर्शन की मान्यता चेतन को मूल मानकर ज्यों की त्यों है। प्रारम्भ में एक ही तत्व परमात्मा पिण्ड रूप में था। उसके नाभि देश से "एकोहं बहुस्यामि (मैं एक हूँ, बहुत हो जाऊँ)", इस तरह की स्फुरण, भावना या विचार उठा। इससे वह फट पड़ा और महाप्रकृति की रचना हुई। उसमें सत, रज, तम तीन गुणों का सम्मिलन था। इन्हीं से सृष्टि में जीवन का निर्माण हुआ और सृष्टि के विस्तार की तरह ही 84 लाख योनियों का निरन्तर विकास होता चला गया। जिस तरह ब्रह्माण्ड विकसित हो रहा है उसी प्रकार नाना प्रकार के जीवन सृष्टि का भी विकास होता जा रहा है। यह सब अत्यधिक करूणामूलक, स्नेहजनक, मातृसंज्ञक रूप से चल रहा है। भौतिक व आध्यात्मिक दोनों दृष्टियों से आकाशगंगाएँ इस विशाल माता का हृदय कही जा सकती हैं।

दर्शन शास्त्र के व्यक्तिगत प्रमाणित मार्गदर्शक दर्शन के अनुसार-दर्शन शास्त्र से व्यक्त भारत के सर्वप्राचीन दर्शनों (बल्कि विश्व के) में से एक और वर्तमान तक अभेद्य सांख्य दर्शन में ब्रह्माण्ड विज्ञान की विस्तृत व्याख्या उपलब्ध है। स्वामी विवेकानन्द जी के व्याख्या के अनुसार-"प्रथमतः अव्यक्त प्रकृति (अर्थात तीन आयाम-सत, रज, और तम), यह सर्वव्यापी बुद्धितत्व (1. महत्) में परिणत होती है, यह फिर सर्वव्यापी अंहतत्व (2. अहंकार) में और यह परिणाम प्राप्त करके फिर सर्वव्यापी इंद्रियग्राह्य भूत (3. तन्मात्रा-सूक्ष्मभूतः गंध, स्वाद, स्पर्श, दृष्टि, ध्वनि 4. इन्द्रिय ज्ञानः श्रोत, त्वचा, नेत्र, जिह्वा, घ्राण) में परिणत होता है। यही भूत समष्टि इन्द्रिय अथवा केन्द्र समूह (5. मन) और समष्टि सूक्ष्म परमाणु समूह (6. इन्द्रिय-कर्मः वाक, हस्त, पाद, उपस्थ, गुदा) में परिणत होता है। फिर इन सबके मिलने से इस स्थूल जगत प्रपंच (7. स्थूल भूतः आकाश, वायु, अग्नि, जल, पृथ्वी) की उत्पत्ति होती है। सांख्य मत के अनुसार यही सृष्टि का क्रम है और बृहत् ब्रह्माण्ड में जो है-वह व्यष्टि अथवा क्षूद्र ब्रह्माण्ड में भी अवश्य रहेगा। जब साम्यावस्था भंग होती है, तब ये विभिन्न शक्ति समूह विभिन्न रूपों में सम्मिलित होने लगते हैं और तभी यह ब्रह्माण्ड बहिर्गत होता है। और समय आता है जब वस्तुओं का उसी आदिम साम्यावस्था में फिर से लौटने का उपक्रम चलता है। (अर्थात एक तन्त्र का अन्त) और ऐसा भी समय आता है कि सब जो कुछ भावापन्न है, उस सब का सम्पूर्ण अभाव हो जाता है। (अर्थात सम्पूर्ण ब्रह्माण्ड का अन्त)। फिर कुछ समय पश्चात् यह अवस्था नष्ट हो जाती है तथा शक्तियों के बाहर की ओर प्रसारित होने का उपक्रम आरम्भ होता है। तथा ब्रह्माण्ड धीरे-धीरे तंरगाकार में बहिर्गत होता है। जगत् की सब गति तरंग के आकार में ही होता है-एक बार उत्थान, फिर पतन। प्रलय और सृष्टि अथवा क्रम संकोच और क्रम विकास (अर्थात एक तन्त्र या सम्पूर्ण ब्रह्माण्ड का अन्त और आरम्भ) अनन्त काल से चल रहे हैं। अतएव हम जब आदि अथवा आरम्भ की बात करते है तब हम एक कल्प (अर्थात चक्र) आरम्भ की ओर ही लक्ष्य रखते है।"

बिग-बैंग सिद्धान्त

एक समय ऐसा था जब बहुत से लोग विश्वास करते थे कि ब्रह्माण्ड का न आदि है न अंत और यह शाश्वत है। बिग-बैंग सिद्धान्त के आने से ब्रह्माण्ड को शाश्वत नहीं माना गया। इसकी भी एक शुरूआत मानी गई, जिसका एक इतिहास है, अंत है। इस सिद्धान्त के अनुसार 15 अरब वर्ष पहले एक अद्भुत अकल्पनीय महाविस्फोट से ब्रह्माण्ड का विस्तार शुरू हुआ। इस महाविस्फोट को "बिग-बैंग" कहा जाता है। इस घटना के प्रारम्भिक बिन्दु पर समस्त ऊर्जा, पदार्थ और देश (स्पेस) एक अत्यन्त सघन बिन्दु में सम्पीडित थें। इस घटना से पहले क्या था, पूरी तरह अज्ञात है और चिंतन का विषय है। यह घटना वैसा विस्फोट नहीं था जैसा कि हम आम विस्फोट को जानते हैं बल्कि यह एक दूसरे से दूर भागते भ्रूणात्मक ब्रह्माण्ड के कणों को समस्त स्पेस में भरने की घटना थी। दरअसल बिग-बैंग, स्पेस के भीतर स्पेस को भरने का विस्फोट था। उस बम के विस्फोट तरह नहीं जिसमें उसके पदार्थ को बाहर फेंका जाता है। इस बिग-बैंग सिद्धान्त का मूल श्रेय इडविन हब्बल को दिया जा

सकता है। 1929 में हब्बल ने अपने निरीक्षणों से पता लगाया कि ब्रह्माण्ड का निरन्तर विस्तार हो रहा है और मंदाकिनियों (ग्लेक्सीज) के पुंज एक दूसरे से दूर भाग रही हैं।

निष्कर्ष

निष्कर्ष के रूप में यह ब्रह्माण्ड एक वृक्ष के समान है जिससे उत्पन्न होने वाला प्रत्येक बीज एक ब्रह्माण्ड को जन्म देने में सक्षम है। जबकि वृक्ष और बीज दोनों ब्रह्माण्ड के ही अंग है। बीज प्रारम्भिक बिन्दु है तो वृक्ष उसका विस्तार ब्रह्माण्ड रूप है। प्रश्न आता है कि पहले कौन था, बीज या वृक्ष? इस पर इस उत्तर को ही अन्त मानकर सन्तोष करना पड़ेगा कि-"एक परमतत्व है जिसे परमात्मा कहते है और वह बीज व वृक्ष दोनों में विद्यमान है, दोनों ही उसी का प्रकाश व विस्तार है, उसी के उपस्थिति में बीज और वृक्ष का क्रम चलता रहता है।"

कोई भी विकास दर्शन अपने अन्दर पुराने सभी दर्शनों को समाहित कर लेता है अर्थात उसका विनाश कर देता है और स्वयं मार्गदर्शक दर्शन का स्थान ले लेता है। अर्थात सृष्टि-स्थिति-प्रलय फिर सृष्टि। चक्रीय रूप में ऐसा सोचने वाला ही नये परिभाषा में आस्तिक और सिर्फ सीधी रेखा में सृष्टि-स्थिति-प्रलय सोचने वाला नास्तिक कहलाता है।

ब्लैक होल और आत्मा

सार्वभौम एकत्व की खोज मनुष्य को सदैव रही है। यह आध्यात्म और विज्ञान दोनों का मुख्य और सर्वोच्च विषय रहा है।

स्वामी विवेकानन्द जी "राजयोग" में लिखते हैं कि-"मन की शक्तियाँ इधर-उधर बिखरी हुई प्रकाश की किरणों के समान है। जब उन्हें केन्द्रीभूत किया जाता है, तब वे सब कुछ आलोकित कर देती है। यही ज्ञान का हमारा एक मात्र उपाय है। बाह्य जगत् में हो अथवा अन्तर्जगत् में लोग इसी को काम में ला रहे है। पर वैज्ञानिक जिस सूक्ष्म पर्यवेक्षण शक्ति का प्रयोग बहिर्जगत् में करता है, मनस्तत्त्वान्वेषी उसी का मन पर करते है। (राजयोग-पृ0-11)", "बहिर्वादी और अन्तर्वादी जब अपने अपने ज्ञान की चरमसीमा प्राप्त कर लेंगे, तब दोनों अवश्य एक ही स्थान पर पहुँच जायेंगे। (राजयोग-पृ0-16)"

आध्यात्म विज्ञान में जितने भी आचार्य हुये वे सृष्टि के उत्पत्ति सम्बन्धित दार्शनिक विचार प्रस्तुत कर ही स्थापित हैं और "सार्वभौम एकत्व" के रूप में उनका आविष्कार "आत्मा" है जो प्रत्येक वस्तु (जीव-नीर्जीव) के रूप में प्रकाशित है और जब वह उसी में प्रकाशित है तो वह अलग से नहीं दिख सकता।

इसी प्रकार विज्ञान भी "सार्वभौम एकत्व" की खोज में लगा हुआ है। "गाड पार्टीकील" अर्थात एक ऐसा कण जो ईश्वर की तरह हर जगह है और उसे देख पाना मुश्किल है जिसके कारण कणों में भार होता है, के खोज के लिए ही जेनेवा (स्विट्जरलैण्ड- फ्रांस सीमा पर) में यूरोपियन आर्गनाइजेशन फार न्यूक्लियर रिसर्च (सर्न) द्वारा रूपये 480 अरब के खर्च से महामशीन लगाई गई है। जिसमें 15000 वैज्ञानिक और 8000 टन की चुम्बक लगी हुई है।

"आत्मा" और "गाड पार्टीकील" दोनों अदृश्य वस्तु हैं, जिस प्रकार विचार अदृश्य वस्तु है ये अपने गुणों से केवल अनुभव में आती है। यह ब्रह्माण्ड सनातन, असीम, अनन्त हैं और सदैव इसके किसी न किसी भाग में सृजन और विनाश (क्रम विकास और क्रम संकुचन) का मानवी शक्ति के सीमा से परे अनियंत्रित खेल चलता रहता है।

ब्लैक होल

तारों में नाभिकीय (परमाणु) ईंधन के जलने से जो ऊर्जा पैदा होती है वह प्रकाश तथा अन्य किस्म के किरणों के रूप में बाहर निकलती है। ऊर्जा से पैदा होने वाला भीषण दाब उस तप्त तारे को उसके गुरूत्वीय बल के अन्तर्गत सिकुड़ने नहीं देता। तारा लगभग संतुलित अवस्था में टिका रहता है। मगर जैसे ही तारे का नाभिकीय ईंधन जलकर राख हो जाता है, वैसे ही वह तारा तेजी से सिकुड़ते हुये मरणावस्था में पहुँच जाता है। उस तारे का द्रव्यमान यदि 1.4 सूर्यों से कम है, तो वह पहले "श्वेत बामन" और अंततः "कृष्ण बामन" बन जाता है। यदि उस तारे का द्रव्यमान 2-3 सूर्यों के बराबर है तो वह अंततः "न्यूट्रान तारा (पल्सर)" बन जाता है, परन्तु ऐसे भी अनेक तारे हैं जिनमें 3 सूर्यों से अधिक द्रव्यराशि है। ऐसे तारों का नाभिकीय ईंधन जब खत्म होता है, तब वे एक ही झटके में तेजी से सिकुड़कर न्यूट्रान तारे से भी अधिक सघन पिण्ड बन जाते हैं। खगोलविदों ने ऐसे पिण्डों को "ब्लैक होल" का नाम दिया है।

ब्लैक होल्स के बारे में सभी बातें बड़ी विलक्षण हैं। ऐसे पिण्डों में इतना अधिक गुरूत्वाकर्षण पैदा होता है कि वह प्रकाश की किरणों को भी बाहर जाने नहीं देता। ब्लैक होल्स के समीप से भी गुजरने वाली प्रकाश-

किरणें मुड़कर उसी में गायब हो जाती हैं। यहाँ तक कि ब्लैक होल्स के नजदीक काल के प्रवाह और दिक (स्पेस) की ज्यामिति में भी बेहद परिवर्तन हो जाता है। ब्लैक होल एक ऐसे अथाह गर्त का निर्माण करता है जिसमें प्रकाश व द्रव्य गिरकर गायब हो जाते हैं। चूँकि ब्लैक होल्स से किरणें बाहर नहीं निकल पाती, इसलिए वह हमारे लिए अदृश्य बना रहता है।

हम जानते हैं कि सूर्य के समीप से गुजरने वाली प्रकाश-किरणें थोड़ी भीतर की ओर मुड़ जाती है। सापेक्षिकता के सिद्धान्त के अनुसार यदि हमारा सूर्य सिकुड़कर केवल तीन किलोमीटर अर्धव्यास का पिण्ड हो जाता है तो वह एक ब्लैक होल बन जायेगा। तब इसके पास से गुजरने वाली किरणें पूर्णतः मुड़कर उसके भीतर गिर जायेंगी। और सूर्य हमारे लिए हमेशा के लिए गायब हो जायेगा। द्रव्यराशि गुरूत्वीय पतन के अन्तर्गत सिकुड़कर करीब एक सेंटीमीटर व्यास का पिण्ड बन जाये, तो वह भी एक ब्लैक होल बन जायेगा। खगोलविदों का अनुमान है कि हमारी आकाशगंगा में ही लाखों-करोड़ों ब्लैक होल हो सकते हैं। कई वैज्ञानिकों का मत है कि "क्वासर" नामक अनोखे पिण्ड और मंदाकिनियों के केन्द्र भाग में भी विशाल ब्लैक होल हो सकते हैं। एक मान्यता यह भी है कि समूचा ब्रह्माण्ड अंततः एक अतिविशाल अदृश्य ब्लैक होल में संघनित हो जायेगा। वर्तमान में अधिकांश वैज्ञानिक ब्लैक होल के अस्तित्व को स्वीकार करते हैं। ब्रह्माण्ड वैज्ञानिक स्टीफेन हाकिंग के अनुसार, विश्व का कोई आरम्भ और अन्त नहीं। आज से डेढ़ हजार साल पहले के भारतीय गणितज्ञ-ज्योतिषि आर्यभट्ट (499 ई.) की भी यही मान्यता थी कि यह विश्व अनादि-अनन्त है।

यही ब्लैक होल इस अनादि-अनन्त विराट ब्रह्माण्ड वृक्ष के बीज हैं जिनसे समय-समय पर छोटे-छोटे ब्रह्माण्ड का सृजन होता रहता है और पुनः बीज रूप में ब्लैक होल उत्पन्न होते रहते हैं।

आत्मा

आत्मा के सम्बन्ध में स्वामी विवेकानन्द के विचार (उनके "ज्ञान योग" पुस्तक से)-कपिल का प्रधान मत है-परिणाम। वे कहते हैं, एक वस्तु दूसरी वस्तु का परिणाम अथवा विकार स्वरूप है, क्योंकि उनके मत के अनुसार कार्य-कारण भाव का लक्षण यह है कि-कार्य अन्य रूप में परिणत कारण मात्र है। (पृ0-52), कपिल का मत है कि समग्र ब्रह्माण्ड ही एक शरीर स्वरूप है जो कुछ हम देखते हैं, वे सब स्थूल शरीर है, उन सबके पश्चात् सूक्ष्म शरीर समूह और उनके पश्चात् समष्टि अहंतत्व, उसके भी पश्चात् समष्टि बुद्धि है। किन्तु यह सब ही प्रकृति के अन्तर्गत हैं। उसमें से जो हमारे प्रयोजन का है, हम ग्रहण कर रहे हैं, इसी प्रकार जगत के भीतर समष्टि मनस्तत्व विद्यमान है, उससे भी हम चिरकाल से प्रयोजन के अनुसार ले रहे हैं। किन्तु देह का बीज माता-पिता से प्राप्त होना चाहिए। इससे वंश की अनुक्रमणिकता और पुनर्जन्मवाद दोनों ही तत्व स्वीकृत हो जाते हैं। (पृ0-25), समग्र प्रकृति के पश्चात् निश्चित रूप में कोई सत्ता है, जिसका आलोक उन पर पड़कर महत्, अहंज्ञान और यह सब नाना वस्तुओं के रूप में प्रतीत हो रहा है। और इस सत्ता को ही कपिल पुरुष अथवा आत्मा कहते हैं। वेदान्ती भी उसे आत्मा कहते हैं। कपिल के मत के अनुसार पुरुष अमिश्र पदार्थ है। वह यौगिक पदार्थ नहीं है। वही एकमात्र व जड़ पदार्थ है और सब प्रपंच-विकार ही जड़ है। पुरुष ही एकमात्र ज्ञाता है। (पृ0-52), वेदान्त के मतानुसार सब जीवात्माएं ब्रह्मनामधेय एक विश्वात्मा में अमिश्र हैं।, पहले यह स्थूल शरीर, उसके पश्चात् सूक्ष्म शरीर, उसके पश्चात् जीव अथवा आत्मा-यही मानव का यथार्थ स्वरूप है। मनुष्य का एक सूक्ष्म शरीर और एक स्थूल शरीर है, ऐसा नहीं है। शरीर एक ही है तथापि सूक्ष्म आकार में वह स्थूल की अपेक्षा दीर्घ काल तक रहता है, तथा स्थूल शीघ्र नष्ट हो जाता है।, यह समग्र जगत् एक अखण्ड स्वरूप है, और उसे ही अद्वैत वेदान्त-दर्शन में ब्रह्म कहते हैं। ब्रह्म जब ब्रह्माण्ड के पश्चात् प्रदेश में है ऐसा लगता है, तब उसे ईश्वर कहते हैं। अतएव यह आत्मा ही मानव का अभ्यन्तरस्थ ईश्वर है। केवल एक पुरुष-उन्हें ईश्वर कहते हैं, तथा जब ईश्वर और मानव दोनों के स्वरूप का विश्लेषण किया जाता है तब दोनों को एक के रूप में जाना जाता है। (पृ0-67), धर्मज्ञान को उच्चतम चूड़ा में आरोहण करने के लिए मानव जाति को जिन सब सोपानों का अवलम्बन करना पड़ा है, प्रत्येक व्यक्ति को भी उसका ही अवलम्बन करना होगा। केवल प्रभेद यह है कि समग्र मानव जाति को एक सोपान से दूसरे सोपान में आरोहण करने के लिए लाख-लाख वर्ष लगे हों, किन्तु

व्यक्तिगण कुछ वर्षों में ही मानव जाति का समग्र जीवन यापन कर ले सकते हैं, अथवा वे और भी शीघ्र, सम्भवतः छः मास के भीतर ही उसे सम्पूर्ण कर ले सकते हैं। (पृ0-135), जो व्यक्ति कहता है, इस जगत् का अस्तित्व है, किन्तु ईश्वर नहीं है, वह निर्बोध है, क्योंकि यदि जगत् हो, तो जगत् का एक कारण रहेगा और उसक कारण का नाम ही ईश्वर है। कार्य रहने पर ही उसका कारण है, यह जानना होगा। जब यह जगत् अन्तर्हित होगा, तब ईश्वर भी अन्तर्हित होंगे। जब आप ईश्वर के सहित अपना एकत्व अनुभव करेंगे, तब आपके पक्ष में यह जगत् फिर नहीं रहेगा। जिसे हम इस क्षण जगत् के रूप में देख रहें हैं, वही हमारे सम्मुख ईश्वर के रूप में प्रतिभासित होगा, एवं जिनको एक दिन हम बहिर्देश में अवस्थित समझते थे, वे ही हमारी आत्मा के अन्तरात्मा रूप में प्रतीत होंगे।-"तत्वमसि"-वही तुम हो। (पृ0-135)।

परमाणु संरचना की भाँति आत्मा केन्द्र में स्थित है और मन इलेक्ट्रान की भाँति क्रियाशील है। यह मन जब बाहरी विषयों के साथ क्रिया करता है तब उसे भौतिकवाद कहते हैं और जब यह केन्द्र में स्थित आत्मा से क्रिया करने लगता है तब उसे आध्यात्मवाद कहते हैं। मन के विचरण का यह विस्तृत दायरा उसके सशक्तता का मार्ग होता है। संकुचित मन में विभिन्न प्रकार की बीमारी सक्रिय हो जाती है। भूत-प्रेत जैसी समस्या केवल संकुचित मन के लिए ही हैं इसलिए इसका प्रसार ज्यादातर महिलाओं और अति पिछड़े मानव वर्ग में है। मन का केन्द्र में गिरना योजनाबद्ध तरीके से भी हो सकता है या दुर्घटनावश भी। जिस प्रकार कुँए में योजनाबद्ध तरीके से प्रवेश करना या अनजाने में उसमें गिर जाना। यदि योजनाबद्ध तरीका है तब तो आप इच्छानुसार जायेंगे और बाहर निकलेंगे। लेकिन दुर्घटनावश है तब उस केन्द्र की उर्जा-प्रकाश को बर्दास्त कर पाना प्रत्येक के लिए सम्भव नहीं होता। फिर भी जो परिणाम आता है वह होता है-मानसिक विक्षिप्तता या मानसिक सशक्तता। मानसिक विक्षिप्तता की स्थिति में कुछ भी सृष्टि अर्थात नव-निर्माण की सम्भावना नहीं रह जाती। मानसिक सशक्तता की स्थिति में संसार के सारे विचार उसमें समाहित होने जैसा व्यक्त होने लगता है। और वह पिछले सभी विचारों के ज्ञान से युक्त हो जाता है। यह भी सम्भव है कि वह शान्त-मौन हो जाये, उनमें से किसी विचार में बद्ध हो जाये और वह बाह्य जगत में गुण-कर्म को व्यक्त किये बिना उस अनुसार स्वयं को समझने व व्यवहार करने लगे। ऐसे उदाहरण मिलते रहते हैं जैसे-कोई स्वयं को राधा समझने लगता है, कोई विष्णु के अवतार के रूप में, कोई कृष्ण के रूप में, कोई कल्कि अवतार के रूप में।

मानसिक सशक्तता की स्थिति में सिर्फ वही सृष्टि अर्थात नव-निर्माण कर पाता है जो सासांरिकता के साथ अपने उस केन्द्र के प्रकाश का योग कर उसे गुण-कर्म के रूप में व्यक्त कर देता है। इसी को योग माया का प्रयोग कहते हैं। इसी को ध्यान कहते हैं, ज्ञान का कालानुसार योग ही ध्यान होता है। इसी से वह स्वयं को सिद्ध करता है। ब्लैक होल की भाँति मानसिक सशक्तता के साथ बाहरी सूचना समाहित हो जाती है और वह सृष्टि करने के लिए नये रूप में बाहर आती है। महर्षि व्यास ने अपने शास्त्र महाभारत में सृष्टिकर्ता को "कृष्ण" ही कहा है।

स्वामी विवेकानन्द जी अपने पुस्तक "योग क्या है" में लिखते हैं-जब एक साधक शरीर बोध का अतिक्रमण कर जाता है, तो स्वभावतः उसके शरीर का अन्त हो जाता है और यह देखा गया है कि सामान्यतः एक ज्ञानी परमसत्ता के अनुभव के बाद अपने उस विराट अनुभव के बाद अपने उस विराट अनुभव को झेल नहीं पाता। फिर भी शंकर की तरह कुछ अपवाद हैं जिन्होंने विराट के अनुभव के बाद भी मानवता को ऐसी स्थिति की उपलब्धि के साधनों की शिक्षा देने के लिए अपने उच्च विचारों को कायम रखा। ये आत्माएं बन्धन से प्राप्त अनन्त मुक्ति को स्वयमेव तज देती हैं जिसे उन्होंने दूसरों की मुक्ति दिलाने के लिए प्राप्त किया है। उनके लिए उच्चतम अनुभव का द्वार हमेशा खुला रहता है, लेकिन वे उस द्वार में प्रवेश करने से इनकार कर देते हैं, जब तक वे उन लोगों को जो दुःख से पीड़ित हैं और प्रकाश की तलाश में हैं, अपने साथ न ले जा सकें। वे लोग बहुत बड़े सिद्ध, भविष्यद्दष्टा और संत हैं जो गहन अंधकार से मानवता को बचाने के लिए अपनी आत्मा की मशाल को जलाए रखते हैं। वे वही लोग हैं जो साधारण जीवन जीते हुये कम से कम थोड़ी देर के लिए थके हारे संसार को खाई में गिरने से रोकते हैं। वे धरती पर भगवान के सच्चे प्रतिनिधि होते हैं। (योग क्या है, पृष्ठ-62)

सौर मण्डल

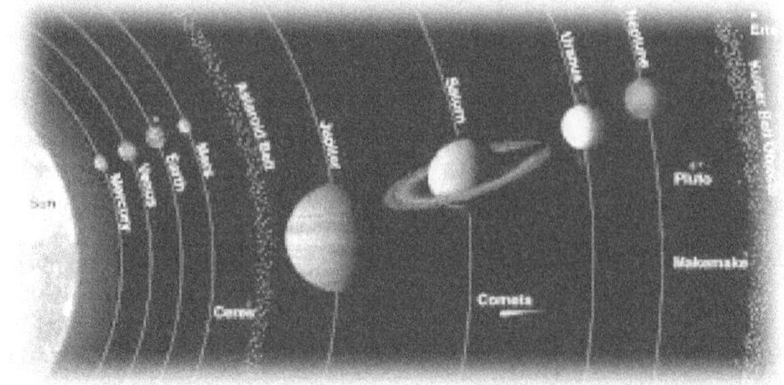

अपना सूर्य जिस नीहारिका का परिभ्रमण कर रहा है उसका नाम मंदाकिनी और व्यास प्रायः 4 लाख प्रकाश वर्ष है। सूर्य इन दिनों 2 लाख किलोमीटर प्रति घंटे की चाल से चल रहा है। अपनी नीहारिका का एक पूरा चक्कर लगाने में उसे 25 करोड़ प्रकाश वर्ष लगते हैं। अनुमान है कि अपने सूर्य को अपनी नीहारिका की 10 परिक्रमा लगाते-लगाते बुढ़ापा आ जायेगा और एक-दो परिक्रमा और कर लेने के उपरान्त उसका मरण हो जायेगा। अपनी नीहारिका अब तक 10 हजार तारा गुच्छकों को जन्म दे चुकी है। प्रत्येक तारा गुच्छक में कम से कम 100 सूर्य हैं। इस प्रकार इसके पुत्र सूर्यों की संख्या 10 लाख को पार कर गई है। जिस प्रकार अपने सूर्य के 9 ग्रह और 32 उपग्रह हैं उसी प्रकार इन 10 लाख सूर्यों के भी बाल-बच्चे होंगे। यह सारा परिवार बेटे-तारा गुच्छक, पोते-सूर्य, परपोते-ग्रहपिण्ड और उनके भी पुत्रगण-उपग्रहों समेंत अरबों की संख्या में सदस्यों का बन चुका है। इतने पर भी अपनी नीहारिका की न तो जवानी समाप्त हुई है और न उसके प्रजनन कृत्य में कोई कमी आई है। उसके अपने निजी पुत्र तारा गुच्छक अभी और जन्मेंगे। वे उसके पेट में कुलबुला रहे हैं और भ्रूण की तरह पक रहे हैं। समयानुसार प्रसव होते रहेंगे और यह परिवार अभी अकल्पनीय काल तक इसी प्रकार बढ़ता रहेगा। यह तो मात्र अपनी एक नीहारिका की बात है। फिर ऐसी-ऐसी अन्य सहस्त्रों नीहारिकाएँ और भी हैं। उन सबके अपने-अपने परिवार और विस्तार मिला लेने पर ब्रह्माण्ड विस्तार की परिकल्पना और भी अधिक कठिन हो जाती है।

सौर परिवार अति विशाल है। सूर्य की गरिमा अद्‌भुत है। उसका वजन सौर परिवार के समस्त ग्रहों-उपग्रहों के सम्मिलित वजन से लगभग 750 गुना अधिक है। सौरमण्डल केवल विशाल ग्रह और उपग्रहों का ही सुसम्पन्न परिवार नहीं है, उसमें छोटे और नगण्य समझे जाने वाले क्षुद्र ग्रहों का अस्तित्व भी अक्षुण्ण है और उन्हें भी समान, सम्मान एवं सुविधाएँ उपलब्ध हैं। यह विश्व सहयोग पर टिका हुआ है, संघर्ष पर नहीं। संघर्ष की उद्धत नीति अपनाकर बड़े समझे जाने वाले भी क्षुद्रता से पतित होता है। यह क्षुद्र ग्रह यह बताते रहते हैं कि हम कभी महान थे पर संघर्ष के उद्धत आचरण ने हमें इस दुर्गति के गर्त में पटक दिया।

अपने सौरमण्डल के सदस्यों में कुछ ग्रह हैं, कुछ उपग्रह। ग्रहों में सूर्य को छोड़कर 9 ग्रह हैं। इनमें से कुछ तो खुली आँखों से देखे जा सकते हैं और कुछ ऐसे हैं जो अधिक दूरी तथा रोशनी की कमी के कारण विशेष उपकरणों से ही देखे जा सकते हैं। इन ग्रहों की दूरी, परिधि, भ्रमण कक्षा तथा प्रति सेकण्ड चाल का लेखा-जोखा निम्न प्रकार है-

01. बुध- सूर्य से अधिकतम दूरी 579 लाख किलोमीटर, सूर्य की परिक्रमा 88 दिन में, अपनी धुरी पर परिभ्रमण 58.6 दिन, अपने कक्ष पर गति प्रति सेकण्ड 48 किलोमीटर।

02. शुक्र- सूर्य से अधिकतम दूरी 1082 लाख किलोमीटर, सूर्य की परिक्रमा 225 दिन में, अपनी धुरी पर परिभ्रमण 250 दिन, अपने कक्ष पर गति प्रति सेकण्ड 35 किलोमीटर।

03. पृथ्वी- सूर्य से अधिकतम दूरी 1495 लाख किलोमीटर, सूर्य की परिक्रमा 365.26 दिन में, अपनी धुरी पर परिभ्रमण 23.9 घंटे, अपने कक्ष पर गति प्रति सेकण्ड 29.8 किलोमीटर।

04. मंगल- सूर्य से अधिकतम दूरी 2279 लाख किलोमीटर, सूर्य की परिक्रमा 687 दिन में, अपनी धुरी पर परिभ्रमण 25 घंटे, अपने कक्ष पर गति प्रति सेकण्ड 24.1 किलोमीटर।

05. बृहस्पति- सूर्य से अधिकतम दूरी 7783 लाख किलोमीटर, सूर्य की परिक्रमा 11.86 वर्ष में, अपनी धुरी पर परिभ्रमण 9.55 घंटे, अपने कक्ष पर गति प्रति सेकण्ड 13.1 किलोमीटर।

06. शनि- सूर्य से अधिकतम दूरी 14269 लाख किलोमीटर, सूर्य की परिक्रमा 29.3 वर्ष में, अपनी धुरी पर परिभ्रमण 10.4 घंटे, अपने कक्ष पर गति प्रति सेकण्ड 9.6 किलोमीटर।

07. अरूण (यूरेनस)- सूर्य से अधिकतम दूरी 28709 लाख किलोमीटर, सूर्य की परिक्रमा 84 वर्ष में, अपनी धुरी पर परिभ्रमण 16.2 घंटे, अपने कक्ष पर गति प्रति सेकण्ड 6.8 किलोमीटर।

08. वरूण (नेप्च्यून)- सूर्य से अधिकतम दूरी 214970 लाख किलोमीटर, सूर्य की परिक्रमा 166 वर्ष में, अपनी धुरी परिभ्रमण 18 घंटे, अपने कक्ष पर गति प्रति सेकण्ड 5.4 किलोमीटर।

09. यम (प्लूटो)- सूर्य से अधिकतम दूरी 59135 लाख किलोमीटर, सूर्य की परिक्रमा 248.6 वर्ष में, अपनी धुरी पर परिभ्रमण 6 दिन 9.3 घंटे, अपने कक्ष पर गति प्रति सेकण्ड 4.7 किलोमीटर।

गुरूत्वाकर्षण बल के कारण सभी 9 ग्रह घड़ी की सुई की विपरीत दिशा में सूर्य की परिक्रमा करते हैं। इन ग्रहों के भ्रमण का कक्ष दीर्घवृत्तीय होता है। बुध सूर्य के सर्वाधिक निकट ग्रह है। इसके बाद क्रमशः शुक्र, पृथ्वी, मंगल, बृहस्पति, शनि, अरूण, वरूण एवं प्लूटो का स्थान आता है। प्लूटो को छोड़कर अन्य ग्रहों को दो वर्गों में विभाजित किया जाता है।

01. आन्तरिक ग्रह- चट्टानों से निर्मित बुध, शुक्र, पृथ्वी एवं मंगल। इस वर्ग में पृथ्वी सबसे बड़ी।

02. बाह्य ग्रह- गैसों से निर्मित बृहस्पति, शनि, अरूण एवं वरूण।

उपरोक्त ग्रहों के उपग्रह भी होते हैं जो निम्न प्रकार हैं-

1. बुध-कोई उपग्रह नहीं, 2. शुक्र-कोई उपग्रह नहीं, 3. पृथ्वी-1 (चन्द्रमा), 4. मंगल-2, 5. बृहस्पति-16, 6. शनि-22, 7. अरूण (यूरेनस)-15, 8. वरूण (नेप्च्यून)-8, 9. यम (प्लूटो)-3

अंतरिक्ष नामकरण की एकमात्र अधिकृत संस्था अन्तर्राष्ट्रीय खगोलशास्त्रीय संघ (International Astronomical Union-IAU) द्वारा 24 अगस्त, 2006 से यम (प्लूटो) की ग्रहीय मान्यता समाप्त की जा चुकी है। जिसका कारण यह है कि प्लूटो की कक्षा पड़ोसी ग्रह वरूण की कक्षा को काटती है तथा अपने गुरूत्वाकर्षण के लिए उसका न्यूनतम द्रव्यमान इतना नहीं है कि वह लगभग गोलाकार हो।

इस सौर मण्डल के पृथ्वी ग्रह पर मानव सहित अनेक जन्तु व वनस्पतियों का निवास है। मनुष्य इस पृथ्वी पर अपने ज्ञान-विज्ञान व बुद्धि से अनेक प्रकार के प्रपंच को फैला रखा है परन्तु वह पदार्थ यहीं से प्राप्त करता है जो उसके द्वारा निर्मित नहीं है।

पृथ्वी

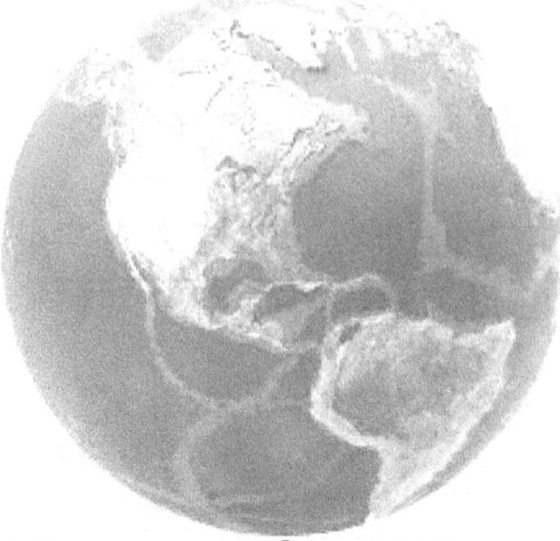

मानव सहित लाखों प्रजातियों का घर पृथ्वी है। पृथ्वी ही ब्रह्माण्ड में एकमात्र वह स्थान है जहाँ जीवन अस्तित्व के लिए वर्तमान समय तक जाना जाता है। वैज्ञानिक सबूत देते हैं कि पृथ्वी ग्रह का जीवन 4.54 अरब वर्ष पहले और उसकी सतह पर जीवन 1 अरब वर्ष पहले प्रकट हुआ। तब से पृथ्वी के जीव मंडल ने इस ग्रह पर पर्यावरण और अन्य अजैवकीय परिस्थितियों को बदल दिया है ताकि वायुजीवी जीवों के प्रसारण, साथ ही साथ ओजोन परत के निर्माण को रोका जा सके। यह ओजोन परत पृथ्वी के चुम्बकीय क्षेत्र के साथ हानिकारक विकिरण को रोक कर जमीन पर जीवन की अनुमति देता है। पृथ्वी का बाहरी सतह कई कठोर खण्डों या विवर्तनिक प्लेट में विभाजित है जो क्रमशः कई लाख वर्षों में पूरे सतह से विस्थापित होती है। सतह का लगभग 71 प्रतिशत नमक जल के सागर से आच्छादित है। शेष में महाद्वीप और द्वीप और तरल पानी है जो सभी ज्ञात जीवन के लिए आवश्यक है। पृथ्वी का आतंरिक सतह एक अपेक्षाकृत ठोस भूपटल की मोटी परत के साथ सक्रिय रहता है। एक तरल बाहरी कोर जो एक चुम्बकीय क्षेत्र और एक ठोस लोहा का आन्तरिक कोर को पैदा करता है। पृथ्वी मोटे तौर पर अपनी धुरी का करीब 366.26 बार चक्कर काटती है। यह समय एक नक्षत्र वर्ष है जो 365.26 सौर दिवस के बराबर है। पृथ्वी की घूर्णन की धूरी इसके कक्षीय समतल से लम्बवत् 23.4 की दूरी पर झुका है जो एक उष्णकटिबंधीय वर्ष 365.24 सौर दिनों में ग्रह की सतह पर मौसम की विविधता को पैदा करता है। पृथ्वी के प्रारम्भिक इतिहास के दौरान एक धूमकेतू की बमबारी ने महासागरों के गठन में भूमिका निभाया। बाद में छुद्र ग्रह के प्रभाव ने सतह के पर्यावरण पर महत्वपूर्ण बदलाव किया।

खगोलशास्त्रीयों के अनुसार अपनी पृथ्वी को एक गैस बादल से समुद्र का, पिण्ड गोलक का रूप धारण किये लगभग 11 अरब वर्ष हुये हैं। सौरमण्डल के अन्य सदस्यों का जन्म भी लगभग एक साथ ही हुआ है। सौरमण्डल के ग्रहों के उपग्रह बाद में बनते रहे हैं। पृथ्वी के चन्द्रमा के सम्बन्ध में कहा जाता है कि समुद्र वाले गड्ढे से टूटकर अंतरिक्ष में विचरण करने वाला पदार्थ भर है, जो टूट तो पड़ा परन्तु पृथ्वी के गुरूत्वाकर्षण को पार न कर पाने के कारण पृथ्वी का परिभ्रमण करने लगा। यही बात अन्य ग्रहों के उपग्रह पर भी लागू होती है।

पृथ्वी आकार में सौरमण्डल का पाँचवाँ सबसे बड़ा तथा सूर्य से दूरी में तीसरा ग्रह है। यह शुक्र व मंगल के बीच स्थित है। इसके चारो ओर तापमान, आक्सीजन और प्रचुर मात्रा में जल की उपस्थिति के कारण यह सौरमण्डल का एक मात्र ग्रह है जहाँ जीवन सम्भव है। पृथ्वी पर जल की अधिकता के कारण यह अंतरिक्ष से नीली दिखाई देती है। इसी कारण इसे नीला ग्रह भी कहते हैं। पृथ्वी का एक मात्र उपग्रह चन्द्रमा है। पृथ्वी सदैव गतिमान है। वह अपने अक्ष पर निरंतर गोलाई में घूमती है। साथ ही सौरमण्डल का सदस्य होने के कारण पृथ्वी अपने दीर्घवृत्ताकार कक्षा में सूर्य के चारो ओर परिक्रमा करती है। इस प्रकार पृथ्वी की दो गतियाँ-घूर्णन गति अथवा दैनिक गति (23 घंटा 56 मिनट 0.099 सेकण्ड) और परिक्रमण गति अथवा वार्षिक गति (365 दिन 6 घंटा) है।

यों पृथ्वी का व्यास और परिधि का जो माप किया जाता है वह स्थिर नहीं है। पृथ्वी क्रमशः फूल रही है। उसका फुलाव यों मंद गति से है, पर यह चलता रहा तो वर्तमान माप से सैकड़ों मील की वृद्धि करनी पड़ेगी। समुद्र क्रमशः सूख रहा है। फलस्वरूप थल भाग बढ़ता जा रहा है। अनुमान है कि 5 लाख वर्ष बाद पृथ्वी का थल क्षेत्र अब की अपेक्षा दूना हो जायेगा। जन्म के बाद वृद्धि का जो क्रम प्राणधारी वनस्पतियों तथा प्राणियों पर लागू होता है, वही पृथ्वी के लिए भी है।

इतनी विशाल हमारी पृथ्वी सौरमण्डल के मध्य में नहीं है वरन् एक कोने में पड़ी है। ठीक इसी प्रकार अपना सौरमण्डल भी मंदाकिनी आकाशगंगा के ठीक मध्य में अवस्थित न होकर एक कोने में पड़ा है। सूर्य प्रति सेकण्ड 220 किलो मीटर की गति से अपने सौरमण्डल सहित आकाशगंगा केन्द्र की परिक्रमा करता है। इस प्रकार जब से पृथ्वी पर मनुष्य का जन्म हुआ है, तब से लेकर अब तक उस केन्द्र की एक परिक्रमा भी पूरी नहीं हो पाई है। अपनी आकाशगंगा के केन्द्र से यह सौरमण्डल 30 हजार प्रकाशवर्ष हटकर है। अपनी आकाशगंगा ध्रुव द्वीप की 19 आकाशगंगाओं में से एक है, पर ऐसे ध्रुव द्वीप भी इस विराट ब्रह्माण्ड में असंख्य बिखरे पड़े हैं। माउण्ट पैलोमर पर लगी हुई 200 इंच व्यास के लेंस वाली संसार की सबसे बड़ी हाले दूरबीन से पता चला लगाया गया है कि ब्रह्माण्ड में कम से कम 1 अरब आकाशगंगाएँ हैं।

विशालता का पैमाना क्या लिया जाए यह मानवी बुद्धि की समझ में सहज ही नहीं आता। 13000 किलोमीटर व्यास वाली हमारी पृथ्वी के मुखिया सूर्य का स्वयं का व्यास 13,90,000 किलोमीटर है। अनुमानित भार 19 करोड़ 98 लाख महाशंख टन है। वह अपनी धुरी पर 25 दिन 7 घंटे 48 मिनट में एक चक्कर लगाता है। उसकी सतह पर 600 डिग्री तथा मध्य गर्भ में 15 लाख डिग्री सेण्टीग्रेट तापमान है। वह 200 मील प्रति सेकण्ड की उड़ान उड़ता हुआ महाध्रुव की परिक्रमा में व्यस्त है जो 25 करोड़ वर्ष में पूरी होती है। इस परिक्रमा में उसके साथी और भी कई सूर्य हैं जिनके अपने-अपने सौरमण्डल भी हैं। पृथ्वी से सूर्य 109 गुना बड़ा है। दोनों के बीच की दूरी 9,30,00,000 मील है। यदि हम 6000 मील प्रति घंटे की गति से उड़ने वाले अपने तीव्रतम वायुयानों में बैठकर लगातार उड़े तो उस दूरी को पार करने में 18 वर्ष लगेंगे।

यह पृथ्वी सौरमण्डल का एक नन्हा सा ग्रह, सूर्य एक तारा, ऐसे तारों की लाखों की संख्या वाली अपनी आकाशगंगा और फिर एक अरब आकाशगंगाओं से भरा-पूरा विराट ब्रह्माण्ड। परमाणु के खण्डकों को सबसे छोटा माने तो उसकी तुलना में यह विराट कितना बड़ा है? यह गणित की अथवा कल्पना की परिधि में कैसे समा सकेगा?

विज्ञानी नीत्सवोहर कहते थे कि-"अस्तित्व के विशाल नाटक में हम ही अभिनेता हैं और हम ही दर्शक। मनुष्य अपने आप में एक रहस्य है। मानवी कलेवर शरीर और मस्तिष्क उन्हीं तत्वों से बना है जिससे कि यह ब्रह्माण्ड। अपने आप की खोज और ब्रह्माण्ड की खोज में असाधारण साम्य है। अणु और विभु का गहन अनुसंधान जब मानवी मस्तिष्क के बलबूते संभव होगा तो वह महत्वपूर्ण संभावनाएँ अपने साथ लेकर आयेगा।"

दृश्य संसार का संचालन सूत्र अदृश्य, अज्ञात और अपरिचित हाथों में है। जानना चाहिए कि जो सत्ता इस सृष्टि संसार का नियमन, नियंत्रण और व्यवस्थापन करती है, वह मनुष्य के प्रति कितनी उदार है? अतएव यह निश्चित मानना चाहिए कि प्रकृति की नियम मर्यादाओं को, ईश्वर की विधि-व्यवस्था को तोड़कर मनुष्य कोई लाभ में नहीं रह सकता। इस प्रकार तो वह अपने आप को नष्ट कर लेगा। प्रकृति की व्यवस्था को बदल सकना और मर्यादा को बदलना उस क्षुद्र के लिए किसी भी प्रकार सम्भव नहीं है। नीति और सदाचार की कर्तव्य और धर्म की मर्यादाओं का उलंघन करके वह अपने आतंक और अनाचार का परिचय दे सकता है, पर इसमें वह विश्व व्यवस्था को अपने अनुरूप बदलने में सफल नहीं हो सकता। इस उद्धत आचरण से वह अपनी मानसिक, सामाजिक और आन्तरिक समस्वरता ही नष्ट करेगा। उसे समझना चाहिए कि जो नियामक शक्ति इतने बड़े ब्रह्माण्ड को, सूर्य को, शक्ति स्रोतों को मर्यादा में रहने और कर्तव्य पर चलने के लिए विवश करती है वह इस क्षुद्र प्राणी के नगण्य से अस्तित्व को अपने ओछेपन पर इतराने और व्यवस्थाएँ बिगाड़ने की छूट कैसे दे सकती है?

कुछ वर्षों पहले वैज्ञानिक डा0 फ्रेड हायल भारतवर्ष आये थे। विज्ञान भवन में उन्होंने कहा था-"अंतरिक्ष की गहराइयाँ जितनी अनन्त की ओर बढ़ेंगी, उसमें झाँककर देखने से मानवीय अस्तित्व का अर्थ और

प्रयोजन उतना ही स्पष्ट होता चला जायेगा। शर्त यह रहेगी कि हमारी अपनी अन्वेषण बुद्धि का भी विकास और विस्तार हो। यदि हमारी बुद्धि, विचार और ज्ञान मात्र पेट, प्रजनन, तृष्णा, अहंता तक ही सीमित रहता है, तब तो हम पड़ोस को भी नहीं जान सकेंगे, पर यदि इन सबसे पूर्वाग्रह मुक्त हों तो ब्रह्माण्ड इतनी खुली और अच्छे अक्षरों में लिखी चमकदार पुस्तक है कि उससे हर शब्द का अर्थ, प्रत्येक अस्तित्व का अभिप्राय समझा जा सकता एवं अनुभव किया जा सकता है।"

वस्तुतः चेतना का मुख्य गुण है-विकास। जहाँ भी चेतना या जीवन का अस्तित्व विद्यमान दिखाई देता है, वहाँ अनिवार्य रूप से विकास, वर्तमान स्थिति से आगे बढ़ने की हलचल दिखाई देती है। इस दृष्टि से मनुष्यों, जीव-जन्तु और पेड़-पौधों को ही जीवित माना जाता है। परन्तु भारतीय आध्यात्म की मान्यता है कि जड़ कुछ है ही नहीं, सब कुछ चैतन्य ही है। सुविधा के लिए स्थिर, निष्क्रिय और यथास्थिति में बने रहने वाली वस्तुओं को जड़ कहा जाता है, परन्तु वस्तुतः वे प्रचलित अर्थों में जड़ है ही नहीं। सृष्टि के इस विराट रूप, क्रमिक विस्तार एवं सतत गतिशीलता के मूल में झाँकने पर वैज्ञानिक पाते हैं कि यह सब एक सुनियोजित चेतना की विधि व्यवस्था के अन्तर्गत सम्पन्न हुआ क्रियाकलाप है।

इस सम्पूर्ण विवेचन से यह निष्कर्ष निकलता है कि मनुष्य को यह नहीं समझना चाहिए कि वह इस सृष्टि का सर्वतः स्वतन्त्र सदस्य है और उसे कर्म करने की जो स्वतन्त्रता मिली है, उसके अनुसार वह इस सृष्टि के महानियंता की नियामक व्यवस्था द्वारा निर्धारित दण्ड से भी बच पायेगा। इस विराट ब्रह्माण्ड में पृथ्वी का ही अस्तित्व एक धूलिकण के बराबर नहीं है तो मनुष्य का स्थान कितना बड़ा होगा? फिर भी मनुष्य नाम का यह प्राणी इस पृथ्वी पर कैसे-कैसे प्रपंच फैलाये हुये है यह जानने और उसे उस अन्तिम मार्ग से परिचय कराने हेतु ही इस "विश्वशास्त्र" को प्रस्तुत किया गया है। वस्तुतः यथार्थ में ऐसा होना चाहिए कि जीवकोपार्जन हेतु ज्ञान व कर्म मनुष्य-मनुष्य के अनुसार अलग-अलग हो सकते हैं परन्तु जीवन का ज्ञान एक ही होना चाहिए और यदि मानव जाति के नियंतागण ऐसा कर सके तो भविष्य की सुरक्षा हेतु बहुत बड़ी बात होगी। साथ ही ब्रह्माण्ड के अनेक रहस्यों को जानने के लिए मनुष्य के शक्ति का एकीकरण भी कर सकने में हम सफल होंगे।

भाग-1
सत्य- व्याख्या

व्यवस्था के परिवर्तन या सत्यीकरण का पहला प्रारूप और उसकी कार्य विधि

शिक्षा, शिक्षक और शिक्षार्थी

शिक्षण विधि और आशीर्वाद

मानव और पूर्ण मानव

भारतीय शास्त्रों की एक वाक्य में शिक्षा

शास्त्रार्थ, शास्त्र पर होता है, शास्त्राकार से और पर नहीं

ईश्वर, अवतार और मानव की शक्ति सीमा

मिले सुर मेरा तुम्हारा, तो सुर बने हमारा

व्यवस्था के परिवर्तन या सत्यीकरण का पहला प्रारूप और उसकी कार्य विधि

उदाहरण के रूप में, यदि किसी शिक्षित व्यक्ति जिसे अंकगणित का ज्ञान हो, उसके समक्ष संख्या 5 लिख दिया जाये और उससे कहा जाये कि इस संख्या के आगे और पीछे की संख्या लिखें तो वह आसानी से उसे लिख देगा परन्तु अंकगणित का अज्ञानी ऐसा नहीं कर पायेगा। उसका सारा ध्यान केवल संख्या 5 पर ही टिका रह जायेगा क्योंकि वह संख्या पद्धति से अपरिचित है। अगर वह कुछ लिख भी देगा तो वह आवश्यक नहीं कि सत्य हो और उसमें सुधार की पूरी सम्भावना बनी रहेगी। समाज सुधार के क्षेत्र में भी यही बात है। हम एक समस्या देखते हैं फिर उसमें कुछ सुधार कर देते हैं। फल यह होता है कि कुछ समय बाद पुनः उसमें सुधार की आवश्यकता आ जाती है।

जितने अधिक आकड़ों को विश्लेषित कर हम परिणाम को खोजेंगे उतने ही सत्य परिणाम हमारे सामने आयेंगे। प्रस्तुत शास्त्र व्यक्त अधिकतम आकड़ों के व्यवस्थित प्रस्तुतीकरण का शास्त्र है। दूसरे रूप में इसे धर्म ज्ञान का बैलेन्ससीट भी कह सकते है। इन सम्पूर्ण आकड़ों पर आधारित होकर व्यक्ति, समाज और विश्व राष्ट्र के लिए लिया गया निर्णय ही एक सत्य निर्णय हो सकता है। समाज सुधार के सम्बन्ध में स्वामी विवेकानन्द का कहना है कि-"तथाकथित समाज-सुधार के विषय में हस्तक्षेप न करना क्योंकि पहले आध्यात्मिक सुधार हुये बिना अन्य किसी भी प्रकार का सुधार हो नहीं सकता (राम कृष्ण मिशन, पत्रावली भाग-1, पृष्ठ-29), भारत के शिक्षित समाज से मैं इस बात पर सहमत हूँ कि समाज का आमूल परिवर्तन करना आवश्यक है। पर यह किया किस तरह जाये? सुधारकों की सब कुछ नष्ट कर डालने की रीति व्यर्थ सिद्ध हो चुकी है। मेरी योजना यह है, हमने अतीत में कुछ बुरा नहीं किया। निश्चय ही नहीं किया। हमारा समाज खराब नहीं, बल्कि अच्छा है। मैं केवल चाहता हूँ कि वह और भी अच्छा हो। हमें असत्य से सत्य तक अथवा बुरे से अच्छे तक पहुँचना नहीं है। वरन् सत्य से उच्चतर सत्य तक, श्रेष्ठ से श्रेष्ठतर और श्रेष्ठतम तक पहुँचना है। मैं अपने देशवासियों से कहता हूँ कि अब तक जो तुमने किया, सो अच्छा ही किया है, अब इस समय और भी अच्छा करने का मौका आ गया है।"-(राम कृष्ण मिशन, जितने मत उतने पथ, पृष्ठ-46)

व्यक्ति हो या ज्ञानी, समाज हो या राज्य, देश हो या विश्व, समाज नेता हों या राजनेता सभी को अब यह जान लेना चाहिए कि विश्व एक परिवार है और उस परिवार का शास्त्र-"विश्वशास्त्र" है। जब तक यह शास्त्र उपलब्ध नहीं था तब तक इस विश्व परिवार के एकीकरण का मार्ग नहीं खुला था, अब वह मार्ग मिल चुका है। कोई भी समाज निर्माण या युग परिवर्तन का कार्य एक क्षण का कार्य नहीं है। यह एक लम्बी अवधि की प्रक्रिया का कार्य है। इसे हम उन समाज सुधारकों के संस्थाओं के कार्य को देख कर अनुभव कर सकते हैं।

व्यवस्था परिवर्तन, एक राजनीतिक लुभावना वाला शब्द है। वह कैसे होगा, इसके लिए एक प्रारूप की आवश्यकता होती है अगर वह नहीं है तो व्यवस्था परिवर्तन चिल्लाने से नहीं होता। फिर व्यवस्था परिवर्तन किस बात का? मानव समाज को संचालित करने के लिए तो सिर्फ दो ही मूल व्यवस्था है-एक राजतन्त्र, जिसका युग जा चुका है। दूसरा-लोकतन्त्र, जिसका युग चल रहा है और यही अन्तिम व्यवस्था भी बनी रहेगी क्योंकि ब्रह्माण्डीय व्यवस्था भी लोकतन्त्र से ही चल रहा है और मनुष्य के मस्तिष्क से अन्ततः वही व्यक्त हो रहा है। लोकतन्त्र से हम राजतन्त्र में नहीं जा सकते इसलिए व्यवस्था परिवर्तन का अर्थ ही निरर्थक है।

आवश्यकता है वर्तमान लोकतन्त्र व्यवस्था को ही सत्य आधारित करने की जिसे व्यवस्था सत्यीकरण कहा जा सकता है। इस कार्य में हमें मानकशास्त्र की आवश्यकता है जिससे तोल कर यह देख सके कि इस लोकतन्त्र व्यवस्था में कहाँ सुधार करने से सत्यीकरण हो जायेगा। यह मानकशास्त्र ही "विश्वशास्त्र" है। सिर्फ मतदाता बनने व वोट डालने से ही लोकतन्त्र स्वस्थ नहीं हो सकता। उसके लिए देश व विश्व के पूर्ण ज्ञान की आवश्यकता होगी। इसलिए आवश्यक है कि प्रत्येक मतदाता "विश्वशास्त्र" के ज्ञान से युक्त हो।

अच्छा होता कि हमारे राजनेतागण कुछ दिनों के लिए सन्यास लेकर थोड़ा कुछ अध्ययन-चिंतन करते रहते ताकि उन्हें बार-बार लक्ष्य के लिए शब्दों का परिवर्तन न करना पड़ता। एक ही स्थिति में बहुत समय तक रहने पर बुद्धि, बद्ध हो जाती है। एक-एक सीढ़ी चढ़कर, पहुँच गये-पहुँच गये चिल्लाने से अच्छा है कि अन्तिम सीढ़ी पर पर बैठकर चिल्लाना कि पहुँच गये।

चाहे कुछ हो यदि प्रारूप नहीं, तो न तो व्यवस्था परिवर्तन हो सकता है, न ही व्यवस्था सत्यीकरण हो सकता है, न ही सम्पूर्ण क्रान्ति। भीड़ से क्रान्ति नहीं सिर्फ हंगामा होता है। भीड़ में जोश होता है, होश नहीं।

इस मानक शास्त्र के प्रस्तुत हो जाने से व्यवस्था परिवर्तन की नहीं बल्कि व्यवस्था के सत्यीकरण का मार्ग खुल चुका है। जिसका व्यक्ति, समाज और विश्व राष्ट्र को आवश्यकता भी है। किसी एक विषय पर बहुत अधिक पुस्तक मस्तिष्क को भ्रमित ही करती है। यह शास्त्र प्रारम्भ से अन्त तक के विकास को क्रमबद्ध प्रस्तुत करता है जिससे हम सभी एक सत्य निर्णय करने में सक्षम हों और पूर्ण ज्ञान से युक्त हो जायें और हमारा कोई भी सुधार एक स्थायी, अच्छा और दूरगामी परिणाम देने वाला हो।

प्रश्न यह भी उठता है कि परिवार का मुखिया जिसके द्वारा परिवार का संचालन होता है, यदि वह परिवार के हित व विकास के विषय में कर्म न करता हो तो क्या परिवार का सदस्य उसमें हस्तक्षेप करने का अधिकारी है या नहीं? यही बात देश को चलाने वाले संसद के विषय में भी है। यदि संसद स्वयं देशहित व जनहित के प्रति उदासीन हो जाये तो क्या जनता संसद को मार्गदर्शन देने का अधिकार नहीं रखती? यदि नहीं तो संविधान की धारा-51(ए) के अन्तर्गत नागरिक का मौलिक कर्तव्य की उपयोगिता क्या है? ध्यान रखने योग्य विषय यह है कि कोई भी चुना हुआ प्रतिनिधि सिर्फ उतने ही बड़े क्षेत्र का प्रतिनिधि होता है जिस क्षेत्र से वह चुना जाता है। भारत में ऐसा कोई प्रतिनिधि जनता से नहीं चुना जाता जो भारत का प्रतिनिधित्व करता हो और जब तक भारत का प्रतिनिधित्व करने वाला चुनाव नहीं होता या भारत की जनता का राष्ट्रीय मुद्दों पर विचार कर संसद के कर्तव्य का बोध कराने वाली स्वतन्त्र संस्था नहीं बन जाती, तब तक जनता को संसद को संविधान की धारा-51(ए) के अन्तर्गत नागरिक का मौलिक कर्तव्य के अनुसार न्यायालय व संसद के माध्यम से सरकार को मार्गदर्शन देने का कर्तव्य करना चाहिए जो उसका अधिकार भी है।

शिक्षा, शिक्षक और शिक्षार्थी

अब्राहम लिंकन का जन्म 12 फरवरी, 1809 को एक गरीब अश्वेत परिवार में हुआ था। वे प्रथम रिपब्लिकन थे जो अमेरिका के 16वें राष्ट्रपति बने। इनका कार्यकाल सन् 1861 से 1865 तक था। उसके पहले वे एक वकील, इलिअन्स स्टेट के विधायक (लेजिस्लेटर), अमेरिका के हाउस ऑफ रिप्रेजेन्टेटिव के सदस्य थे। वे दो बार सीनेट के चुनाव में असफल भी हुए। उन्होंने अमेरिका को उसके सबसे बड़े संकट – गृहयुद्ध से पार लगाया। अमेरिका में दास प्रथा के अंत का श्रेय लिंकन को ही जाता है।

अब्राहम लिंकन, अपने पुत्र के शिक्षक के नाम एक पत्र अंग्रेजी में दिये थे जिसका मधु पन्त द्वारा हिन्दी भावानुवाद "हिन्दुस्तान" समाचार पत्र में प्रकाशित हुआ था और http://thumri.blogspot.com/2008/02/blog-post_05.html पर भी उपलब्ध है। उसे हम इस शास्त्र में इसलिए लिख रहें हैं क्योंकि इस शास्त्र का मूल उद्देश्य "पूर्ण शिक्षा" है। कोई भी व्यक्ति इस "विश्वशास्त्र" का ज्ञाता क्यों न बन जाये परन्तु प्रस्तुत पत्र का भाव यदि उसके हृदय में जन्म नहीं लेता तो वह ईश्वरीय मनुष्य नहीं, मात्र केवल मशीनी मनुष्य ही होगा जो विद्वान तो हो सकता है परन्तु इन्सान नहीं। प्रस्तुत पत्र का भावानुवाद यह सिद्ध करता है कि यही सत्य अर्थ में सत्य–शिक्षा है, ऐसी शिक्षा प्रदान करने वाला ही सत्य–शिक्षक है और ऐसी शिक्षा ग्रहण करने वाला ही सत्य–शिक्षार्थी है। और अगर ऐसा नहीं है तो शिक्षा, शिक्षक और शिक्षार्थी तीनों स्वयं को ही धोखा दे रहे हैं।

हे शिक्षक
मै जानता हूँ और मानता हूँ
कि न तो हर व्यक्ति सही होता है
और न ही होता है सच्चा,
किन्तु तुम्हें सिखाना होगा कि
कौन बुरा है और कौन अच्छा।
दुष्ट व्यक्ति के साथ–साथ आदर्श प्रणेता भी होते हैं,
स्वार्थी राजनीतिज्ञों के साथ–साथ समर्पित नेता भी होते हैं,
दुश्मनों के साथ–साथ मित्र भी होते हैं,
हर विरूपता के साथ–साथ सुन्दर चित्र भी होते हैं।
समय भले ही लग जाये पर
यदि सिखा सको तो उसे सिखाना,
कि पाये हुये पाँच से अधिक मूल्यवान है–
स्वयं एक कमाना।
पायी हुई हार को कैसे झेलें, उसे यह भी सिखाना
और साथ ही सिखाना, जीत की खुशियाँ मनाना।
यदि हो सके तो उसे ईर्ष्या या दोष से परे हटाना
और जीवन में छिपी मौन मुस्कान का पाठ पढ़ाना।
जितनी जल्दी हो सके उसे जानने देना
कि दूसरों को आतंकित करने वाला
स्वयं कमजोर होता है,
वह भयभीत व चिंतित है क्योंकि
उसके मन में स्वयं चोर होता है।
उसे दिखा सको तो दिखाना–
किताबों में छुपा खजाना
और उसे वक्त देना चिंता करने के लिए
कि आकाश के परे उड़ते पक्षियों का आह्लाद,
सूर्य के प्रकाश में मधुमक्खियों का निनाद,
हरी–भरी पहाड़ियों से झाँकते फूलों का संवाद,
कितना विलक्षण होता है–
अविस्मरणीय.....अगाध.......
उसे यह भी सिखाना–
धोखे से सफलता पाने से असफल होना सम्माननीय है।
और अपने विचारों पर भरोसा रखना
अधिक विश्वसनीय है।
चाहे अन्य सभी उसको गलत ठहरायें
परन्तु
स्वयं पर अपनी आस्था बनी रहे, यह विचारणीय है।
उसे यह भी सिखाना कि वह सदय के साथ सदय हो
किन्तु कठोर के साथ कठोर।
और लकीर का फकीर बनकर,
उस भीड़ के पीछे न भागे जो करती हो–निरर्थक शोर
उसे सिखाना
कि वह सबकी सुनते हुए अपने मन की भी सुन सके
यदि सिखा सको तो सिखाना कि वह दुःख में भी
मुस्करा सके,
घनी वेदना से आहत हो, पर खुशी के गीत गा सके।
उसे यह भी सिखाना, आँसू बहते हों तो बहने दे,
इसमें कोई शर्म नहीं....कोई कुछ कहता हो...कहने दे।
उसे सिखाना–
वह सनकियों को कनखियों से हँसकर टाल सके
पर अत्यन्त मृदुभाषी से बचने का ख्याल रखे।
वह अपने बाहुबल व बुद्धिबल का
अधिकतम मोल पहचान पाये,
परन्तु अपनी आत्मा व हृदय की बोली न लगवाए।
वह भीड़ के शोर में भी अपने कान बंद कर सके
और स्वतः की अन्तरात्मा की सही आवाज सुन सके।
सत्य के लिए लड़ सके और सत्य के लिए अड़ सके।
उसे सहानुभूति से समझाना
पर प्यार के अतिरेक से मत बहलाना।
क्योंकि तप–तप कर ही लोहा खरा बनता है,
ताप पाकर ही सोना निखरता है।
उसे साहस देना ताकि वक्त पड़ने पर अधीर बने
सहनशील बनाना ताकि वह वीर बने।
उसे सिखाना कि
वह स्वयं पर असीम विश्वास करे,
ताकि समस्त मानव जाति पर भरोसा व आस धरे।
यह एक बड़ा सा लम्बा–चौड़ा अनुरोध है
पर तुम कर सकते हो, क्या इसका तुम्हें बोध है?
मेरे और तुम्हारे...दोनों के साथ उसका रिश्ता है,
सच मानो,
मेरा बेटा एक प्यारा सा नन्हा फरिश्ता है।

शिक्षण विधि और आशीर्वाद

एक कोशिका से दूसरे कोशिका को ज्ञान के अग्रसरण/संचरण के द्वारा विकसित हो रहे जीवों में मानव, ज्ञान क्रान्ति के अन्तिम लक्ष्य के पास पहुँच रहा है। जीव आते हैं, जाते हैं, और समय की धारा में ज्ञान, संसाधन और अपनी पीढ़ी को आगे बढ़ा कर चले जाते हैं। कुल मिलाकर मनुष्य केवल प्रकृति के अदृश्य ज्ञान को दृश्य ज्ञान में परिवर्तित करने का माध्यम मात्र है। मानव की मात्र इतनी ही कहानी होते हुये भी वह आर्थिक लाभ पाने के मानवीय चक्र में ज्ञान पाने के ईश्वरीय चक्र से इतना दूर होते जा रहा है कि उसे यह नहीं पता कि वह स्वयं मानव जाति के अस्तित्व को ही इस कमलरूपी पृथ्वी पर विराजमान होने से पहले ही मिटा देना चाहता है।

इस क्रम में ज्ञान के अदृश्य संचरण से प्रारम्भ हुआ जीवन, फिर संकेत, फिर मौखिक, फिर भाषा लिपि, फिर हस्तलिखित पुस्तक, फिर मुद्रित पुस्तक से अब हम सभी डिजिटल विडियो-आडियो तक पहुँच चुके हैं। जहाँ हमारी यात्रा एक दृश्य जीव शिक्षक/गुरू से शुरू हुयी थी वहीं अब हम सभी एक अदृश्य मानव निर्मित अजीव शिक्षक/गुरू (डिजिटल विडियो-आडिया शैक्षणिक सामग्री) की ओर बढ़ रहे हैं। इस क्रम से सबसे बड़ा नुकसान "समझ" का हुआ। "समझ" गिरती गयी और मानव निर्मित संस्था द्वारा प्रमाणित योग्यता सबको प्राप्त होती गयी। और शब्दों के अर्थ "समझ" के अनुसार बदलते गये। एक कोशिका से दूसरे कोशिका को ज्ञान के अग्रसरण/संचरण का प्राकृतिक नियम व्यापार में बदल गया। शिक्षक/गुरू भी आर्थिक प्रणाली से संचालित होने लगे साथ ही विद्यार्थी/छात्र भी। जिस प्रकार मुख्य आत्मा के उपस्थिति में ब्रह्माण्ड संचालित और प्रकृति नाच रही है उसी प्रकार मनुष्य निर्मित "मुद्रा" से ब्रह्माण्ड तो संचालित नहीं हो सकता लेकिन मनुष्य जरूर नाच रहा है। विद्या अर्जन के इस विकास क्रम में जो बातें आयीं वे हैं- शिक्षा माध्यम, शिक्षक/गुरू और विद्यार्थी/छात्र शिक्षा पाठ्यक्रम।

शिक्षा माध्यम

शिक्षा माध्यम उस माध्यम से सम्बन्धित है जिसके द्वारा एक शिक्षक/गुरू अपने विद्यार्थी/छात्र में ज्ञान का संचरण करता है जो भाषा, चित्र, संकेत, आवाज इत्यादि हो सकते हैं। इसके अलावा शिक्षक/गुरू की अपनी समझ की कला भी हो सकती है जिससे वह आसानी से अपने विद्यार्थी/छात्र में ज्ञान का संचरण कर दे।

शिक्षक/गुरू

स्वामी विवेकानन्द जी ने कहा था-"हम गुरु के बिना कोई ज्ञान प्राप्त नहीं कर सकते। अब बात यह है कि यदि मनुष्य, देवता अथवा कोई स्वर्गदूत हमारे गुरु हो, तो वे भी तो ससीम हैं, फिर उनसे पहले उनके गुरु कौन थे? हमें मजबूर होकर यह चरम सिद्धान्त स्थिर करना ही होगा कि एक ऐसे गुरु हैं जो काल के द्वारा सीमाबद्ध या अविच्छिन्न नहीं हैं। उन्हीं अनन्त ज्ञान सम्पन्न गुरु को, जिनका आदि भी नहीं और अन्त भी नहीं, ईश्वर कहते हैं। गुरु के सम्बन्ध में यह जान लेना आवश्यक है कि उन्हें शास्त्रों का मर्म ज्ञान हो। वैसे तो सारा संसार ही बाइबिल, वेद, पुराण पढ़ता है, पर वे तो केवल शब्द राशि है। धर्म की सूखी ठठरी मात्र है। जो गुरु शब्दाडंबर के चक्कर में पड़ जाते हैं, जिनका मन शब्दों की शक्ति में बह जाता है, वे भीतर का मर्म खो बैठते हैं। जो शास्त्रों के वास्तविक मर्मज्ञ हैं, वे ही असल में सच्चे धार्मिक गुरु हैं। संसार के प्रधान आचार्यों में से कोई भी शास्त्रों की इस प्रकार नानाविध व्याख्या करने के झमेले में नहीं पड़ा। उन्होनें श्लोकों के अर्थ में खींचातानी नहीं की। वे शब्दार्थ और भावार्थ के फेर में नहीं पड़े। फिर भी उन्होंने संसार को बड़ी सुन्दर शिक्षा दी। इसके विपरीत, उन लोगों ने जिनके पास सिखाने को कुछ भी नहीं, कभी एकाध शब्द को ही पकड़ लिया और उस पर तीन भागों की एक मोटी पुस्तक लिख डाली, जिसमें सब अनर्थक बातें भरी हैं। भगवान श्रीरामकृष्ण कहते थे- "जब एक बहुत बड़ी लहर आती है, तो छोटे-छोटे नाले और गड्ढे अपने आप ही लबालब भर जाते हैं। इसी प्रकार जब एक अवतार जन्म लेता है, तो समस्त संसार में आध्यात्मिकता की एक बड़ी बाढ़ आ जाती है और लोग वायु के कण-कण में धर्मभाव का अनुभव करने लगते हैं। अनात्मज्ञ पुरूषों की बुद्धि एकदेश-दर्शिनी (Single Dimensional) होती है। आत्मज्ञ पुरूषों की बुद्धि सर्वग्रासिनी (Multi Dimensional) होती है। आत्मप्रकाश होने से, देखोगे कि दर्शन, विज्ञान सब तुम्हारे अधीन हो जायेंगे"

कुल मिलाकर जैसी शिक्षा, वैसा शिष्य और अन्त में वैसा ही शिक्षक क्योंकि शिक्षा प्राप्ति के बाद बहुत से विद्यार्थी/छात्र अलग-अलग व्यापार के साथ "पढ़ो और पढ़ाओ" वाले व्यापार में भी जाते है और शिक्षक भी बनते हैं। अन्त में हल यही निकलेगा कि अद्दश्य मानव निर्मित अजीव शिक्षक/गुरू (डिजिटल विडियो-आडिया शैक्षणिक सामग्री) के रूप में सामने आयेगा और सरकारी शिक्षा संस्थान मात्र एक पंजीकरण केन्द्र, परीक्षा केन्द्र संचालक और प्रमाण-पत्र दाता बनेगा।

शब्दों के अर्थ "समझ" के अनुसार बदलते रहने से शब्द "आशीर्वाद" के भी अर्थ बदल गये। वर्तमान में "आशीर्वाद" यूँ ही मिल जाते हैं। प्रारम्भ में यह "आशीर्वाद" ऋषि-मुनि-गुरू जन सिर्फ योग्य को ही प्रदान करते थे ताकि उनके शब्द कभी असत्य न हों। और यदि असत्य होने की सम्भावना दिखे तो उसे वे सत्य में परिवर्तित करने के लिए भी हर नीति का प्रयोग करते थे। ऐसे ही गुरू थे- गुरू द्रोणाचार्य। जिन्होंने सर्वश्रेष्ठ धनुर्धर का "आशीर्वाद" अपने शिष्य अर्जुन को दिया था। और वे अपने "आशीर्वाद" को सत्य में परिवर्तित करने के लिए बीच में आ गये एकलव्य का नीति के अन्तर्गत अँगूठा माँगकर अपने "आशीर्वाद" की रक्षा की। यह मात्र एक सन्देश है- शब्द "आशीर्वाद" के सही अर्थ का।

विद्यार्थी/छात्र

स्वामी विवेकानन्द जी ने कहा था-"जिस व्यक्ति की आत्मा से दूसरी आत्मा में शक्ति का संचार होता है वह गुरु कहलाता है और जिसकी आत्मा में यह शक्ति संचारित होती है उसे शिष्य कहते हैं।" हमारे दृष्टि में छात्र वे हैं जो किसी शैक्षणिक संस्थान के किसी शैक्षणिक पाठ्यक्रम में प्रवेश ले कर अध्ययन करते हैं। और विद्यार्थी वे हैं जो सदैव अपने ज्ञान व बुद्धि का विकास कर रहे हैं और उसके वे इच्छुक भी हैं। इस प्रकार सभी मनुष्य व जीव, जीवन पर्यन्त विद्यार्थी ही बने रहते हैं चाहे उसे वे स्वीकार करें या ना करें। जबकि छात्र जीवन पर्यन्त नहीं रहा जा सकता।

कहा जाता है-"छात्र शक्ति, राष्ट्र शक्ति", लेकिन कौन सी शक्ति? उसकी कौन सी दिशा? तोड़-फोड़, हड़ताल, या अनशन वाली या समाज व राष्ट्र को नई दिशा देने वाली? स्वामी विवेकानन्द को मानने व उनके चित्र लगाकर छात्र राजनीति द्वारा राष्ट्र को दिशा नहीं मिल सकती बल्कि उन्होंने क्या कहा और क्या किया था, उसे जानने और चिन्तन करने से राष्ट्र को दिशा मिल सकती है और "छात्र शक्ति, राष्ट्र शक्ति" की बात सत्य हो सकती है। हम सभी ज्ञान युग और उसी ओर बढ़ते समय में हैं इसलिए केवल प्रमाण-पत्रों वाली शिक्षा से काम नहीं चलने वाला है।

छात्रों की विवशता है कि उनके शिक्षा बोर्ड व विश्वविद्यालय जो पाठ्यक्रम तैयार करेंगे वही पढ़ना है और छात्रों की यह प्रकृति भी है कि वही पढ़ना है जिसकी परीक्षा ली जाती हो। जिसकी परीक्षा न हो क्या वह पढ़ने योग्य नहीं है? बहुत बढ़ा प्रश्न उठता है। तब तो समाचार पत्र, पत्रिका, उपन्यास इत्यादि जो पाठ्यक्रम के नहीं हैं उन्हें नहीं पढ़ना चाहिए। शिक्षा बोर्ड व विश्वविद्यालय तो एक विशेष पाठ्यक्रम के लिए ही विशेष समय में परीक्षा लेते हैं परन्तु ये जिन्दगी तो जीवन भर आपकी परीक्षा हर समय लेती रहती है तो क्या जीवन का पाठ्यक्रम पढ़ना अनिवार्य नहीं है?

शिक्षा पाठ्यक्रम

जो व्यक्ति या देश केवल आर्थिक उन्नति को ही सर्वस्व मानता है वह व्यक्ति या देश एक पशुवत् जीवन निर्वाह के मार्ग पर है-जीना और पीढ़ी बढ़ाना। दूसरे रूप में इसे ऐसे समझा जा सकता है कि ऐसे व्यक्ति जिनका लक्ष्य धन रहा था वे अपने धन के बल पर अपनी मूर्ति अपने घर पर ही लगा सकते हैं परन्तु जिनका लक्ष्य धन नहीं था, उनका समाज ने उन्हें, उनके रहते या उनके जाने के बाद अनेकों प्रकार से सम्मान दिया है और ये सार्वजनिक रूप से सभी के सामने प्रमाणित है। पूर्णत्व की प्राप्ति का मार्ग शारीरिक-आर्थिक उत्थान के साथ-साथ मानसिक-बौद्धिक उत्थान होना चाहिए और यही है ही। इस प्रकार भारत यदि पूर्णता व विश्व गुरूता की ओर बढ़ना चाहता है

तब उसे मात्र कौशल विकास ही नहीं बल्कि राष्ट्रीय बौद्धिक विकास की ओर भी बढ़ना होगा। बौद्धिक विकास, व्यक्ति व राष्ट्र का इस ब्रह्माण्ड के प्रति दायित्व है और उसका लक्ष्य है।

व्यक्ति व राष्ट्र के पूर्णता के लिए निम्न तीन प्रकार के पाठ्यक्रम उपलब्ध है-

अ-सामान्यीकरण (Generalization) शिक्षा - ज्ञान के लिए

ब-विशेषीकरण (Specialization) शिक्षा - कौशल के लिए

स-सत्य नेटवर्क (REAL NETWORK) शिक्षा - समाज में प्रकाशित होने के लिए

अ-सामान्यीकरण (Generalization) शिक्षा- ज्ञान के लिए

यह शिक्षा व्यक्ति और राष्ट्र का बौद्धिक विकास कराती है जिससे व्यक्ति व राष्ट्रीय सुख में वृद्धि होती है। वर्तमान समय में सामान्यीकरण शिक्षा की समस्या है। व्यक्तियों के विचार से सदैव व्यक्त होता रहा है कि-मैंकाले शिक्षा पद्धति बदलनी चाहिए, राष्ट्रीय शिक्षा नीति व पाठ्यक्रम बनना चाहिए। ये तो विचार हैं। पाठ्यक्रम बनेगा कैसे?, कौन बनायेगा? पाठ्यक्रम में पढ़ायेंगे क्या? ये समस्या थी। और वह हल की जा चुकी है। जो भारत सरकार के सामने सरकारी-निजी योजनाओं जैसे ट्रांसपोर्ट, डाक, बैंक, बीमा की तरह निजी शिक्षा पाठ्यक्रम के रूप में "पुनर्निर्माण-सत्य शिक्षा का राष्ट्रीय तीव्र मार्ग (RENEW-Real Education National Express Way)" द्वारा पहली बार इसके आविष्कारक द्वारा प्रस्तुत है। जिसकी उपयोगिता सत्य समझ, जीवन ज्ञान, प्रबन्धकीय समझ, गुरूता और सत्य शिक्षकीय समझ में है। इससे किसी भी सरकारी संस्थान में नौकरी नहीं मिलती बल्कि इससें पद का सही उपयोग और सही दुरूपयोग का गुण आता है जो उस व्यक्ति पर ही निर्भर करता है न कि उस ज्ञान पर।

इसके अन्तर्गत REAL EDUCATION, REAL PROFESSION, REAL BOOK, REAL STATUS, REAL ESTATE AGENT, REAL KISAN की शिक्षा पाठ्यक्रम हैं। जो पत्राचार द्वारा संचालित है। यह व्यक्ति के स्वयं अपने बुद्धि के विकास से सम्बन्धित पाठ्यक्रम है।

हम सभी व्यक्ति आधारित राजतन्त्र में राजा से उठकर व्यक्ति आधारित लोकतन्त्र में आये, फिर संविधान आधारित लोकतन्त्र में आ गये। अब पूर्ण लोकतन्त्र के लिए मानक आधारित लोकतन्त्र में हम सभी को पहुँचने की अटलनीय यात्रा का चक्र है। अर्थात् व्यक्ति आधारित समाज व शासन से उठकर मानक आधारित समाज व शासन के निर्माण की यात्रा है। वर्तमान तक के धार्मिक-सामाजिक-राजनैतिक नेतागण जिस पूर्ण लोकतन्त्र और परफेक्ट देश या विश्व का सपना देखते हैं, पुनर्निर्माण-सत्य शिक्षा का राष्ट्रीय तीव्र मार्ग, उसी को पूर्ण करने का मार्ग है। और यह विश्व व उसके नागरिकों की विवशतापूर्ण आवश्यकता भी है। "सत्य मानक शिक्षा व पूर्ण ज्ञान" से मानवों को शिक्षित करने की एक प्रणाली व पाठ्यक्रम है पाठ्यक्रम को 20 वर्षों के मेहनत से तैयार किया गया है। इस पाठ्यक्रम को अन्य रूप में

1. व्यवस्था परिवर्तन व सत्यीकरण का प्रथम पाठ्यक्रम
2. "पूर्ण ज्ञान का पूरक पाठ्यक्रम" और "आम आदमी का समाजवादी पाठ्यक्रम"
3. काल, मनवन्तर और युग परिवर्तन का कल्कि अवतार द्वारा व्यक्त पाठ्यक्रम
4. सम्पूर्ण क्रान्ति की कार्य योजना का पाठ्यक्रम
5. विश्व शान्ति, एकता व विश्व सरकार का मार्गदर्शक मानक पाठ्यक्रम भी कहा जाता है।

यह कार्य भारतीय संविधान की धारा-51 (ए): नागरिक का मूल कर्तव्य के अनुसार राष्ट्र और मानव का "आध्यात्मिक सत्य" आधारित सर्वोच्च कर्तव्य का उदाहरण है।

इस पाठ्यक्रम से क्या लाभ है?

1. ज्ञान-ध्यान-चेतना के वर्तमान और भविष्य के युग में आपको पूर्णता प्रदान करता है।
2. आप चाहे जो भी शिक्षा व प्रोफेशनल शिक्षा प्राप्त किये हों, ये आपको पूरक शिक्षा देकर पूर्ण बनाता है।
3. जीवन के प्रत्येक क्षेत्र के विषय के तत्व को समझने की दिव्य-दृष्टि प्रदान करता है।

4. पृथ्वी पर हुये और हो रहे समस्त व्यापार को एक साथ आपके सामने रखता है।
5. आपको अपना मालिक स्वयं बनाता है।

यह पाठ्यक्रम किसके लिए है?
1. यह पाठ्यक्रम उन सभी विश्व के नागरिकों के लिए है जो इस पृथ्वी पर रहते हैं।
2. विशेषकर उनके लिए है जो ज्ञान के लिए ही अपना समय व धन खर्च करने के लिए विद्यालय, महाविद्यालय व विश्वविद्यालय की शरण में हैं।
3. यह उनके लिए भी है जो शिक्षा क्षेत्र में शिक्षक हैं और वे भी जो सामाजिक-राजनीतिक नेतृत्व के क्षेत्र में हैं।
4. यह उनके लिए नहीं है जो धन एकत्रित करने के क्षेत्र में सफल हो चुके हैं और जो धन को ही ज्ञान समझते हैं।

इस पाठ्यक्रम की मान्यता क्या है?
1. यह पाठ्यक्रम किसी भी देश के सरकारी संस्थान द्वारा मान्य नहीं है न ही इससे कोई सरकारी नौकरी आपको प्राप्त होनी है।
2. वर्तमान की सरकारी शिक्षा प्रणाली आपको अगली कक्षा में प्रवेश और परीक्षा पास कर निर्भरता देने वाली है।
3. यह पाठ्यक्रम आपको जीवन की परीक्षा पास करने व आप में आत्मनिर्भरता देने वाली है।
4. यह पाठ्यक्रम विश्व के बुद्धिजीवियों से मान्यता प्राप्त व उनके सपनों का पाठ्यक्रम है।
5. यह पाठ्यक्रम ईश्वरीय मान्यता प्राप्त है।

परन्तु हमारा सदैव प्रयत्न रहेगा कि ये पाठ्यक्रम विश्वविद्यालय अनुदान आयोग, मानव संसाधन मंत्रालय, भारत सरकार से मान्यता प्राप्त होकर विद्यालयों के शिक्षा पाठ्यक्रम अनिवार्य विषय के रूप में शामिल हो जिससे विश्व स्तरीय मानव का निर्माण प्रारम्भ हो सके जिसकी आवश्यकता पूरे विश्व में है। जिस ओर विश्व की बौद्धिक शक्ति की गति भी है।

सत्य शिक्षा (REAL EDUCATION)
01. पूर्ण ज्ञान में प्रमाण पत्र (Certificate in Complete Knowledge-CCK)
02. ईश्वर शास्त्र व व्यापार ज्ञान में प्रमाण पत्र
(Certificate in Godics & Business Knowledge-CGBK)
03. अवतार ज्ञान में प्रमाण पत्र (Certificate in Avatar Knowledge-CAK)
04. गुरू ज्ञान में प्रमाण पत्र (Certificate in Guru Knowledge-CGK)
05. संस्थागत धर्म में डिप्लोमा (Diploma in Institutional Religion-DIR)
06. पूर्ण शिक्षा में स्नातक (Bachelor in Complete Education-BCE)
07. पूर्ण शिक्षा में परास्नातक (Master in Complete Education-MCE)

सत्य पेशा (REAL PROFESSION)
01. दृश्य योग, ध्यान और चेतना में प्रमाण पत्र
(Certificate in visible Yoga, Meditation & Consciousness - CVYMC)
02. डब्ल्यू.सी.एम-टी.एल.एम-श्याम.सी में प्रमाण पत्र
(Certificate in WCM-TLM-SHYAM.C Technology-CWT)
03. डब्ल्यू.एस.ओ-0 और कर्मज्ञान में प्रमाण पत्र
(Certificate in WSO-0 & Work Knowledge-CWWK)
11. पुराण लेखन कला में प्रमाण पत्र (Certificate in Art of Puran writing-CAPW)
12. सार्वभौम विचार पर आधारित फिल्म लेखन में प्रमाण पत्र
(Certificate in Art of Universal thought based Film writing-CAUFW)

सत्य पुस्तक (REAL BOOK)

13. विशाल ज्ञान विज्ञान सबका समाधान (Vishal Gyan Vigyan sabka samadhan-VGVSS)
14. विश्वशास्त्र: द नालेज आफ फाइनल नालेज
(VISHWSHASTRA : THE KNOWLEDGE OF FINAL KNOWLEDGE - VKFK)

सत्य स्थिति (REAL STATUS)

1. जीवन का पैमाना (Scale Your Life) - ईश्वर चक्र पर स्वयं की स्थिति का ज्ञान (Know Your Position on GOD CYCLE -KYPGC)

सत्य एस्टेट एजेन्ट (REAL ESTATE AGENT)

16. रियल इस्टेट एजेन्ट में प्रमाण पत्र (Certificate in Real Estate Agent - CRE)

सत्य किसान (REAL KISAN)

17. रियल किसान में प्रमाण पत्र (Certificate in Real Kisan - CRK)

उपरोक्त पाठ्यक्रम हिन्दी, अंग्रेजी, गुजराती, बंगला व पंजाबी भाषा में उपलब्ध है।

ब - विशेषीकरण (Specialization) शिक्षा - कौशल के लिए

यह शिक्षा व्यक्ति और राष्ट्र का कौशल विकास कराती है जिससे व्यक्ति व राष्ट्रीय उत्पादकता में वृद्धि होती है। वर्तमान समय में विशेषीकरण की शिक्षा, भारत में चल ही रहा है जो सरकारी मान्यता प्राप्त शिक्षा पाठ्यक्रम से युक्त प्राइमरी से लेकर विश्वविद्यालय तथा प्रोफेशनल एजुकेशन-स्किल डेवलपमेंण्ट (कौशल विकास) के रूप में सामने है।

इसके अन्तर्गत जो विद्यार्थी के निवास क्षेत्र में ही संस्थागत रूप से संचालित है। यह व्यक्ति के स्वयं अपने आजिविका के विकास से सम्बन्धित पाठ्यक्रम है। व्यक्ति कितना भी ज्ञानी क्यों न हो जाये उसे अपने आजीविका के लिए काम तो करना ही पड़ता है। इसलिए उसे युगानुसार कौशल सम्बन्धित पाठ्यक्रम की आवश्यकता होती है।

01. सत्य कौशल (REAL SKILL)
02. सत्य डिजीटल कोचिंग (REAL DIGITAL COACHING)

इस पाठ्यक्रम से क्या लाभ है?

इन पाठ्यक्रमों से व्यक्ति कौशल का विकास करता है और अपनी आजिवीका के लिए सक्षम बनते हुए राष्ट्र के विकास में भागीदार बनता है।

यह पाठ्यक्रम किसके लिए है?

इन पाठ्यक्रमों को कोई भी व्यक्ति अपने कौशल विकास के लिए कर सकता है और अपनी आजिवीका के लिए स्वयं को सक्षम बना सकता है।

इस पाठ्यक्रम की मान्यता क्या है?

REAL SKILL का सभी शिक्षा पाठ्यक्रम भारत सरकार के से मान्यता प्राप्त है।

सत्य कौशल (REAL SKILL)

A-Computer Courses

Certificate Programme in Computer Applications, Computer Hardware & Networking, Desk Top Publishing (DTP), Office Automation through ICT, Programme in Website Design, Certificate Programme in AutoCAD, Multi-Media / Graphic Design Training , Certificate in Computer Concepts, Certificate course in Computerized Accounting, C, C++ and OOPs, Core

Java, Advanced Java, Visual Basic with Access, Oracle, SQL and PL SQL, MS.NET, Computer Teacher Training Course, Computer Teacher Training Course, Diploma In Computer Application, Diploma In Computer Hardware And Networking, Certificate Programme in 3ds Max 3, Certificate Program me in CATIA V5, Certificate Programme in graphics, Asp.NET, Visual Basic, Adobe Photo & Flash

B-Conventional Training

Plumbing, Electrician, Sheet metal works, Welding (gas & electric resistance), Welding (gas & electric resistance), Fitter, Machinist, Turner, Draftsman (civil), CNC Programming & Operation, Certificate Programme in Pro-Engineering, Diesel mechanic, Tools & Die maker, Motor Vehicle Mechanic, Scooter & auto cycle mechanic, Book binder, Digital Photography, Carpenter, Spray Painting, Powder Coating, Pneumatics operation training, Hydrailics operation training

C-Electronic Courses

Mobile Repairing, Radio and TV repair, Repairing of electrical gadgets, Repair of refrigerator & AC, Electrical appliances repairing.

D-Leather Technology

Foot Wear Designing & Pattern Cutting (Manual), Foot Wear Designing & Pattern Cutting (CAD & Manual), Shoe CAD Designing Course, Leather Goods Manufacture, Textiles and Leather Garments Manufacture, Foot Wear Machine Maintenance, Shoe Upper Clicking, Shoe Upper Closing, Foot Wear Lasting, Making & Finishing, Foot Wear Making / Different Foot Wear Constructions.

E-Miscellaneous Courses

Beauty Parlor, Soft toys making, Fashion designing, Fashion Designing, Embroidery & needle work, Boutique, Health & fitness centre, Watch & clock mechanic, Cookery, Modern Secretarial Practice

F-Incubation

Incubation for Small Enterprise Establishment

सत्य डिजीटल कोचिंग (REAL DIGITAL COACHING)

"डिजिटल कोचिंग" विज्ञान के तकनीकी द्वारा प्रस्तुत एक मानव निर्मित अजीव शिक्षक/गुरू (डिजिटल विडियो-आडिया शैक्षणिक सामग्री) है। जो उपरोक्त शिक्षा को विद्यार्थीयों के अन्दर ज्ञान का संचरण कराता है। जिसके लिए आवश्यक उपकरण निम्नप्रकार हैं-

1. दृश्य माध्यम - एल.सी.डी-40 इंच या इससे बड़ा
2. हाई स्पीड कम्प्यूटर सी.पी.यू, की बोर्ड, माउस, स्पीकर
3. बिजली की उपलब्धता के लिए - यू.पी.एस, इन्वर्टर, बिजली/जेनरेटर
4. कक्षा - 200 वर्ग फीट से 400 वर्ग फीट

पाठ्यक्रम-

1. विशेषीकरण (Specialization) शिक्षा - इसके अन्तर्गत कक्षा-12 तक के सभी पाठ्यक्रम उपलब्ध हैं।
2. सामान्यीकरण (Generalization) शिक्षा - इसके अन्तर्गत पुनर्निर्माण के सभी पाठ्यक्रम उपलब्ध हैं।

छात्रवृत्ति-

यह डिजिटल कोचिंग कोई भी व्यक्ति प्रारम्भ कर सकता है। यदि उसका डिजिटल कोचिंग भारतीय आध्यात्म एवं दर्शन आधारित स्वदेशी विपणन प्रणाली 3-एफ (3-F : Fuel-Fire-Fuel) से जुड़ता है तो प्रत्येक छात्र छात्रवृत्ति, सहायता और रायल्टी प्राप्त कर सकता है। अन्यथा वह अपने अनुसार डिजिटल कोचिंग का शुल्क निर्धारित करने के लिए स्वतन्त्र है।

स-सत्य नेटवर्क (REAL NETWORK) - समाज में प्रकाशित होने के लिए

किसी भी युग में अवतार, महापुरूष, संत या किसी भी व्यक्ति के गुण को सीधे देखकर पहचानने की क्षमता किसी भी व्यक्ति के अन्दर नहीं रही है। उस व्यक्ति को, स्वयं के अपने गुणों को ज्ञान, कर्म, जीवन के माध्यम द्वारा व्यक्त करना होता है। उसके बाद ही कुछ लोग उन्हें पहचानते हैं और उनके साथ एक-दूसरे के सदुपयोग के लिए साथ आते रहे हैं। प्राचीन समय में यह कार्य बहुत कठिन होता था इसके लिए वे अनेक प्रकार के आयोजन करते थे।

वर्तमान युग में भी अनेक प्रकार के आयोजन जैसे-सेमिनार, सम्मेलन, प्रदर्शनी, मेले, परीक्षाएँ, प्रतिस्पर्धा इत्यादि द्वारा अपनी योग्यता प्रदर्शित किये जाते हैं। परन्तु यह सब समय लेने वाला है और आम नागरिक के योग्यता को व्यक्त करने का माध्यम नहीं बन पाता। दुनिया बहुत तेज हो चुकी है। ऐसे में किसी विशेष कार्य के लिए कोई भी संस्था/व्यक्ति/योजना संचालक शीघ्रता से अपने कार्य के लिए योग्य व्यक्ति से जुड़ना चाहता है। सीधे व्यक्ति से व्यक्ति के सम्बन्धित होने, परिचय बनाने के कार्य में मनुष्य जीवन इतना छोटा है कि वह एक सीमित दायरे तक ही रह जाता है। व्यापक दायरे तक जाने के लिए व्यक्ति का निराकार रूप विचार-गुण-योग्यता को ही प्रकाशित करना होता है।

शैक्षिक संस्थान अपने शिक्षार्थी की योग्यता को प्रकाशित करने के लिए अनेक कार्यक्रम जैसे-सेमिनार, सम्मेलन, परीक्षाएँ, प्रतिस्पर्धा इत्यादि आयोजित करती रहती है। राष्ट्र निर्माण का व्यापार-पुनर्निर्माण भी अपने विद्यार्थी के गुणों को प्रकाशित करने के लिए डिजिटल सत्य नेटवर्क की सुविधा और आजीवन रायल्टी प्रदान करता है।

भारत एक भाव प्रधान मनोरंजन आधारित देश है इसलिए भारत को एक बाजार की दृष्टि से अन्य देशों द्वारा देखा जाता है। इसका परिणाम यह है कि डिजिटल नेटवर्क के रूप में आये अनेक सोशल नेटवर्किंग वेबसाइट आपको नेटवर्क तो उपलब्ध करातीं हैं परन्तु आपकी योग्यता व निवास क्षेत्रानुसार, आपसे कोई सम्पर्क कर आपकी शक्ति का उपयोग कर सके, ऐसी सुविधा उपलब्ध नहीं कराती। कहा जाता है-"ईश्वर सब देख रहा है" । डिजिटल वेबसाइट आधारित तकनीकी के आ जाने से और उस पर आपकी योग्यता की स्थिति उपलब्ध होने से आपको कौन-कौन कहाँ से देख रहा है ये आप भी नहीं जान सकते। और यदि आप उनके योग्य हुये तो आपसे सम्पर्क कर लेंगे। जिस प्रकार ईश्वर आपकी योग्यतानुसार इस संसार में आपको कार्य सौंपता है। वर्तमान डिजिटल तकनीकी के युग में स्वयं को प्रकाशित करना आसान हो गया है। स्वयं को प्रकाशित करें और दूसरे के प्रकाश में स्वयं को लायें। इसके लिए राष्ट्र निर्माण का व्यापार-पुनर्निर्माण द्वारा निम्नलिखित नेटवर्क उपलब्ध हैं।

01. डिजिटल ग्राम नेटवर्क (Digital Village Network)
02. डिजिटल नगर वार्ड नेटवर्क (Digital City Ward Network)
03. डिजिटल एन.जी.ओ/ट्रस्ट नेटवर्क (Digital NGO/Trust Network)
04. डिजिटल विश्वमानक मानव नेटवर्क (Digital World Standard Human Network)
05. डिजिटल नेतृत्व नेटवर्क (Digital Leader Network)
06. डिजिटल जर्नलिस्ट नेटवर्क (Digital Journalist Network)
07. डिजिटल शिक्षक नेटवर्क (Digital Teacher Network)
08. डिजिटल शैक्षिक संस्थान नेटवर्क (Digital Educational Institute Network)
09. डिजिटल लेखक-ग्रन्थकार-रचयिता नेटवर्क (Digital Author Network)
10. डिजिटल गायक नेटवर्क (Digital Singer Network)
11. डिजिटल खिलाड़ी नेटवर्क (Digital Sports Man Network)
12. डिजिटल पुस्तक विक्रेता नेटवर्क (Digital Book Saler Network)
13. डिजिटल होटल और आहार गृह नेटवर्क (Digital Hotel & Restaurant Network)

मानव और पूर्ण मानव

इस ब्रह्माण्ड में अन्य जीवों की भाँति मनुष्य भी एक जीव है। एक मात्र मनुष्य के सामने यह अवसर है कि वह पशु मानव से पूर्ण मानव व ईश्वरीय मानव तक ज्ञान-ध्यान-चेतना का प्रयोग कर स्वयं को ऊपर उठा सकता है।

वर्तमान में विश्व (WORLD) पृथ्वी की सीमा तक के अर्थो में अधिकतम प्रयोग होता है। परन्तु मानवीय व्यक्तिगत दृष्टि में प्रत्येक मनुष्य का विश्व, जगत्, संसार, सृष्टि व दुनिया उतना ही बड़ा होता है जितने क्षेत्र तक का उसका ज्ञान होता है। इस प्रकार व्यक्ति का अपने व्यक्तिगत दृष्टि से विश्व को देखना उसका प्राथमिक विश्व तथा व्यक्ति का अपने सार्वभौम दृष्टि से विश्व को देखना उसकी अन्तिम व पूर्ण दृष्टि होती है।

संवेदना के अनुभव की सीमा ही व्यक्ति का शरीर होता है। जिस व्यक्ति की संवेदना उसके अपने शरीर तक होता है उसके शरीर की सीमा उसके अपने शरीर तक ही होती है। इसी प्रकार जो व्यक्ति अपने परिवार, मुहल्ला, गाँव, जिला, प्रदेश, देश, पृथ्वी और ब्रह्माण्ड तक की संवेदना का अनुभव करता है उस व्यक्ति का शरीर उस स्तर का होता है। अनन्त ब्रह्माण्ड तक के शरीर का अनुभव ही "अंह ब्रह्मास्मि" कहलाता है और अपने शरीर के सुख-दुःख का अनुभव करते हुए अपने उस शारीरिक सीमा के लिए कर्म करता है।

कुछ वर्षों पहले वैज्ञानिक डा0 फ्रेड हायल भारतवर्ष आये थे। विज्ञान भवन में उन्होंने कहा था-"अंतरिक्ष की गहराइयाँ जितनी अनन्त की ओर बढ़ेंगी, उसमें झाँककर देखने से मानवीय अस्तित्व का अर्थ और प्रयोजन उतना ही स्पष्ट होता चला जायेगा। शर्त यह रहेगी कि हमारी अपनी अन्वेषण बुद्धि का भी विकास और विस्तार हो। यदि हमारी बुद्धि, विचार और ज्ञान मात्र पेट, प्रजनन, तृष्णा, अहंता तक ही सीमित रहता है, तब तो हम पड़ोस को भी नहीं जान सकेंगे, पर यदि इन सबसे पूर्वाग्रह मुक्त हों तो ब्रह्माण्ड इतनी खुली और अच्छे अक्षरों में लिखी चमकदार पुस्तक है कि उससे हर शब्द का अर्थ, प्रत्येक अस्तित्व का अभिप्राय समझा जा सकता एवं अनुभव किया जा सकता है।"

वस्तुत-चेतना का मुख्य गुण है-विकास। जहाँ भी चेतना या जीवन का अस्तित्व विद्यमान दिखाई देता है, वहाँ अनिवार्य रूप से विकास, वर्तमान स्थिति से आगे बढ़ने की हलचल दिखाई देती है। इस दृष्टि से मनुष्यों, जीव-जन्तु और पेड़-पौधों को ही जीवित माना जाता है। परन्तु भारतीय अध्यात्म की मान्यता है कि जड़ कुछ है ही नहीं, सब कुछ चैतन्य ही है। सुविधा के लिए स्थिर, निष्क्रिय और यथास्थिति में बने रहने वाली वस्तुओं को जड़ कहा जाता है, परन्तु वस्तुत-वे प्रचलित अर्थो में जड़ है ही नहीं। सृष्टि के इस विराट रूप, क्रमिक विस्तार एवं सतत गतिशीलता के मूल में झाँकने पर वैज्ञानिक पाते है कि यह सब एक सुनियोजित चेतना की विधि व्यवस्था के अन्तर्गत सम्पन्न हुआ क्रियाकलाप है।

इस सम्पूर्ण विवेचन से यह निष्कर्ष निकलता है कि मनुष्य को यह नहीं समझना चाहिए कि वह इस सृष्टि का सर्वत-स्वतन्त्र सदस्य है और उसे कर्म करने की जो स्वतन्त्रता मिली है, उसके अनुसार वह इस सृष्टि के महानियंता की नियामक व्यवस्था द्वारा निर्धारित दण्ड से भी बच पायेगा। इस विराट ब्रह्माण्ड में पृथ्वी का ही अस्तित्व एक धूलिकण के बराबर नहीं है तो मनुष्य का स्थान कितना बड़ा होगा? फिर भी मनुष्य नाम का यह प्राणी इस पृथ्वी पर कैसे-कैसे प्रपंच फैलाये हुए है यह जानने और उसे उस अन्तिम मार्ग से परिचय कराने हेतु ही इस "विश्वशास्त्र" को प्रस्तुत किया गया है। वस्तुत-यथार्थ में ऐसा होना चाहिए कि जीवकोपार्जन हेतु ज्ञान व कर्म मनुष्य-मनुष्य के अनुसार अलग-अलग हो सकते हैं परन्तु जीवन का ज्ञान एक ही होना चाहिए और यदि मानव जाति के नियंतागण ऐसा कर सके तो भविष्य की सुरक्षा हेतु बहुत बड़ी बात होगी। साथ ही ब्रह्माण्ड के अनेक रहस्यों को जानने के लिए मनुष्य के शक्ति का एकीकरण भी कर सकने में हम सफल होंगे।

जब मनुष्य वैश्विक ज्ञान-ध्यान-चेतना से मुक्त केवल स्वयं में ही स्थित रहता है तब वह मानव है, जब मनुष्य वैश्विक ज्ञान-ध्यान-चेतना से युक्त स्वयं में ही स्थित रहता है तब वह पूर्ण मानव है और जब मनुष्य वैश्विक ज्ञान-

ध्यान-चेतना से युक्त होकर विश्व-ब्रह्माण्ड को अपना कार्य क्षेत्र समझ उसके लिए कार्य करता है तब वह ईश्वरीय मानव की अवस्था में होता है।

मनुष्य के समक्ष अनेक तर्क हैं, समस्यायें हैं, प्रश्न हैं, सफलताएँ हैं, असफलताएँ हैं। इसलिए उसे ऐसा भी लगता है कि कोई पूर्ण मानव नहीं हो सकता। अगर इसे स्वीकार भी कर लिए जाये तो क्या इस पूर्णता के लक्ष्य को पाने के लिए प्रयत्न भी बन्द कर देना चाहिए? तब तो मनुष्य, मानव से हिंसक पशु मानव में परिवर्तित होने लगेगा। इसलिए पूर्ण मानव का एक मापदण्ड निर्धारित कर हमें उस ओर ही जाना होगा, कम से कम लक्ष्य सत्य-शिव-सुन्दर होगा तो हम जितना भी उस ओर चले सके सत्य-शिव-सुन्दर के ही दिशा में हमारा विकास होगा।

युग के अनुसार सत्यीकरण का मार्ग उपलब्ध कराना ईश्वर का कर्तव्य है आश्रितों पर सत्यीकरण का मार्ग प्रभावित करना अभिभावक का कर्तव्य है। और सत्यीकरण के मार्ग के अनुसार जीना आश्रितों का कर्तव्य है जैसा कि हम सभी जानते है कि अभिभावक, आश्रितों के समझने और समर्थन की प्रतिक्षा नहीं करते। अभिभावक यदि किसी विषय को आवश्यक समझते हैं तब केवल शक्ति और शीघ्रता से प्रभावी बनाना अन्तिम मार्ग होता है। विश्व के बच्चों के लिए यह अधिकार है कि पूर्ण ज्ञान के द्वारा पूर्ण मानव अर्थात् विश्वमानव के रुप में बनना। हम सभी विश्व के नागरिक सभी स्तर के अभिभावक जैसे-महासचिव संयुक्त राष्ट्र संघ, राष्ट्रों के राष्ट्रपति-प्रधानमंत्री, धर्म, समाज, राजनीति, उद्योग, शिक्षा, प्रबन्ध, पत्रकारिता इत्यादि द्वारा अन्य समानान्तर आवश्यक लक्ष्य के साथ इसे जीवन का मुख्य और मूल लक्ष्य निर्धारित कर प्रभावी बनाने की आशा करते हैं। क्योंकि लक्ष्य निर्धारण वक्तव्य का सूर्य नये सहस्त्राब्दि के साथ डूब चुका है। और कार्य योजना का सूर्य उग चुका है। इसलिए धरती को स्वर्ग बनाने का अन्तिम मार्ग सिर्फ कर्तव्य है। और रहने वाले सिर्फ सत्य-सिद्धान्त से युक्त संयुक्तमन आधारित मानव है, न कि संयुक्तमन या व्यक्तिगतमन के युक्तमानव।

यदि हमें अपनी आने वाली पीढ़ी को एक सुरक्षित और शक्ति और लाभ (Power & Profit) के उद्देश्य से मुक्त बौद्धिक विकासशील पृथ्वी उपहार स्वरूप देना है तो हमें पूर्ण मन से युक्त मानव-विश्वमानव का निर्माण प्रारम्भ करना होगा जो वर्तमान सहित भविष्य की आवश्यकता भी है। और इस आवश्यकता का संकेत अन्तिम ऊँचाई के नेतृत्व से स्पष्ट दिखता भी है। बौद्धिक विकास का अनन्त मार्ग न होने से वैचारिक टकराव की सम्भावना सदैव बढ़ती है।

एक श्रृंखला (Chain) को आगे बढ़ाने के लिए उसके प्रथम कड़ी को आगे बढ़ाना होगा तभी सभी कड़ी आगे बढ़ेगी। केवल पीछे अर्थात नीचे की कड़ी को या बीच के किसी कड़ी को आगे बढ़ाने से वह अगली कड़ी के लिए बाधक या प्रतियोगिता ही उत्पन्न कर सकता है। वैश्विक एकीकरण और पूर्णता के लिए आ गई बौद्धिक कमी की पूर्ति ही "विश्वशास्त्र" के रूप में व्यक्त हुआ है। जिसमें पूर्ण मानव निर्माण की तकनीकी – WCM-TLM-SHYAM.C उपलब्ध है।

प्रकृति प्रदत्त नाम के अलावा जब व्यक्ति को आत्मज्ञान होता है तब वह स्वयं अपने मन स्तर का निर्धारण कर एक नाम स्वयं रख लेता है। जिस प्रकार "श्रीकृष्ण" नाम है "योगेश्वर" मन की अवस्था है, "गदाधर" नाम है "श्रीरामश्रीकृष्ण परमहंस" मन की अवस्था है, "सिद्धार्थ" नाम है "बुद्ध" मन की अवस्था है, "नरेन्द्र नाथ दत्त" नाम है "स्वामी विवेकानन्द" मन की अवस्था है, "रजनीश" नाम है "ओशो" मन की अवस्था है। उसी प्रकार लव कुश सिंह नाम है "विश्वमानव" मन की अवस्था है और उसी प्रकार व्यक्तियों के नाम, नाम है "भोगेश्वर विश्वमानव" उसकी चरम विकसित, सर्वोच्च और अन्तिम अवस्था है जहाँ समय की धारा में चलते-चलते मनुष्य वहाँ विवशतावश पहुँचेगा।

भारतीय शास्त्रों की एक वाक्य में शिक्षा

भारतीय शास्त्र, मनुष्य मात्र को ईश्वरत्व तक उठाने के लिए कालानुसार रची जाती रहीं हैं न कि उसकी पूजा करने के लिए। इसलिए उनके उद्देश्यों को समझना आवश्यक है। इन पर आधारित सिनेमा और दूरदर्शन के निर्माण और उसके प्रसारण से आम जनता इनसे परिचित भी हो चुकी है। अब इन शास्त्रों के व्यावहारिकरण के लिए आवश्यक है कि इनके अर्थ को समझा जाये जिससे उसका जीवन में प्रयोग हो सके।

उपरोक्त स्वतन्त्रता के मूल/जड़ सिंद्धान्त होने के बावजूद मनुष्य के जीवन की दो आवश्यकताएँ, आवश्यक हो गयी हैं जिसका निर्माण वे स्वयं किये हैं। पहला-किसी राजनितिक दल का सदस्य होना और दूसरा किसी गुरू का चेला बनना। और इस प्रकृति से यह स्पष्ट भी हो चुका है कि ये दोनों आवश्यकता इनके परम लक्ष्य और स्वतन्त्रता की आवश्यकता के लिए नहीं बल्कि इनके जीवन के संसाधन के स्वार्थ पूर्ति की आवश्यकता है। इस छोटे से लक्ष्य के लिए उनकी कितनी शारीरिक-आर्थिक-मानसिक बलि चढ़ती है ये तो वही जानें परन्तु बड़े लक्ष्य और पूर्ण स्वतन्त्रता के मार्ग पर ले जाने के लिए ही यह भाग लिखा जा रहा है।

वेद की शिक्षा

वेदों को मूलत-सार्वभौम ज्ञान का शास्त्र समझना चाहिए। जिनका मूल उद्देश्य यह बताना था कि "एक ही सार्वभौम आत्मा के सभी प्रकाश हैं अर्थात बहुरूप में प्रकाशित एक ही सत्ता है। इस प्रकार हम सभी एक ही कुटुम्ब के सदस्य है।"

उपनिषद् की शिक्षा

उपनिषदों की शिक्षा उस सार्वभौम आत्मा के नाम के अर्थ की व्याख्या के माध्यम से उस सार्वभौम आत्मा को समझाना है।

पुराण की शिक्षा

जब उस सार्वभौम आत्मा का ही सब प्रकाश है, तब यह ब्रह्माण्ड ही ईश्वर का दृश्य रूप है। इसलिए पुराण की रचना कई चरणों में हुयी और प्रत्येक चरण की अलग-अलग शिक्षा है।

प्रथम चरण-इस चरण में पुराण की शिक्षा मूलत-उस सार्वभौम एक आत्मा से ब्रह्माण्ड के विकास को कथा के माध्यम से समझाया गया है।

द्वितीय चरण-इस चरण में पुराण की शिक्षा मूलत-उस सार्वभौम एक आत्मा से सौर मण्डल के विकास को कथा के माध्यम से समझाया गया है।

तृतीय चरण-इस चरण में पुराण की शिक्षा मूलत-उस सार्वभौम एक आत्मा से प्रकृति के विकास को कथा के माध्यम से समझाया गया है।

चतुर्थ चरण-इस चरण में पुराण की शिक्षा मूलत-उस सार्वभौम एक आत्मा से जीवों के विकास को कथा के माध्यम से समझाया गया है।

पंचम चरण-इस चरण में पुराण की शिक्षा मूलत-उस सार्वभौम एक आत्मा से मनुष्य के विकास को कथा के माध्यम से साथ ही मनुष्य को व्यक्तिगत, सामाजिक और वैश्विक मनुष्य तक उठने के उन गुणों को समझाया गया है। जो इस प्रकार हैं-

वैश्विक/ब्रह्माण्डिय (मानक वैश्विक चरित्र) मनुष्य के लिए-एकात्म ज्ञान, एकात्म वाणी, एकात्म कर्म, एकात्म प्रेम, एकात्म सर्मपण और एकात्म ध्यान से युक्त जीवन और वस्त्राभूषण का प्रक्षेपण शिव-शंकर परिवार।

सामाजिक (मानक सामाजिक चरित्र) मनुष्य के लिए-एकात्म ज्ञान, एकात्म वाणी, एकात्म कर्म, एकात्म प्रेम से युक्त जीवन और वस्त्राभूषण का प्रक्षेपण विष्णु परिवार।

व्यक्तिगत (मानक व्यक्ति चरित्र) मनुष्य के लिए-एकात्म ज्ञान, एकात्म वाणी से युक्त जीवन और वस्त्राभूषण का प्रक्षेपण ब्रह्मा परिवार।

रामयाण की शिक्षा

रामायण की शिक्षा आपसी सम्बन्धों में एक-दूसरे को महान बताते हुये परिस्थितियों के अनुसार कर्म करने की शिक्षा दी गयी है जिससे अन्य सभी लोग स्वयं ही अपने लोगों को महान समझने लगते हैं।

महाभारत की शिक्षा

महाभारत की शिक्षा अपनी प्रकृति में स्थित रहकर व्यक्तिगत प्रमाणित स्वार्थ (लक्ष्य) को प्राप्त करने के अनुसार सम्बन्धों का आधार बनाने की शिक्षा है।

गीता की शिक्षा

गीता की मूल शिक्षा प्रकृति में व्याप्त मूल तीन सत्व, रज और तम गुण के आधार पर व्यक्त विषयों जिसमें मनुष्य भी शामिल है, की पहचान करने की शिक्षा दी गयी है और उससे मुक्त रहकर कर्म करने को निष्काम कर्मयोग तथा उसमें स्थित रहने को स्थितप्रज्ञ और ईश्वर से साक्षात्कार करने का मार्ग समझाया गया।

विश्वभारत की शिक्षा

विश्वभारत, विश्वशास्त्र के स्थापना की योजना का शास्त्र है, जो विश्वशास्त्र का ही एक भाग है। विश्वभारत, की शिक्षा अपनी प्रकृति में स्थित रहकर सार्वजनिक प्रमाणित स्वार्थ (लक्ष्य) को प्राप्त करने के अनुसार सम्बन्धों का आधार बनाने की शिक्षा है।

विश्वशास्त्र-द नालेज आफ फाइनल नालेज की शिक्षा

विश्वशास्त्र की शिक्षा, उपरोक्त सभी को समझाना है और पूर्ण सार्वजनिक प्रमाणित काल, चेतना और ज्ञान-कर्मज्ञान से युक्त होकर कर्म करने की शिक्षा है। जिससे भारतीय शास्त्रों की वैश्विक स्वीकारीता स्थापित हो और देवी-देवताओं के उत्पत्ति के उद्देश्य से भटक गये मनुष्य को शास्त्रों के मूल उद्देश्य की मुख्यधारा में लाया जा सके।

शास्त्रार्थ, शास्त्र पर होता है, शास्त्राकार से और पर नहीं

व्यष्टि को व्यक्तिशः स्वतन्त्रता होती है या नहीं, और यदि होती है तो उसका नाम क्या होना चाहिए। व्यष्टि को समष्टि के लिए अपनी इच्छा और सुख का सम्पूर्ण त्याग करना चाहिए या नहीं, वे प्रत्येक समाज के लिए चिरन्तन समस्याएँ हैं। सब स्थानों में समाज इन समस्याओं के समाधान में संलग्न रहता है ये बड़ी-बड़ी तरंगों के समान आधुनिक पश्चिमी समाज में हलचल मचा रही हैं जो समाज के अधिपत्य के लिए व्यक्तिगत स्वतन्त्रता का त्याग चाहता है वह सिद्धान्त समाजवाद कहलाता है और जो व्यक्ति के पक्ष का समर्थन करता है वह व्यक्तिवाद कहलाता है।

- स्वामी विवेकानन्द

भविष्यवाणीयों के अनुसार ही आज विश्व में घटनाएँ घट रही हैं। युग परिवर्तन प्रकृति का अटल सिद्धान्त है। वैदिक दर्शन के अनुसार चार युगों- सतयुग, त्रेतायुग, द्वापरयुग और कलियुग की व्यवस्था है। जब पृथ्वी पर पापियों का एक छत्र साम्राज्य हो जाता है, तब भगवान पृथ्वी पर मानव रूप में प्रकट होते हैं। मानवता के इस पूर्ण विकास का कार्य अनादि काल से भारत ही करता आया है। इसी पुण्य भूमि पर अवतारों का अवतरण अनादि काल से होता रहा है। लेकिन कैसी बिडम्बना है कि ऋषि-मुनियों, महापुरूषों व अवतारों के जीवन काल में उनके अधिकतम उपयोग के लिए उस समय के शासन व्यवस्था व जनता ने उनके दिव्य बातों व आदर्शो पर ध्यान नहीं दिया और उनके अन्त्रतध्यान होने पर दुगने उत्साह से उनकी पूजा शुरू कर पूजने लग गये। यह भी एक बिडम्बना ही है कि हम जीवन व समय रहते उनकी नहीं मानते अपितु उनका विरोध व अपमान ही करते रहते हैं। कुल मिलाकर "कारवाँ गुजर गया, गुबार पूजते रह गये" वाली स्थिति मनुष्यों की रहती है।

जिस प्रकार पुनर्जन्म केवल मानसिक आधार पर ही सिद्ध हो पाता है उसी प्रकार अवतार भी केवल मानसिक आधार पर ही पहचाने जाते हैं। वे अपने से पिछले अवतार के गुण से युक्त तो होते हैं परन्तु पिछले अवतार की धर्मस्थापना की कला से अलग एक नई कला का प्रयोग करते हैं और वह प्रयोग कर देने के उपरान्त ही मानव समाज को ज्ञात होता है अर्थात प्रत्येक अवतार का शरीर अलग-अलग व समाज के सत्यीकरण की कला अलग-अलग होती है। इस सम्बन्ध में आचार्य रजनीश "ओशो" का कहना है कि -"एक तरह का सिद्ध एक ही बार होता है, दोबारा नहीं होता। क्योंकि जो सिद्ध हो गया, फिर नहीं लौटता। गया फिर वापस नहीं आता। एक ही बार तुम उसकी झलक पाते हो- बुद्ध की, महावीर की, क्राइस्ट ही, मुहम्मद की, एक ही बार झलक पाते हो, फिर गये सो गये। फिर विराट में लीन हो गये। फिर दोबारा उनके जैसा आदमी नहीं होगा, नहीं हो सकता। मगर बहुत लोग नकलची होंगे। उनको तुम साधु कहते हो। उन नकलीची का बड़ा सम्मान है। क्योंकि वे तुम्हारे शास्त्र के अनुसार मालूम पड़ते हैं। जब भी सिद्ध आयेगा सब अस्त व्यस्त कर देगा सिद्ध आता ही है क्रान्ति की तरह! प्रत्येक सिद्ध बगावत लेकर आता है, एक क्रान्ति का संदेश लेकर आता है एक आग की तरह आता है- एक तुफान रोशनी का! लेकिन जो अँधेरे में पड़े है। उनकी आँखे अगर एकदम से उतनी रोशनी न झेल सके और नाराज हो जाय तो कुछ आश्चर्य नहीं। जो एक गुरू बोल रहा है, वह अनन्त सिद्धों की वाणी है। अभिव्यक्ति में भेद होगा, शब्द अलग होंगे, प्रतीक अलग होंगे मगर जो एक सिद्ध बोलता है, वह सभी सिद्धों की वाणी है। इनसे अन्यथा नहीं हो सकता है। इसलिए जिसने एक सिद्ध को पा लिया, उसने सारे सिद्धों की परम्परा को पा लिया। क्योंकि उनका सूत्र एक ही है। कुंजी तो एक ही है, जिसमें ताला खुलता है अस्तित्व का।"

जिस प्रकार सुबह में कोई व्यक्ति यह कहे कि रात होगी तो वह कोई नई बात नहीं कह रहा। रात तो होनी है चाहे वह कहे या ना कहे और रात आ गई तो उस रात को लाने वाला भी वह व्यक्ति नहीं होता क्योंकि वह प्रकृति का नियम है। इसी प्रकार कोई यह कहे कि "सतयुग आयेगा, सतयुग आयेगा" तो वह उसको लाने वाला नहीं होता। वह नहीं भी बोलेगा तो भी सतयुग आयेगा क्योंकि वह अवतारों का नियम है। सुबह से रात लाने का माध्यम प्रकृति है। युग बदलने का माध्यम अवतार होते हैं। जिस प्रकार त्रेतायुग से द्वापरयुग में परिवर्तन के लिए वाल्मिकि रचित

"रामायण" आया, जिस प्रकार द्वापरयुग से कलियुग में परिवर्तन के लिए महर्षि व्यास रचित "महाभारत" आया। उसी प्रकार प्रथम अदृश्य काल से द्वितीय और अन्तिम दृश्य काल व चैथे युग-कलियुग से पाँचवें युग-स्वर्णयुग में परिवर्तन के लिए शेष समष्टि कार्य का शास्त्र "विश्वशास्त्र" सत्यकाशी क्षेत्र जो वाराणसी-विन्ध्याचल-शिवद्वार-सोनभद्र के बीच का क्षेत्र है, से भारत और विश्व को अन्तिम महावतार श्री लव कुश सिंह "विश्वमानव" द्वारा मानवों के अनन्त काल तक के विकास के लिए व्यक्त किया गया है।

प्राचीन समय में शास्त्रार्थ होते थे। जो आमने-सामने बैठकर वाणी द्वारा की जाती थी। इस शास्त्रार्थ में शास्त्र के अर्थ से अलग कुछ और गुण भी प्रदर्शित होते थे। जैसे - वाणी द्वारा व्यक्त करने की कला, त्वरित उत्तर देने की कला, शरीर सामने रहने से व्यक्तित्व का प्रभाव, समर्थन करने वाले अन्य व्यक्ति इत्यादि। ये कुछ अन्य गुण जो बताये गये ये गौण अर्थात महत्वहीन विषय हैं। कोई व्यक्ति गूँगा हो तो उसके लिए वाणी और त्वरित उत्तर देना सम्भव नहीं। कोई व्यक्ति यदि कुरूप या दिव्यांग-विकलांग हो तो वह व्यक्तित्व से भी प्रभाव नहीं डाल सकता। कोई समर्थक भी साथ न हो तो क्या हो सकता है जबकि उसके द्वारा व्यक्त ज्ञान का लिखित शास्त्र "आध्यात्मिक सत्य" पर आधारित हो। ऐसी स्थिति में उस लिखित शास्त्र पर ही शास्त्रार्थ करना होगा। और यही शास्त्रार्थ का सत्य अर्थ है। शास्त्रार्थ, शास्त्र पर होता है, न कि शास्त्राकार से और उस पर। उपयोगी क्या है?, इस पर विचार करना उपयोगी होता है। शास्त्रार्थ, शास्त्राकार के जीवित रहने तक ही सम्भव होता है अन्त में शास्त्र पर ही शास्त्रार्थ करने का मार्ग शेष बचता है।

ईश्वर, अवतार और मानव की शक्ति सीमा

इस ब्रह्माण्ड में सभी वस्तु की एक शक्ति सीमा है। उसके ज्ञान से युक्त होने पर मनुष्य अपने कर्म-इच्छा-उम्मीद को एक सही वस्तु के साथ योग करा सकता है। अन्यथा एक समय बाद उसे ना-उम्मीद होना पड़ता है और उसके विश्वास को आघात पहुँचता है। उदाहरणस्वरूप यदि आप बिजली विभाग का काम टेलिफोन विभाग से या टेलिफोन विभाग का काम जल विभाग से उम्मीद कर बैठेंगे तो वह कभी भी पूरा नहीं होने वाला। इसमें गलती आपके ज्ञान की ही होगी और अपने विश्वास को खोने वाले आप स्वयं ही होंगे। इसी प्रकार साइकिल, मोटरसाइकिल, कार, बस, रेलगाड़ी, हवाई जहाज की अपनी-अपनी गति सीमा है। यदि गति सीमा की जानकारी न हो और उसकी क्षमता से अधिक उससे उम्मीद कर बैठेंगे तो इसमें गलती आपके ज्ञान की ही होगी और अपने विश्वास को खोने वाले आप स्वयं ही होंगे। मनुष्य कर्म किये बिना बहुत सी उम्मीद "दूसरों से" और "दूसरों में" देखने लगता है। मनुष्य का उपयोग करने वाले भी दूसरों को उम्मीद दिखाकर उनका विभिन्न प्रकार से उपयोग-दुरूपयोग सनातन से करता आ रहा है। इस क्रम में ईश्वर, अवतार और मानव की शक्ति सीमा क्या है, यह जानना आवश्यक है।

ईश्वर की शक्ति सीमा

ईश्वर अर्थात सार्वभौम सत्य-सिद्धान्त, ब्रह्माण्ड में कहीं भी अर्थात उसके किसी भाग के भाग में अपने सतुलन-स्थिरता-एकता-शान्ति के लिए क्रम संकुचन (विनाश) और क्रम विकास (विकास) करता रहता है। यह कार्य रज या तम गुण के प्राथमिकता होने पर सत्व गुण के हस्तक्षेप द्वारा सम्पन्न होता है। पृथ्वी ग्रह पर यह अति-वृष्टि (अधिक वर्षा), अधिक सूखा, अधिक वर्फबारी, भूकम्प, महामारी इत्यादि द्वारा व्यक्त होता है। ईश्वर अपने उपस्थिति और इन क्रियाकलापों का सन्देश पृथ्वी के जीवों के माध्यम से व्यक्त करता है जो विकसित मस्तिष्क क्षमता के द्वारा ही समझा जा सकता है। ईश्वर के सब कार्य इतने विशाल हैं इसलिए ही उन्हें सर्वशक्तिमान कहा जाता है। ईश्वर के सभी क्रियाकलाप बिना किसी भेद-भाव के सम्पन्न होता है अर्थात एक समान रूप से सभी के लिए सम्पन्न होता है। ईश्वर अपने सम्बन्धितों की सहायता, उनके साथ के मानवों के माध्यम से मार्गदर्शन द्वारा करता है, सम्बन्धित उसका लाभ कैसे लें, ये उनके बुद्धि पर निर्भर करता है।

अवतार की शक्ति सीमा

अवतार, सार्वभौम सत्य-सिद्धान्त को युगानुसार स्थापित करने के लिए व्यक्त होते हैं। इस स्थापना का क्रम सार्वभौम सत्य-सिद्धान्त के अंश-अंश संक्रमणीय-गुणात्मक-संग्रहणीय-रचनात्मक रूप के बढ़ते क्रम से होता है। और अन्त में पूर्ण रूप व्यक्त होता है। युगानुसार स्थापना के लिए विधि पूर्ण प्रत्यक्ष से पूर्ण प्रेरक तक का मार्ग होता है। प्रत्यक्ष अवतार वे होते हैं जो स्वयं अपनी शक्ति का प्रत्यक्ष प्रयोग कर समाज का सत्यीकरण करते हैं। यह कार्य विधि समाज में उस समय प्रयोग होता है जब अधर्म का नेतृत्व एक या कुछ मानवों पर केन्द्रित होता है। प्रेरक अवतार वे होते हैं जो स्वयं अपनी शक्ति का अप्रत्यक्ष प्रयोग कर समाज का सत्यीकरण जनता एवं नेतृत्वकर्ता के माध्यम से करते हैं। यह कार्य विधि समाज में उस समय प्रयोग होता है जब समाज में अधर्म का नेतृत्व अनेक मानवों और नेतृत्वकर्ताओं पर केन्द्रित होता है। कारण क्रम-शारीरिक, आर्थिक व मानसिक होता है। इन विधियों में से कुल मुख्य दस मुख्य अवतारों में से प्रथम सात (मत्स्य, कूर्म, वाराह, नृसिंह, वामन, परशुराम, श्रीराम) अवतारों ने समाज का सत्यीकरण प्रत्यक्ष विधि के प्रयोग द्वारा किया था। आठवें अवतार (श्रीकृष्ण) ने दोनों विधियों प्रत्यक्ष और प्रेरक का प्रयोग किया था। नवें (भगवान बुद्ध) और अन्तिम दसवें अवतार की कार्य विधि प्रेरक ही है। अवतार चूँकि सार्वभौम सत्य-सिद्धान्त को युगानुसार स्थापित करने के लिए प्रकट होते हैं इसलिए वे ईश्वर की शक्ति के सुर अर्थात तालमेल में या समर्थित होते हैं। वे ईश्वर के किसी शक्ति सीमा को न तो रोक सकते हैं ना ही बदल सकते हैं और ना ही प्रयोग कर उत्पन्न कर सकते हैं लेकिन वे इतने समयानुसार वर्तमान होते हैं कि ईश्वर की शक्ति उनका सदैव

समर्थन करती रहती है। अवतार अपने उपस्थिति और इन क्रियाकलापों का सन्देश मानवों को और भी अच्छा करने के विचार प्रसार से व्यक्त करते रहते हैं जो विकसित मस्तिष्क क्षमता के द्वारा ही समझा जा सकता है। अवतार के सब कार्य उस समय के समाज के लिए सर्वव्यापक होते हैं इसलिए ही उन्हें अवतार कहा जाता है। अवतार के सभी क्रियाकलाप बिना किसी भेद-भाव के सम्पन्न होता है अर्थात एक समान रूप से सभी के लिए सम्पन्न होता है।

मानव की शक्ति सीमा

मनुष्य अपनी शारीरिक-आर्थिक-मानसिक शक्ति से निर्माण और विनाश दोनों कर सकता है। वह ईश्वर और अवतार के द्वारा सम्पन्न किये जाने वाले कार्य को जान सकता है, उससे बचने का मार्ग निकाल सकता है परन्तु उसे सम्पन्न होने से रोक नहीं सकता। मनुष्य, ईश्वर और अवतार के कार्यों की इच्छा प्रकट कर सकता है, उसकी उम्मीद अन्य मनुष्य को दिखा सकता है परन्तु उसे सम्पन्न नहीं कर सकता क्योंकि वह मनुष्य के शक्ति सीमा के अन्तर्गत नहीं आता। मनुष्य अपने उपस्थिति और इन क्रियाकलापों का सन्देश मानवों को बीच विचार प्रसार से व्यक्त करते रहते हैं जो सामान्य मस्तिष्क क्षमता के द्वारा असानी से समझा जा सकता है। मनुष्य के सब कार्य उस समय के समाज के अंश-अंश के लिए उपयोगी होते हैं इसलिए ही उन्हें मनुष्य कहा जाता है। मनुष्य के सभी क्रियाकलाप भेद-भाव से सम्पन्न होता है अर्थात एक समान रूप से सभी के लिए नहीं होता है।

व्याख्या

ईश्वर और अवतार के कार्य समष्टि (संयुक्त) कार्य कहे जाते हैं जबकि मनुष्य के कार्य व्यष्टि (व्यक्तिगत या अंश) कार्य कहे जाते हैं। इस समष्टि कार्य द्वारा ही काल व युग परिवर्तन होता है न कि सिर्फ चिल्लाने से कि "सतयुग आयेगा", "सतयुग आयेगा" से। यह समष्टि कार्य जिस शरीर से सम्पन्न होता है वही युगावतार के रूप में व्यक्त होता है। धर्म में स्थित वह अवतार चाहे जिस सम्प्रदाय (वर्तमान अर्थ में धर्म) का होगा उसका मूल लक्ष्य समष्टि कार्य होगा और स्थापना का माध्यम उसके सम्प्रदाय की परम्परा व संस्कृति होगी।

आध्यात्मिक सत्य, सार्वभौम सत्य-सिद्धान्त का ही दूसरा समानार्थी शब्द है इसलिए उस अनुसार राष्ट्र की व्यवस्था का सत्यीकरण अवतार के कार्य क्षेत्र व शक्ति सीमा के अन्तर्गत आता है। कोई मनुष्य इसकी इच्छा तो कर सकता है परन्तु उसको पूर्ण नहीं कर सकता। ये अवश्य है कि इच्छा करने वाला विकसित मस्तिस्क का ही होगा क्योंकि बिना विकसित मस्तिष्क के ये शब्द व्यक्त हो ही नहीं सकता। विकसित मस्तिष्क, समष्टि मस्तिष्क होता है। इच्छा व्यक्त होने पर अवतार उसे अवश्य पूर्ण करते हैं क्योंकि यही उनके प्रकट होने का योग्य वातावरण होता है।

मिले सुर मेरा तुम्हारा, तो सुर बने हमारा

"स ईशोऽनिर्वचनीयप्रेमस्वरुपः"- ईश्वर अनिर्वचनीय प्रेम स्वरुप है। नारद द्वारा वर्णन किया हुआ ईश्वर का यह लक्षण स्पष्ट है और सब लोगों को स्वीकार है। यह मेरे जीवन का दृढ़ विश्वास है। बहुत से व्यक्तियों के समूह को समष्टि कहते हैं और प्रत्येक व्यक्ति, व्यष्टि कहलाता है आप और मैं दोनों व्यष्टि हैं, समाज समष्टि है आप और मैं- पशु, पक्षी, कीड़ा, कीड़े से भी तुक्ष प्राणी, वृक्ष, लता, पृथ्वी, नक्षत्र और तारे यह प्रत्येक व्यष्टि है और यह विश्व समष्टि है जो कि वेदान्त में विराट, हिरण गर्भ या ईश्वर कहलाता है। और पुराणों में ब्रह्मा, विष्णु, देवी इत्यादि। व्यष्टि को व्यक्तिशः स्वतन्त्रता होती है या नहीं, और यदि होती है तो उसका नाम क्या होना चाहिए। व्यष्टि को समष्टि के लिए अपनी इच्छा और सुख का सम्पूर्ण त्याग करना चाहिए या नहीं, वे प्रत्येक समाज के लिए चिरन्तन समस्याएँ हैं सब स्थानों में समाज इन समस्याओं के समाधान में संलग्न रहता है ये बड़ी-बड़ी तरंगों के समान आधुनिक पश्चिमी समाज में हलचल मचा रही हैं जो समाज के अधिपत्य के लिए व्यक्तिगत स्वतन्त्रता का त्याग चाहता है वह सिद्धान्त समाजवाद कहलाता है और जो व्यक्ति के पक्ष का समर्थन करता है वह व्यक्तिवाद कहलाता है।

सबका स्वामी (परमात्मा) कोई व्यक्ति विशेष नहीं हो सकता, वह तो सबकी समष्टि स्वरुप ही होगा। वैराग्यवान मनुष्य आत्मा शब्द का अर्थ व्यक्तिगत "मैं" न समझकर, उस सर्वव्यापी ईश्वर को समझता है जो अन्तर्यामी होकर सबमें वास कर रहा हो। वे समष्टि के रुप में सब को प्रतीत हो सकते हैं ऐसा होते हुए जब जीव और ईश्वर स्वरुपतः अभिन्न हैं, तब जीवों की सेवा और ईश्वर से प्रेम करने का अर्थ एक ही है। यहाँ एक विशेषता है। जब जीव को जीव समझकर सेवा की जाती है तब वह दया है, किन्तु प्रेम नहीं। परन्तु जब उसे आत्मा समझकर सेवा करो तब वह प्रेम कहलाता है। आत्मा ही एक मात्र प्रेम का पात्र है, यह श्रुति, स्मृति और अपरोक्षानुभूति से जाना जा सकता है।

सर्वेश्वर कभी भी विशेष व्यक्ति नहीं बन सकते। जीव है व्यष्टि; और समस्त जीवों की समष्टि है, ईश्वर। जीव में अविद्या प्रबल है; ईश्वर विद्या और अविद्या की समष्टि रूपी माया को वशीभूत करके विराजमान है और स्वाधीन भाव से उस स्थावर-जंगमात्मक जगत को अपने भीतर से बाहर निकाल रहा है। परन्तु ब्रह्म उस व्यष्टि-समष्टि से अथवा जीव-ईश्वर से परे है। ब्रह्म का अ शांश भाग नहीं होता।

समष्टि से प्रेम किये बिना हम व्यष्टि से प्रेम कैसे कर सकते हैं? ईश्वर ही वह समष्टि है। सारे विश्व का यदि एक अखण्ड रूप से चिन्तन किया जाय, तो वही ईश्वर है, और उसे पृथक-पृथक रूप से देखने पर वही यह दृश्यमान संसार है- व्यष्टि है। समष्टि वह इकाई है, जिसमें लाखों छोटी-छोटी इकाईयों का मेल है। इस समष्टि के माध्यम से ही सारे विश्व को प्रेम करना सम्भव है।"

- स्वामी विवेकानन्द

"मेरा", व्यष्टि है। "तुम्हारा", व्यष्टि है। "हमारा", समष्टि है। ये "मेरा", "तुम्हारा", व्यष्टि "मैं" है। "हमारा", समष्टि "मैं" है। "व्यष्टि" व्यक्तिगत होता है जबकि "समष्टि" सार्वजनिक, न्यूनतम एवं अधिकतम साझा जिसे अंग्रेजी में कामन (Common) कहते हैं, होता है।

साकार आधारित तन्त्र (राजतन्त्र) अर्थात बिना लिखित संविधान वाले तन्त्र में जब तक व्यक्ति प्रजा (व्यक्तिगत पद) होता है वह "व्यष्टि" होता है जैसे ही वह राजा (सार्वजनिक पद) पर बैठेगा, वह "समष्टि" हो जायेगा। राजा (सार्वजनिक पद) पर बैठने के बाद भी वह अपने व्यक्तिगत विचारों का संचालन कर सकता था क्योंकि वहाँ कोई लिखित संविधान नहीं होता है। इसी कारण जो राजा व्यक्तिगत हित के विचारों का संचालन करने लगते थे, उन्हें व्यक्तिवादी या असुर की श्रेणी में तथा जो राजा सार्वजनिक हित के विचारों का संचालन करते थे उन्हें समाजवादी या सुर के श्रेणी में रखे जाते थे।

वर्तमान में हम सभी निराकार आधारित तन्त्र (लोकतन्त्र) अर्थात लिखित संविधान वाले लोकतन्त्र में रहते हैं और उसी से शासित हैं। और इस तन्त्र के अनुसार जितने भी सार्वजनिक पद हैं वे सब समष्टि पद हैं। उस पद को संचालित करने के लिए एक लिखित मार्गदर्शन हैं जिसे हम सब संविधान-कानून कहते हैं। वह पद उससे बाहर नहीं जा सकता। उससे बाहर जाने पर पीठासीन व्यक्ति विवाद-विरोध का शिकार हो जायेगा। संविधान-कानून, एक मानवीय समष्टि शास्त्र है अर्थात एक मानव समूह को संचालित करने के लिए, उस समूह का समष्टि विचार है।

यह अच्छी प्रकार जान लेना चाहिए कि अवतारी श्रृंखला, संत श्रृंखला, दार्शनिक श्रृंखला, सिद्ध श्रृंखला, शास्त्र श्रृंखला से आये अवतार, संत, दार्शनिक, सिद्ध, शास्त्र सब समष्टि हैं, ये मानव जाति के लिए कार्य करते हैं न कि किसी विशेष मानव समूह के लिए। सरल शब्दों में जो विचार अधिकतम मानव समूह पर सरलता से लागू-प्रभावी किया जा सके वह उच्चतर समष्टि विचार है तथा जो जितना उच्चतर शक्ति से लागू-प्रभावी किया जा सके वह उतना ही उच्चतर व्यष्टि विचार है।

वर्षों से भारत के दूरदर्शन के राष्ट्रीय चैनल पर राष्ट्रीय विभिन्नताओं में एकता और एकीकरण का भाव जगाने वाले गीत "मिले सुर मेरा तुम्हारा तो सुर बने हमारा..................सुर की नदियाँ, हर दिशा से चलकर सागर में मिल जाये।" का यह "विश्वशास्त्र" प्रत्यक्ष रूप है और हमारा सुर ही है। साथ ही यह भारत सहित विश्व का प्रतिनिधि मानक शास्त्र भी है। विभिन्न विचार की नदियाँ, इस "विश्वशास्त्र" नामक सागर में ही विलीन हो जाती हैं इसलिए ही "विश्वशास्त्र" के लिए कहा गया है- "सभी सर्वोच्च विचार और सर्वोच्च कर्म मेरी ओर ही आते हैं"

व्यष्टि विचार हो या समष्टि विचार, दोनों व्यक्ति से ही व्यक्त होते हैं। इसलिए यहाँ भ्रम कि स्थिति उत्पन्न होती है और कोई व्यक्ति बड़े ही सरल भाव से कह देता हैं कि - ये आपके अपने व्यक्तिगत विचार हैं। मानवीय रूप से "विश्वशास्त्र" व्यक्तिगत विचार का शास्त्र नहीं बल्कि सार्वजनिक विचार का शास्त्र है। और ईश्वरीय रूप में सार्वभौम सत्य-सिद्धान्त का समष्टि सत्य शास्त्र है अर्थात विश्व के मानव समूह को संचालित करने के लिए, ईश्वरीय समष्टि सार्वभौम सत्य-सिद्धान्त है। सत्य है, शिव है, सुन्दर है। शिव ज्योति है, प्रकाश है, गुरू है।

भाग-2
सत्य-अर्थ

सत्य -अर्थ

सम्बन्ध का सत्य आधार

मैं जब भी आता हूँ, व्यक्ति मुझे पूर्व के नियमों और सांसारिकता में बाँधना चाहते हैं परन्तु मैं उन नियमों में बँधने जैसा दिखते हुये भी उससे सदा मुक्त रहता हूँ। नियम सांसारिक मनुष्य के लिए होते हैं। मेरा नियम सार्वभौम सत्य-सिद्धान्त है। मैं स्वयं इसको व्यक्त कर इसी के अनुसार ही संचालित होता हूँ। मेरे सम्बन्धों का आधार सांसारिक सम्बन्ध रक्त और रिश्ता पर आधारित नहीं होता। मेरे सम्बन्धों का आधार नाम, रूप, गुण, कर्म, ज्ञान, काल, ध्यान, भाव और मेरा शास्त्र होता है। सार्वभौम सत्य-सिद्धान्त ही मेरा शास्त्र है। यही मेरी विधि है। इसी से मैं योगमाया और भोगमाया का संचालन करता हूँ। इसी से मैं अपने पूर्व के सम्बन्धियों को वर्तमान में पहचान करता हूँ। इसी के अनुसार मैं सदा से व्यक्त और अव्यक्त होता रहा हूँ।

सिर्फ ज्ञानी होना कालानुसार अयोग्यता ही नही सृष्टि में बाधक भी

"ज्ञानी अर्थात् समभाव अर्थात् सभी को उसी एक के रूप में देखना अर्थात् तू भी वही मैं भी वही अर्थात् व्यक्त और अव्यक्त एक समान अर्थात् असमानता के पहचान से मुक्त अर्थात् नीति मुक्त अर्थात् शासकीय गुण से मुक्त अर्थात् सत्य से युक्त और सिद्धान्त से मुक्त अर्थात् काल से मुक्त अर्थात् परिणाम ज्ञान से मुक्त अर्थात् अपने स्तर पर ही यथावत रहते हुये कर्मशील अवस्था। यह अवस्था वर्तमान दृश्य काल के लिए कालानुसार नहीं है अर्थात् अयोग्य भी है और बाधक भी। वर्तमान दृश्य काल की अवस्था ध्यान अर्थात् ज्ञान का समय के साथ योग अर्थात् सभी को समभाव देखते हुये भी असमान देखना अर्थात् व्यक्त और अव्यक्त असमान अर्थात् नीतियुक्त अर्थात् शासकीय गुण से युक्त अर्थात् सार्वभौम सत्य-सिद्धान्त से युक्त अर्थात् काल से युक्त अर्थात् परिणाम ज्ञान से युक्त समभाव के साथ अपने स्तर से उच्चतम की ओर गति करते हुये अन्य को भी उच्चतम की ओर ले जाने की अवस्था है। व्यक्ति से विश्व स्तर तक के ज्ञान से समय को जोड़कर जो जितने विस्तार के कर्मक्षेत्र में स्वयं को व्यक्त कर सकता है। वह उतना ही व्यापक ध्यानी होगा। क्योंकि तभी उसका ज्ञान प्रमाणिकता को व्यक्त होगा। अर्थात् ज्ञान ही ज्ञान नहीं, ध्यान ही ज्ञान है। ज्ञान हृदय को अच्छी लगने वाली सत्य-वाणी है तो ध्यान जीवन को संचालित करने वाला व्यावहारिक सिद्धान्त है। ध्यानी, ज्ञानी को सिर्फ उतनी ही सूचना देते हैं जो कालानुसार होती है। क्योंकि ज्ञानी बिना परिणाम ज्ञान सोचे ही व्यक्त कर देते हैं । ध्यानी परिणाम के पूर्व जोड़ना चाहते है। परन्तु ज्ञानी परिणाम के बाद जुड़ना चाहते हैं। जबकि परिणाम के बाद जुड़ने की आवश्यकता ही नहीं रह जाती क्योंकि कार्य सम्पन्न हो जाता है। इसलिए ज्ञानी सृष्टि में बाधक भी होते हैं। ध्यानी योजनाबद्ध कार्य करते हैं जिससे परिणाम उनके अधीन होता है। जबकि ज्ञानी योजनामुक्त कार्य करते हैं। इसलिए परिणाम अन्य के अधीन होता है। पुराणों में ज्ञानी के प्रक्षेपण ब्रह्मा तथा ध्यानी के प्रक्षेपण शिव-शंकर हैं।

निर्माण के मार्ग और पूर्वी तथा पश्चिमी देशों के स्वभाव

विभिन्न मतों द्वारा निर्माण के मार्ग का सूत्र है- 'मतवाद के मार्ग से व्यक्ति, धर्म, राष्ट्र, मन्त्र, यन्त्र और तन्त्र का निर्माण'। स्वामी विवेकानन्द द्वारा निर्माण के मार्ग का सूत्र है-'धर्म के मार्ग से व्यक्ति, धर्म, राष्ट्र, मन्त्र, यन्त्र और तन्त्र का निर्माण'। पं0 नारायण दत्त 'श्रीमाली' द्वारा निर्माण के मार्ग का सूत्र है- 'मन्त्र, यन्त्र और तन्त्र के मार्ग से व्यक्ति, धर्म, राष्ट्र, मन्त्र, यन्त्र और तन्त्र का निर्माण'। आचार्य रजनीश 'ओशो' द्वारा निर्माण के मार्ग का सूत्र है- 'व्यक्ति के मार्ग से व्यक्ति, धर्म, राष्ट्र, मन्त्र, यन्त्र और तन्त्र का निर्माण'। योगाचार्य बाबा रामदेव द्वारा निर्माण के मार्ग का सूत्र है- 'योग के मार्ग से व्यक्ति, धर्म, राष्ट्र, मन्त्र, यन्त्र और तन्त्र का निर्माण'। मेरे द्वारा निर्माण के मार्ग का सूत्र है-'राष्ट्र के मार्ग से व्यक्ति, धर्म, राष्ट्र, मन्त्र, यन्त्र और तन्त्र का निर्माण'। और मेरे राष्ट्र का अर्थ सिर्फ भारत ही नहीं बल्कि विश्व सहित ब्रह्माण्ड है यदि भारत इस पर कार्य करता है तो साकार भारत सहित निराकार भारत अर्थात् विश्वभारत का निर्माण होगा अन्यथा सिर्फ निराकार भारत अर्थात् विश्वभारत का निर्माण होगा क्योंकि कम से कम

लाभ और नीतिगत विषयों में पश्चिमी देश भारत से अधिक समझदार, क्रियाशील और अनुकूलन क्षमता वाला है। पश्चिमी देश इसे वैश्विक शासन की दृष्टि से देखेंगे जबकि भारत के नेतृत्वकर्ता पहले व्यक्तिगत लाभ का गणित आलस्य के साथ लगायेंगे। भारत के नेतृत्वकर्ता इस अज्ञानता में न पड़े कि जनता ज्ञानी, शिक्षित हो जायेगी तो उनके पद पर संकट आ जायेगा। ज्ञानी, शिक्षित होना चमत्कार नहीं एक लम्बी अवधि की प्रक्रिया है इसलिए नेतृत्वकर्ता राजनीतिज्ञ का वर्तमान जीवन तो उनके वर्तमान चरित्र के साथ ही व्यतीत हो ही जायेगी। यह एक युग कार्य है, कालजयी कार्य है जो राजनीति क्षेत्र नहीं दे सकती। ये है परिणाम का ज्ञान।

मैं भविष्य या तू भूत? और वर्तमान का सत्य अर्थ

तुम्हारे समझने, न समझने, मानने या न मानने से मेरे ऊपर कोई अन्तर नहीं पड़ता क्योंकि मेरा कार्य सिर्फ इतना था कि जिस प्रकार तुम वेद-उपनिषद्-पुराण का मार्गदर्शन आज भी अपने जीवन में प्रयोग करते हो। उसी प्रकार जब भी सत्य जीने की कला, पूर्ण ज्ञान-कर्मज्ञान, व्यक्ति प्रबन्ध और विश्व प्रबन्ध के क्षेत्र में आगे बढ़ो तो तुम्हें कर्मवेद : प्रथम, अन्तिम तथा पंचमवेद अर्थात् विश्वमानक – शून्य : मन की गुणवत्ता का विश्वमानक श्रृंखला से मार्ग दर्शन लेना ही पड़े या तुम इसमें ही विलीन हो जाओ। तुम समझते हो मैं या कोई अवतार भविष्य की बातें कहता है- कदापि नहीं, वह सदा वैयक्तिक और वैश्विक-रूप से वर्तमान होता है, तुम्हें भविष्य इसलिए लगता हैं क्योंकि तुम वैयक्तिक और वैश्विक रूप से भूतकाल होते हो। क्योंकि तुम सपनों में विचरण करते हो। ऐसे व्यक्तियों के विरोध और समर्थन दोनों के प्रभाव से मैं मुक्त होता हूँ। वर्तमान में होने का अर्थ यह नहीं है कि वैयक्तिक रूप से ही तुम वर्तमान में रहो। इसका अर्थ यह है कि तुम वैयक्तिक सहित वैश्विक रूप से वर्तमान में रहो। मैं वर्तमान से योग करने के लिए ही तो व्यक्त होता हूँ? वैयक्तिक रूप से वर्तमान तो केवल पशु रहते हैं।

आस्था या मूर्खता? और आस्था का सत्य अर्थ

मैं (सार्वभौम आत्मा) अदृश्य रूप से भोग करते-करते यह संकल्प लिया कि मेरे इस सत्य रूप को संसार देखे। इसके लिए मैंने मानव शरीर को योग्य समझा और उसे संस्कारित करने की योजना बनाई और फिर विभिन्न शरीरों के माध्यम से संस्कारित करने के लिए शब्द, वेद, उपनिषद, अरण्यक, ब्राह्मण, वेदांग, स्मृति, मूर्ति, दर्शन, पूजा-उपासना, कर्मकाण्ड, यज्ञ, गृहसूत्र, धर्मसूत्र और वैयक्तिक आश्रम, सामाजिक आश्रम, प्रबन्ध सूत्र, शासन सूत्र इत्यादि की श्रृंखला को व्यक्त किया। परिणामस्वरूप मनुष्य शरीर मेरे योग्य बना। और मैं सर्वप्रथम इन समस्त संस्कारित करने की क्रिया को एकीकृत अर्थात् योग कर भोगेश्वर समाहित योगेश्वर रूप में व्यक्तिगत प्रमाणित रूप से व्यक्त होकर योगेश्वर रूप में संस्कारित करने के लिए गीतोपनिषद् को व्यक्त किया। फिर मैं अपने सत्य रूप सम्पूर्ण विषयों का भोग करते हुये योगेश्वर समाहित भोगेश्वर रूप में सार्वजनिक प्रमाणित रूप से व्यक्त होकर भोगेश्वर रूप में अन्तिम रूप से संस्कारित करने के लिए कर्मवेद : प्रथम, अन्तिम तथा पंचमवेद को व्यक्त कर दिया। परन्तु मैं देख रहा हूँ कि प्रत्येक संस्कारित करने की क्रिया जो उस काल के लिए आस्था का विषय था। उसके अगले काल के लिए संस्कारित करने की नयी क्रिया उपलब्ध हो जाने के बावजूद, मानव शरीर पिछले काल के संस्कारित करने वाली क्रिया के प्रति आस्था रखते हुये मूर्खता का स्पष्ट प्रदर्शन कर रहा है। सभी कालों में, सभी संस्कारित करने की क्रियाओं में मैं (सार्वभौम आत्मा) ही आस्था का विषय था परन्तु क्रिया के प्रति आस्था रखना मूर्खता का स्पष्ट प्रमाण ही तो है। चाहे वह व्यक्तिगत इच्छा से हो या सामाजिक प्रदर्शन की इच्छा से। इन समस्त संस्कारित करने के क्रिया के पीछे जो रहस्य आज तक गोपनीय था उसे मैंने तुम्हारे समक्ष सार्वजनिक प्रकाशित कर दिया है। अब कुछ भी गोपनीय नहीं। बावजूद इसके प्रत्येक मनुष्य अपनी मूर्खता रूपी आस्था को प्रदर्शित करने के लिए स्वतन्त्र है। परन्तु वह मुझ (सार्वभौम आत्मा) को प्राप्त नहीं कर सकता।

"निर्माण और उत्पादन" भावना की उपयोगिता

"निर्माण और उत्पादन" आज के विकसित औद्योगिक युग में यह शब्द न तो अनजाना है और न हम यह कह सकते हैं कि हमारा व्यक्तिगत और सार्वजनिक जीवन इस शब्द में व्याप्त नहीं है। बल्कि यह कहें तो अधिक स्पष्ट होगा कि हम सभी के मन अन्य संगठन, दल, व्यक्ति, मत, विचार, देश, राज्य, विश्व, प्रकृति, ब्रह्माण्ड इत्यादि के प्रक्रिया द्वारा निर्मित और उत्पादित हो रहे हैं। और हम सभी स्वयं अपने अधीन अन्य मानव शरीर के मन को निर्मित और उत्पादित कर रहे हैं। इसलिए व्यक्ति, संगठन, दल, मत, देश व विश्व को यह सदा ध्यान में रखना होगा कि हम किसी के द्वारा निर्मित और उत्पादित हो रहे हैं तो किसी का निर्माण और उत्पादन हम कर रहे हैं। और प्रत्येक निर्माणकर्ता और उत्पादनकर्ता, स्वयं अपने उद्देश्य की प्राप्ति के लिए ही निर्माण और उत्पादन करता है। और इस कार्य में लगने वाले मनुष्य को उसका पारिश्रमिक विभिन्न रूपों- धन, नाम, यश, कीर्ति, आत्मीय सुख, सम्मान, इत्यादि के रूप में भुगतान होता है। आतंकवाद, धर्मनिरपेक्षता, दल या मत आधारित सम्प्रदाय इत्यादि का यही सूत्र है। इसलिए व्यक्ति को स्वयं अपने लिए यह ध्यान रखना होगा कि वह कहीं ऐसे विचार से निर्मित तो नहीं हो रहा जो स्वयं उसके लिए और देश सहित विश्व और ब्रह्माण्ड के लिए विनाशात्मक हो। क्योंकि प्रत्येक व्यक्ति के विश्व व्यापक होने के लिए उसके जन्म से ही उसके निर्माण की प्रक्रिया माता-पिता, भाई-बहन, रिश्तेदार, पड़ोस, जाति, धर्म, मित्र, मत-सम्प्रदाय, नियम-संविधान, संघ, दल, संगठन, प्रदेश, देश इत्यादि अनेकों वातावरण द्वारा होती है। जो विश्वव्यापक होने के मार्ग में रूकावट या बैरियर है और व्यक्ति को इसे स्वीकार करते हुये पार करना होगा। इसलिए आवश्यक है कि पहले वह मन की सर्वोच्च और अन्तिम स्थिति-विश्वमन के व्यक्तरूप विश्वमानक : शून्य श्रृंखला से युक्त हो और फिर वहाँ से नीचे की ओर देखते हुये अपने स्वभाव को स्वीकार करे। ताकि उसका उच्च मानसिक स्तर द्वारा गलत उपयोग न हो सके।"

विद्रोही या सार्वजनिक प्रमाणित कृष्णकला समाहित विश्वमानव कला

मैं कभी भी किसी भी जीवन में विद्रोही नहीं था और न हूँ, क्योंकि विद्रोह तो उसे कहते है जो सामाजिक धारा, इन्द्रिय, सांसारिकता और सांसारिक प्रबन्ध का पूर्ण विरोध करता है। व्यक्तिगत प्रमाणित अदृश्य रूप से सर्वप्रथम मैं (सार्वभौम आत्मा) "लव कुश" के रूप में व्यक्ति "राम" के विरूद्ध चलकर "राम" में ही समाहित हो गया। व्यक्तिगत प्रमाणित दृश्य रूप से मध्य में मैं (सार्वभौम आत्मा) "कृष्ण" के रूप में समाज की धारा के विरूद्ध चलकार समाज की धारा में ही व्यक्तिगत रूप से समाहित हो गया। इसलिए धारा के विरूद्ध अर्थात् "राधा" प्रिय होते हुये भी मेरा लक्ष्य "राधा" नहीं थी, यही मेरा व्यक्तिगत प्रमाणित दृश्य कला अर्थात् व्यक्तिगत प्रमाणित दृश्य कृष्णकला थी। सार्वजनिक प्रमाणित दृश्य रूप से अन्त में मैं (सार्वभौम आत्मा) "विश्वमानव" के रूप में विश्व की धारा के विरूद्ध चलकर विश्व की धारा में ही सार्वजनिक रूप से समाहित हो गया। यह मेरी सार्वजनिक प्रमाणित कृष्ण कला है। जो मुझे प्रिय होते हुये भी मेरा लक्ष्य नहीं है। क्या मैं (सार्वभौम आत्मा) "लव कुश", "कृष्ण" और "विश्वमानव" के रूप में एक ही नही हूँ? क्या मेरी प्रिय कला-समाज के विरूद्ध "राधा" और "कृष्णकला" एक ही नहीं है।

प्रत्येक पूर्णावतार के जीवन में उसके व्यक्त होने की कला तथा अगले पूर्णावतार के व्यक्त होने की कला का संकेत रूप दिया रहता है। ब्रह्मा के पूर्णावतार श्रीराम के जीवन मे वर्तमान परिस्थितियों पर कर्म करना राम कला थी जबकि लव कुश का व्यवहार-विरूद्ध फिर समाहित होना अगले पूर्णावतार की कला का व्यक्तिगत प्रमाणित अदृश्य संकेत रूप था। विष्णु के व्यक्तिगत प्रमाणित पूर्णावतार श्रीकृष्ण के जीवन में रामकला समाहित समाज की धारा के विरूद्ध चलकर समाज की धारा में ही समाहित हो जाना कृष्ण कला थी। जो कि अगले पूर्णावतार की कला का व्यक्तिगत प्रमाणित दृश्य संकेत रूप था। शिव-शंकर के पूर्णावतार तथा विष्णु के सार्वजनिक प्रमाणित पूर्णावतार के जीवन में कृष्णकला का सार्वजनिक प्रमाणित दृश्य रूप है। जबकि विश्व की धारा जहाँ तक पहुँच चुकी है, वहाँ से स्वयं को जोड़ लेना "विश्वमानव कला" है।

मनुष्य जीवन इसलिए प्राप्त होता है कि वह आत्मोन्नति कर इस पृथ्वी पर ही यथार्थ स्वर्ग की अनुभूति करे। परन्तु सामान्यतः ऐसा देखने को नहीं मिलता है। हम यहाँ विभिन्न प्रकार की समस्याओं में मायाग्रस्त हो जाते हैं। इन विभिन्न समस्याओं अर्थात् माया के बीच रहते हुये भी किस प्रकार अनासक्त होकर माया पर नियंत्रण अर्थात् मायापति हो जीवन का सफलतम भोग और संचालन करें, यही जीने की कला है। व्यक्तिगत, व्यक्तिगत समाहित सामाजिक तथा व्यक्तिगत और सामाजिक समाहित सार्वजनिक जीवन तीनों का संग्रहणीय, संक्रमणीय, गुणात्मक स्तर में जीने की कला का सफलतम सर्वोच्च और अन्तिम अभिनयकर्ता क्रमशः व्यक्तिगत प्रमाणित श्री कृष्ण और सार्वजनिक प्रमाणित श्री लव कुश सिंह "विश्वमानव"हैं। जिनकी कला को क्रमशः कृष्ण कला और विश्वमानव कला के रूप में जानते हैं। इस कला को ही कर्मज्ञान या जीने की कला कहते है। इस कर्मज्ञान का पूर्ण व्यक्त अन्तिम रूप अन्तिम अवतार श्री लव कुश सिंह "विश्वमानव" द्वारा व्यक्त हुआ है।

आत्मा-शिव-ईश्वर-ब्रह्म तत्व के पूर्ण व्यक्त स्वरूप की व्याख्या कथा रूप में व्यक्तिगत प्रमाणित साकार प्रक्षेपण करने वाले शास्त्र को पुराण कहते हैं। जिसमें पूर्ण व्यक्त आत्मा शिव-ईश्वर-ब्रह्म रूप एकात्म ज्ञान और कर्म समाहित एकात्म ध्यान है। एकात्म ज्ञान का प्रक्षेपण ब्रह्मा, एकात्म ज्ञान समाहित एकात्म कर्म का प्रक्षेपण विष्णु तथा एकात्म ज्ञान और एकात्म कर्म समाहित एकात्म ध्यान का प्रक्षेपण शिव-शंकर हैं। अर्थात् ब्रह्मा, विष्णु में तथा विष्णु, शिव-शंकर में समाहित हैं जिस प्रकार ब्रह्मा, विष्णु में तथा विष्णु, शिव-शंकर में समाहित हैं उसी प्रकार उनके साकार सगुण दृश्य पूर्णावतार क्रमशः श्री राम, श्री कृष्ण में तथा श्री कृष्ण, श्री लव कुश सिंह "विश्वमानव" में समाहित हैं। परिणामस्वरूप रामकला, कृष्णकला में तथा कृष्णकला का विश्वमानव कला में समाहित होना सिद्धान्ततः सत्य भी है।

विश्वमानव कला वही भोगेश्वर का अन्तिम सत्य कर्मज्ञान है जो योगेश्वर श्री कृष्ण के जीवन में अदृश्य व्यक्तिगत प्रमाणित अंश रूप में था। जिसे उन्होंने गीतोपनिषद में व्यक्त ही नहीं किया और इसे स्वयं अपने साथ ले गये, जो अब भोगेश्वर विश्वमानव द्वारा सार्वजनिक प्रमाणित रूप से व्यक्त हुई। ऐसा क्यों हुआ? ऐसा इसलिए हुआ कि बिना उचित समय के कोई ज्ञान समाज को प्राप्त नहीं होता। वर्तमान में सम्पूर्ण मानव जाति कर्मज्ञान के भूख में व्याकुल है जिसके बिना सारे दुर्गुण तेजी से बढ़ रही है। व्यवस्था सम्भालने के लिए बुद्धिजीवी, ज्ञानी, धर्मज्ञानी, नेता, समाजशास्त्री प्रयत्नशील है परन्तु स्थिति और भी खराब होती जा रही है। योगेश्वर श्री कृष्ण एकात्म कर्म करते हुए ज्ञान दे गये और एकात्म कर्मज्ञान ले गये। भोगेश्वर विश्वमानव एकात्म ध्यान द्वारा एकात्म कर्म करते हुये एकात्म कर्मज्ञान दे गये और स्वयं को सभी और सभी को स्वयं में एकाकार कर दिये।

इस कर्मज्ञान की सत्यता का प्रमाण क्या है। सम्पूर्ण क्रियाकलापों को संचालित वाले मूल दो कर्ता मानव और प्रकृति दोनों का कर्मज्ञान यही है। प्रकृति तो पूर्ण धारण कर सफलतापूर्वक कार्य कर रही है। मानव जाति में जो भी सफलता प्राप्त कर रहे हैं। वे इसके आंशिक धारण में तथा जो असफलता प्राप्त कर रहे हैं। वे पूर्णतः अज्ञानता और धारणमुक्त हैं बावजूद इसके कर्मज्ञान से प्रकृति या अन्य मानव या संयुक्त मन द्वारा प्रभावित और संचालित हैं। पूर्ण धारण करके ही श्रीकृष्ण अदृश्य व्यक्तिगत प्रमाणित योगेश्वर विश्वात्मा प्रथम समन्वयाचार्य श्रीकृष्ण के रूप में तथा श्री लव कुश सिंह, दृश्य सार्वजनिक प्रमाणित भोगेश्वर विश्वात्मा अन्तिम समन्वयाचार्य विश्वमानव के रूप में व्यक्त हुये। इस कर्मज्ञान को श्री कृष्ण और विश्वमानव ने आविष्कृत किया, स्वयं जीया और सार्वजनिक रूप से मानवजाति के कल्याणार्थ व्यक्त किया। इससे बढ़कर इस कर्मज्ञान की सत्यता का प्रमाण क्या हो सकता है। श्रीकृष्ण और श्री लव कुश सिंह "विश्वमानव" का कर्मक्षेत्र सम्पूर्ण ब्रह्माण्ड था परन्तु अन्य मानव का कर्मक्षेत्र छोटा हो सकता है। लेकिन कर्मज्ञान तो सभी का एक ही होगा।

चूंकि मानव कर्म करते-करते ज्ञान प्राप्त कर प्रकृति के क्रियाकलापों को धीरे-धीरे अपने अधीन करने की ओर अग्रसर है इसलिए पूर्णतः प्रकृति के पद पर बैठने के लिए प्रकृति द्वारा धारण की गई सन्तुलित कार्यप्रणाली को मानव द्वारा अपनाना ही होगा। अन्यथा वह सन्तुलित कार्य न कर अव्यवस्था उत्पन्न कर देगा। यह वैसे ही है जैसे किसी कर्मचारी को प्रबंधक (मैंनेजर) के पद पर बैठा दिया जाये तो सन्तुलित कार्य संचालन के लिए मैंनेजर की सन्तुलित कार्यप्रणाली को उसे अपनाना ही होगा। अन्यथा वह सन्तुलित कार्य न कर अव्यवस्था उत्पन्न कर देगा।

भारत और संयुक्त राष्ट्र संघ को आह्वान

शासन और शासक, विकासात्मक हो या विनाशात्मक। प्रणाली कोई भी हो- एकतन्त्रात्मक अर्थात् राजतन्त्र या बहुतन्त्रात्मक लोकतन्त्र। वह तब तक अब स्थायी और अपने उद्देश्य में सफल नहीं हो सकता जब तक कि वह अपने उद्देश्य की प्राप्ति के अनुरूप जनता का निर्माण और उत्पादन न करें। हमारा उद्देश्य है- 'अपने सीमित कर्म सहित असीम मन युक्त मानव का निर्माण और उत्पादन', जिसके लिए हमारे सम्मुख दो मार्ग है- एक- गणराज्यों का संघ भारत, दूसरा-राष्ट्रों का संघ संयुक्त राष्ट्र संघ। दोनों एक ही है। बस कर्म क्षेत्र की सीमा में अन्तर है। दोनों का उद्देश्य एक है बस कार्य अलग है। भारत का अपने जनता के प्रति कर्तव्य और दायित्व तथा विश्व के लिए संयुक्त राष्ट्र संघ द्वारा ऐसी विवादमुक्त प्रबन्ध नीति उपलब्ध कराना है जिससे दोनों अपने उद्देश्य को निर्वाध गति से प्राप्त करें। जबकि संयुक्त राष्ट्र संघ को सिर्फ अपने अधीन कार्य सम्पादन ही करना मात्र है। उसे प्रबन्ध नीति का आविष्कार नहीं करना है। वह कर भी नहीं सकता और न ही किया क्योंकि वह पाश्चात्य के प्रभाव मण्डल में है। पाश्चात्य के पास सत्य के आविष्कार का इतिहास नहीं है। जबकि प्राच्य के पास सनातन से सत्य के आविष्कार का व्यापक संक्रमणीय, संग्रहणीय और गुणात्मक रूप से अनुभव संग्रहीत है। अब भारत व्यक्तिगत प्रमाणित भाव आधारित सत्य नहीं कहेगा क्योंकि अब सार्वजनिक प्रमाणित कर्म, व्यक्त और मानक आधारित समय आ गया है। जो विश्व व्यापी रूप से पदार्थ विज्ञान और आध्यात्म विज्ञान सहित प्राच्य और पाश्चात्य संस्कृतियों में सार्वजनिक रूप से प्रमाणित होगा। और उस विवादमुक्त प्रबन्ध नीति से जब मूल अधिकार शिक्षा द्वारा मनुष्य का निर्माण और उत्पादन होगा। तब भारत तथा संयुक्त राष्ट्र संघ को उसका उद्देश्य प्राप्त होगा अन्यथा वह रोको-रोको, निरोध- निरोध वाले कानून में ही अधिकाधिक समय व धन खर्च करता रहेगा। जिसकी जटिलता बढ़ते ही जाना है। भारत और संयुक्त राष्ट्र संघ दोनों में से किसी के प्रारम्भ से मनुष्य का "विश्वमानव" के रूप में निर्माण और उत्पादन प्रारम्भ हो जायेगा। विश्व के सभी देशों के बीच संस्कृतियों का मिश्रण तेजी से हो रहा है ऐसी स्थिति में उसे मानव संसाधन जो कि समस्त निर्माण और उत्पादन का मूल है, का भी विभिन्न विषयों की भांति मानकीकरण तथा विश्व प्रबन्ध के लिए प्रबन्ध का मानकीकारण करना ही होगा। सम्पूर्ण विश्व में निर्माण से उत्पन्न उत्पाद की गुणवत्ता का मानक, संस्था की गुणवत्ता ISO-9000 फिर प्रकृति के कर्तव्य व दायित्व को स्वयं का कर्तव्य व दायित्व मानकर पर्यावरण की गुणवत्ता का मानक ISO-14000 स्वीकारा जा चुका है तो फिर गुणवत्ता से युक्त प्रकृति की भाँति स्वयं मनुष्य अपना गुणवत्ता का मानकीकारण कब करेगा? वह मार्ग जो अभी तक उपलब्ध नहीं था वह विश्वमानक : शून्य (WS-0)- मन की गुणवत्ता का विश्व मानक श्रृंखला के रूप में उपलब्ध हो चुका है जो मेरा कर्तव्य था और अब अन्य मानवों का अधिकार है। संसाधन, ज्ञान-विज्ञान, तकनीकी से युक्त पृथ्वी कमल की भाँति खिलने को उत्सुक है, मानवता का रचनात्मक सहयोग लेकर भारत तथा संयुक्त राष्ट्र संघ, उसके खिलने में सहयोग करे जो उसका कर्तव्य और दायित्व है। जिस पर मनुष्य ईश्वर रूप में विराजमान हो सके।

ईश्वर, देवता और विज्ञान

जिस प्रकार दृश्य पदार्थ विज्ञान अपने रसायन विज्ञान द्वारा यह कहता है कि सम्पूर्ण दृश्य जगत नाभिक (न्यूट्रान और प्रोटान) और इलेक्ट्रान से युक्त परमाणु के संयुग्मन से व्यक्त तत्वों और उसके संयुग्मन से व्यक्त यौगिक द्वारा व्यक्त है तथा प्रत्येक में शक्ति है जिसका अध्ययन वह अपने भौतिक विज्ञान द्वारा करता है। ठीक उसी प्रकार अदृश्य आध्यात्म विज्ञान अपने आत्म विज्ञान द्वारा यह कहता है कि यह सम्पूर्ण दृश्य जगत आत्मा (मार्ग दर्शक और विकास दर्शन या सत्व गुण) और मन (क्रियान्वयन दर्शन) से युक्त सूक्ष्म के संयुग्मन से व्यक्त स्थूल और उसके संयुग्मन से व्यक्त यौगिक द्वारा व्यक्त है। तथा प्रत्येक में शक्ति है जिसका अध्ययन वह अपने तन्त्र विज्ञान द्वारा करता है।

मैं भारत (सार्वभौम आत्मा) सत्य स्वरूप में सम्पूर्ण ब्रह्माण्ड को अपना स्वरूप समझा और अपने स्वरूप को ब्रह्माण्ड समझा और उसी से व्यक्त सभी ग्रह, नक्षत्र, तारे, सूर्य, पृथ्वी, अग्नि, वायु, नदी, वृक्ष, अन्य जीव, जल इत्यादि को माना। मैं भारत (सार्वभौम आत्मा) को शिव तथा सम्पूर्ण ब्रह्माण्ड में सर्वव्यापी परिवर्तन या आदान-

प्रदान या तन्त्र को शक्ति के रूप देखा। और जहाँ भी जिसमें भी व्यक्तिगत या सामूहिक जीव शरीर को प्रभावित कर देने वाली आदान-प्रदान की शक्ति को पाया उसे, उसके आत्म रूप को देवता तथा तंत्र रूप को देवी शक्ति का रूप दिया। इस प्रकार हम उनके प्रभाव के प्रति समर्पण या भक्ति, उपासना और पूजा करने लगे। परिणामस्वरूप हमारे पास इतने देवी-देवता हो गये कि सम्पूर्ण ब्रह्माण्ड ही हमारे लिए देवी-देवता है। और यदि ऐसा नहीं है तो निश्चय ही हमारा शरीर स्थायी होता।

पदार्थ विज्ञान अपने प्रत्येक आविष्कार द्वारा यह सिद्ध करता चला गया कि वायु देवता नहीं, विभिन्न गैसों का मिश्रण है, जल देवता नहीं हाइड्रोजन और आक्सीजन का यौगिक है, चन्द्रमा देवता नहीं पृथ्वी का उपग्रह है, मंगल, बृहस्पति इत्यादि देवता नहीं ग्रह हैं इत्यादि। ऐसा सार्वजनिक प्रमाणित रूप से मैं भारत भी मानता हूँ परन्तु क्या पदार्थ विज्ञान यह बता सकता है कि उसे जान लेने मात्र से तथा उसके कुछ प्रभाव पर नियत्रंण प्राप्त हो जाने से उसके पूर्ण प्रभाव से कब तक बचा जा सकता है? हम कभी नहीं बचे और न कभी बच सकते हैं। हमें उससे हारना ही होगा। हमें उससे हारना ही है। हमने उन्हें देवी-देवता रूप में, इस रूप में नहीं देखा था जैसा कि वर्तमान में समझा जाता है। वर्तमान में समझा जाने वाला रूप जो मूर्तियों में दिखाई देता है वह उनके गुणों को प्रदर्शित करता मानवीय रूप में प्रक्षेपण है। क्योंकि मनुष्य या कोई भी प्राणी जब भी अपने ईश्वर की कल्पना करेगा तो वह स्वयं जैसे शरीर से युक्त अनेक गुणों के साथ ही देखेगा। हमने ईश्वर को सिद्वान्त या आदान-प्रदान या परिवर्तन से युक्त शरीर रूप में स्वीकारा था। जो जीवों को व्यक्तिगत या सामूहिक रूप से अनियंत्रित रूप में प्रभावित करती थी चाहे वह लाभकारी हो या हानिकारक। हम भारतीय सगुण मानव शरीर को ईश्वर के व्यक्त अवतार रूप में सिर्फ उसी को मानते हैं। और स्वीकार करते हैं जो सम्पूर्ण ब्रह्माण्ड को एकात्म रूप में स्वीकार करते हुये उसके स्थायित्व के लिए ब्रह्माण्ड और प्रकृति के सिद्धांतानुसार प्रबन्ध नीति स्थापित करता है। और उसका यह विचार सदैव सत्य रूप में विद्यमान रहता है। हम भारतीय ऐसे किसी सगुण मानव शरीर को ईश्वर रूप में स्वीकार नहीं करते जिसकी सीमा मात्र जीव जगत तक ही व्यक्त और एकात्म करने की होती है। क्योंकि ऐसे जीव मानव का विचार एक निश्चित समय तक ही विद्यमान रहकर विलीन हो जाता है। शरीर तो सभी का ही परिवर्तित होना निश्चित है।

पहले संविधान या मनुष्य?

पहले मनुष्य नियम बनाता है, फिर उस नियम से मनुष्य स्वयं चलने अर्थात् निर्मित होने लगता है। जैसे तुम व्यक्तिगत नियम बनाते हो, फिर स्वयं उसी नियम से निर्मित होने लगते हो। यदि तुम नियम बनाने लगते हो तो तुम मनुष्य कहे जाते हो अन्यथा तुम प्रकृति के नियम से निर्मित होने वाले प्रकृति के नियम के ज्ञान से मुक्त पशुमानव हो, क्योंकि पशुओं का कोई नियम नहीं होता उनका सिर्फ स्वभाव होता है। इसी प्रकार जब समाज (व्यक्ति समूह) के लिए नियम बनता है। तो वह संयुक्त मन का नियम होता है जिसे संयुक्त मन से युक्त विशेष मनुष्य बनाते हैं। और फिर बनाने वाले मनुष्य सहित समाज के व्यक्ति उसी नियम से संचालित अर्थात् निर्मित होने लगते हैं। जैसे शासन व्यवस्था के संचालन के लिए सर्वप्रथम संयुक्त मन से युक्त मानवों ने नियम अर्थात् संविधान बनाया, फिर बनाने वाले सहित राज्य के नागरिक उसी नियम अर्थात् संविधान से संचालित अर्थात् निर्मित हो रहे हैं। अब इस नियम से कोई राष्ट्रपति है, कोई प्रधानमंत्री, तो कोई मंत्री, सांसद, विधायक, जिलाधिकारी, कर्मचारी इत्यादि। और जब तक इनके साथ नियम का गुण है तब तक ये हैं। नहीं तो वे मनुष्य, नागरिक है। इस क्रम में हम देखते हैं कि पहले मनुष्य, फिर संयुक्त मन से युक्त विशेष मनुष्य, फिर नियम अर्थात् संविधान है फिर नियम अर्थात् संविधान से विशेष मनुष्य हैं, और फिर अन्त में मनुष्य। उदाहरण रूप में- यदि कोई संविधान से विधायक है तो उसका पुत्र भी विधायक पुत्र कहा जायेगा। और यदि उसका पुत्र आगे बढ़कर मुख्यमंत्री या नीचे गिरकर चोर या कुछ और भी बन गया अर्थात् अपने पिता से अलग दुसरे गुण में चला गया तो वह उस विशेष गुण द्वारा जाना जायेगा। फिर उसके पिता के विधायक होने से नहीं जाना जायेगा।

मैं भी प्रकृति के नियम के ज्ञान से मुक्त पशु मानव था। फिर व्यक्तिगत नियम से युक्त मनुष्य बना, फिर प्रकृति के नियम के ज्ञान से युक्त ज्ञानी मानव बना, फिर व्यक्तिगत प्रमाणित सत्य ज्ञान से युक्तमानव बना,

फिर व्यक्तिगत प्रमाणित सत्य ज्ञान और संयुक्त मन से युक्त मानव बना। फिर व्यक्तिगत प्रमाणित सत्य, व्यक्तिगत प्रमाणित सिद्वान्त और संयुक्त मन से युक्त मानव बना। फिर मैं व्यक्तिगत प्रमाणित सार्वजनिक सत्य, व्यक्तिगत प्रमाणित सिद्धान्त और संयुक्तमन से युक्त मानव बना अन्त में मैं सार्वजनिक प्रमाणित सार्वजनिक सत्य, सार्वजनिक सिद्धान्त और संयुक्त मन से युक्त मानव बना।

इस क्रम में मैं जब व्यक्तिगत प्रमाणित सत्य, व्यक्तिगत प्रमाणित सिद्वान्त और संयुक्त मन से युक्त मानव था, तब समाज की शासन व्यवस्था के संचालन के लिए नियम अर्थात् संविधान निर्माण में सम्पूर्ण ब्रह्माण्ड में व्याप्त प्रकृति अर्थात् स्वभाव को तीन भागों में गुणों के आधार पर विभाजित किया। (1) सत्व गुण- सुख, ज्ञान और प्रकाश का स्वभाव अर्थात् आत्मा और सुक्ष्म बुद्धि अर्थात् मार्गदर्शक और विकास दर्शन। (2) रज गुण - आंकाक्षा, इच्छा, सकाम कर्म का स्वभाव अर्थात् भाव ह्रदय और मन अर्थात् क्रियान्वयन दर्शन (3) तम गुण- अज्ञान, दुःख और अन्धकार का स्वभाव अर्थात् अनात्म, प्राण इन्द्रिय और स्थूल शरीर अर्थात् विनाश दर्शन। इन गुणों के नियम के आधार पर सभी जीव विभाजित किये गये। मनुष्य में चार विभाजन हुए। (1) सत्व गुण प्रधान-ब्राह्मण (2) रज गुण प्रधान-क्षत्रिय (3) रज-तम गुण प्रधान-वैश्य (4) तम गुण प्रधान-शूद्र। और इस नियम को बनाने वाला स्वंय मैं और समाज इसी नियम से निर्मित होने लगा। जिस प्रकार तुम्हारे द्वारा निर्मित संविधान के अनुसार कोई विधायक तभी तक विधायक कहा जा सकता है। जब तक उस नियम का गुण उसके साथ है उसी प्रकार मेरे द्वारा निर्मित संविधान से कोई ब्राह्मण, क्षत्रिय, वैश्य, शूद्र तभी तक कहा जा सकता है। जब तक उस नियम का गुण उसके साथ है। और उसका पुत्र तभी तक ब्राह्मण पुत्र, क्षत्रिय पुत्र, वैश्य पुत्र, या शूद्र पुत्र कहा जा सकता है जब तक कि वह अपने पिता के गुण के अनुसार है। अन्यथा वह अपने गुण के अनुसार ब्राह्मण, क्षत्रिय, वैश्य या शुद्र होगा। क्योंकि पहले मनुष्य है। फिर मनुष्य उस नियम या गुण अनुसार है। अन्त में फिर पुनः मनुष्य है। तुम पहले गुण से नहीं, पहले नियम या गुण के अनुसार उसके पिता मनुष्य को देखते हो और उस अनुसार ही सन्तान को भी देखते चले जाते हो। इसलिए तुम उलझ गये हो। जिस प्रकार संविधान बनाने वाला स्वयं संविधान के अनुसार विभाजित हो गया उसी प्रकार मैं भी मूल मनुष्य में विभाजन कर उसी में से एक हो गया। मूल मानव जाति कौन है? व्यक्तिगत प्रमाणित अदृश्य बीज-सत्य से मत-मतान्तरों का वृक्ष, शाखा, पत्ते, फूल और फल बने और अन्त में सार्वजनिक प्रमाणित दृश्य बीज सिद्धान्त है। यही चक्र है। सभी विवाद-शाखा, पत्ते, फूल और फल में है।

नया, पुराना और वर्तमान

जिस प्रकार वाहन-कार का आविष्कार हुआ। फिर उसका नवीन संस्करण आया, पुनः फिर उसका नवीन संस्करण आया। इस प्रकार नवीनीकृत किया जा रहा है परन्तु हैं सभी कार। इसी प्रकार सत्य का आविष्कार हुआ। फिर उसका नवीन संस्करण आया पुनः फिर उसका नवीन संस्करण आया। इस प्रकार नवीनीकृत किया जा रहा है। परन्तु हैं सभी सत्य। जिस प्रकार वाहन "कार" वर्तमान है उसी प्रकार सत्य भी वर्तमान है सिर्फ उसके व्यवहार में लाने के लिए संस्करण नवीन हो रहे है। नवीन संस्करण की पहचान तभी हो सकती है जब पुराने संस्करण की पहचान हो और उसका ज्ञान हो। अन्यथा वह सब पुराना ही लगेगा या नया ही लगेगा। नवीन संस्करण अधिक व्यावहारिक होता है। इसलिए वह अधिक क्रिया-प्रतिक्रियापूर्ण होता है और यदि क्रिया-प्रतिक्रिया पूर्ण नहीं है तो उसके दो कारण होगें। पहला नवीनत्व के पहचानने का अभाव, दूसरा वह संस्करण नवीन ही नहीं है। "कार" हो या "सत्य" उसका नवीन संस्करण तब तक आता रहेगा जब तक कि वह पूर्ण विकसित और व्यावहारिक रूप को प्राप्त नहीं कर लेता। और सिर्फ वही संस्करण स्थिरता और व्यवहार में रहेगा जो पूर्ण व्यावहारिक और विकसित होगा। शेष विकास के क्रम के इतिहास के रूप में जाने जायेंगे। ऐसा ही होता है।

मुझे (आत्मा) को प्राप्त करने का मार्ग

जब मुझे तुमसे मिलना होता है तो पहले मैं भाव फिर कर्म व्यक्त करता हूँ। तुम भी ऐसा ही करते हो और यदि तुम मुझसे मिलते हो तो पहले मैं कर्म फिर भाव द्वारा तुम्हें देखता है। यदि तुम मुझे प्राप्त करना चाहते हो तो मेरे लिए कर्म करो। तुम पहले भाव देखते हो, मैं पहले कर्म देखता हूँ यही तुममें और मुझमें अन्तर है।

प्राथमिकता किसकी- चरित्र की या सार्वभौम सत्य-सिद्धान्त की?

चरित्र को प्राथमिकता देने से सार्वभौम सत्य-सिद्धान्त की अवनति होती है। सार्वभौम सत्य-सिद्धान्त को प्राथमिकता देने से चरित्र समाज का दर्पण बन समाज को ही प्रक्षेपित हो जाता है। वर्तमान समय को सार्वभौम सत्य-सिद्धान्त की प्राथमिकता की आवश्यकता है चरित्र की प्राथमिकता उसके बाद आयेगी। श्रीकृष्ण, सार्वभौम सत्य-सिद्धान्त को प्राथमिकता देते थे। इसलिए ही उनका जीवन और मन समाज का दर्पण था और उनकी हिंसा, अहिंसा थी। परिणास्वरूप कहते हैं- 'तेरा मन दर्पण कहलाये तू देखे और दिखाये' अर्थात् तू कर्ता भी है और द्रष्टा भी है।

व्यक्त होने का कारण और व्यक्त होने में कष्ट

तपोभूमि भारत में निवास कर रहे देवताओं, यज्ञों की आहूतियों, ग्रहों के सम्मिलन, पूर्ण सूर्य एवं चन्द्र ग्रहण, पूर्वजन्म के संकल्प, सार्वभौम सत्य-सिद्धान्त की आवश्यकता, कर्म ज्ञान की भूख, समय की आवश्यकता, विश्वचिन्तकों की चिन्ता, मानवता के प्रति उठता दर्द, शहीदों की वर्तमान भारत पर रोती आत्माएँ, माताओं और विधवाओं के आँसू जिनके अपने भारत के लिए अपने खून बहाये, दलितों-मजदूरों जो शोषित होते हुए भी अपने खून-पसीने से भारत की इमारत को खड़ा किया, शान्ति के लिए परमाणु बम का विस्फोट, आधुनिक अस्त्र अर्थात् कानून और नीति से विश्व शक्ति का आक्रमण, सेवकों का सेवाभाव, सखा और सखियों का असीम प्रेम, और इन सभी के साथ सम्पूर्ण विश्व सहित ब्रह्माण्ड के प्रति मेरा एकात्म प्रेम। ये ही मेरी शक्ति है। जिनके बल पर मैं- सार्वभौम आत्मा व्यक्त हुआ हूँ। यदि ऐसा नहीं होता तो मैं भी तुम्हारी तरह अव्यक्त ही रहता। यह केवल मैं और सिर्फ मैं ही समझ सकता हूँ कि सभी मत-मतान्तर, अनेकों उपनिषद के एकीकरण और ऐकेश्वर की स्थापना सहित व्यक्तिगण प्रमाणित सार्वभौम आत्मा को प्रमाणित करने के लिए श्रीकृष्ण को योगेश्वर श्रीकृष्ण के रूप में व्यक्त होने में कितना सामाजिक व्यवधान उठाना पड़ा जबकि व्यक्तिगत कष्ट उन्हें नहीं के बराबर था। क्योंकि वे सार्वजनिक इच्छा पर व्यक्त हुए थे। और सिर्फ मैं ही यह समझ सकता हूँ कि सम्पूर्ण और अन्तिम वैश्विक एकीकरण तथा ऐकेश्वर की स्थापना सहित आत्मा को सार्वजनिक प्रमाणित करने के लिए मुझे भोगेश्वर विश्वमानव के रूप में व्यक्त होने में कितना व्यक्तिगत व्यवधान उठाना पड़ा जबकि सार्वजनिक कष्ट नहीं के बराबर था क्योंकि मैं व्यक्तिगत इच्छा पर व्यक्त हुआ हूँ। कृष्ण रूप में अन्त में मैंनें परिणाम को प्राप्त किया था परन्तु विश्वमानव रूप में सर्वप्रथम मैं परिणाम को प्राप्त करूगाँ।

कालजयी, जीवन और व्यर्थ साहित्य

सम्पूर्ण जगत् का सत्य-एकात्म की व्याख्या करने वाला प्रत्येक साहित्य कालजयी साहित्य कहलाता है। जो सत्य ज्ञान, आत्म ज्ञान, एकात्म ज्ञान, ब्रह्माण्डीय एकात्म, मानवीय एकात्म, समभाव की ओर प्रेरित करता है। जबकि सम्पूर्ण जगत् का सैद्धान्तिक सत्य-एकात्म सिद्धान्त की व्याख्या करने वाला प्रत्येक साहित्य जीवन साहित्य कहलाता है। जो सिद्धान्त ज्ञान, एकात्म कर्मज्ञान, ब्रह्माण्डीय कर्मज्ञान, मानवीय एकात्म कर्मज्ञान, एकात्म कर्मभाव की ओर प्रेरित करता है। कालजयी साहित्य अनेक हो सकता है। परन्तु जीवन साहित्य सिर्फ एक ही हो सकता है। जीवन साहित्य कालजयी साहित्य होता है। परन्तु कालजयी साहित्य आवश्यक नहीं कि वह जीवन साहित्य हो। कालजयी का अर्थ है- जो देश काल से मुक्त, सार्वकालिक, सर्वव्यापी, सर्वग्राही, सर्वमान्य, सार्वजनिक ज्ञान हो।

जीवन का अर्थ है- जो देश काल से मुक्त, सर्वकालिक, सर्वव्यापी, सर्वग्राही, सर्वमान्य, सार्वजनिक क्रियाकलाप हो। कालजयी साहित्य का उदाहरण- वेद उपनिषद्, संतों का साहित्य इत्यादि है तो जीवन साहित्य का उदाहरण व्यक्तिगत प्रमाणित "विश्वशास्त्र -गीता" तथा व्यक्तिगत प्रमाणित "विश्वशास्त्र -गीता" समाहित सार्वजनिक प्रमाणित कर्मवेद : प्रथम अन्तिम तथा पंचमवेद एवं मन का विश्वमानक समाहित "विश्वशास्त्र" है इसलिए कर्मवेदीय साहित्य को मात्र कालजयी साहित्य सम्बोधित कर नजर अन्दाज कर देना सत्य नहीं है और न ही उसके सत्य अर्थ को समझना है। ऐसा साहित्य जो न तो कालजयी है और न ही जीवन साहित्य है - व्यर्थ साहित्य या देश काल बद्ध साहित्य कहलाता है।

भाग्य और कर्म

भाग्य, किसी कार्य के परिणाम को प्राप्त हो जाने पर उसके परिणाम से निर्धारित होने वाला विषय है, जबकि कर्म परिणाम को प्राप्त करने की क्रिया है। आलसी, कामचोर, इच्छाहीन भाव, पहले ही हार मानकर बैठे व्यक्तियों का कर्म से बचने के लिए भाग्य प्राथमिक औजार है। जबकि पुरूषार्थी, जागरूक, आत्मबली, जीत के लिए सतत् प्रयत्नशील और आसानी से हार न मानने वाले व्यक्तियों के लिए कर्म प्राथमिक औजार है। उदाहरण स्वरूप- प्रत्येक वर्तमान व इतिहास में व्यक्त महापुरूष को परिणाम रूप में देख कामचोर उन्हें भाग्य का तेज मानकर कर्म से अपना पीछा छुड़ा लेते हैं। जबकि पुरूषार्थी उन्हें सतत् कर्म और संघर्ष की प्रक्रिया के फलस्वरूप व्यक्त होने के उदाहरण स्वरूप मानकर कर्मशील रहते हैं। भाग्यवादियों का भाग्य अन्य प्रभावी तत्व आसानी से परिवर्तित कर सकता है अर्थात् भाग्यवादियों का भाग्य अन्य के अधीन होता है। जबकि पुरूषार्थी का भाग्य स्वयं उनके अधीन होता है। इसलिए पुरूषार्थियों का भाग्य अन्य प्रभावी तत्व आसानी से परिवर्तित नहीं कर सकते।

सफलता की सरल और कालानुसार विधि

स्वयं को विलीन अर्थात् स्व या अहंकार को भुलाकर अपने रुचि के विषय क्षेत्र की वैश्विक स्थिति के अनुसार किसी भी प्रकार वैधानिक मार्ग से स्वयं का निर्माण अर्थात् योग्य बनाकर उससे जोड़ देना सफलता का सरल और कालानुसार विधि है।

ध्यान अभ्यास की कालानुसार विधि

जब तू भी ईश्वर, मैं भी ईश्वर अर्थात् सभी ईश्वर। तब स्वयं अपने आप की पूरी तस्वीर अपने समक्ष रख मन को एकाग्र कर यह चिंतन करना कि- 'मैं इस शरीर से कैसे-कैसे विभिन्न प्रकार के कर्म कर रहा हूँ, ध्यान अभ्यास की सरल विधि है। अभ्यास होने के उपरान्त ध्यान के कालानुसार विषय पर चिंतन, मन को एकाग्र कर करना ध्यान की सर्वोच्च, सर्वोत्तम और कालानुसार विधि है।

अवतार, महापुरूष और साधारण मानव

विश्व को कालानुसार एकात्म करने के लिए सार्वभौम सत्य-सिद्धान्त से युक्त होकर संसार में सिर्फ कर्म करने के लिए ही अवतार का अवतरण होता है। जबकि महापुरूष, एकात्म होने के लिए कर्म अर्थात् पुरूषार्थ द्वारा सार्वभौम सत्य-सिद्धान्त तक पहुँचता है। दूसरे रूप में अवतार की गति उपर से नीचे अर्थात् मूल बीज सार्वभौम सत्य-सिद्धान्त से शाखा संसार की ओर होती है जबकि महापुरूष की गति नीचे से उपर अर्थात् शाखा संसार से मूलबीज सार्वभौम सत्य-सिद्धान्त की ओर होती है। साधारण मानव में आत्मा का अस्तित्व होते हुये भी वह प्रकाशित या जागृत अवस्था में नहीं होता अर्थात् उसकी गति या तो यथावत् अपने स्तर पर होती है या शाखा संसार से भी नीचे फूल और फल अर्थात् परिणाम को प्राप्त अर्थात् पतन की ओर। शारीरिक रूप में अवतार, महापुरूष और साधारण मानव का शरीर समान रूप से मानवीय शरीर होता है परन्तु अवतार का शरीर ब्रह्माण्ड समर्पित, महापुरूष का

शरीर समाज समर्पित तथा साधारण मानव का शरीर जीव समर्पित होता है। अवतार अपने अवतारी श्रृंखला की अगली कड़ी तथा अवतारी सार्वभौम सत्य-सिद्वान्त से युक्त महापुरूष के पुनर्जन्म का संयुक्त रूप होता है जबकि महापुरूष सिर्फ पुनर्जन्म के रूप से युक्त उध्वगामी तथा साधारण मानव सिर्फ पुनर्जन्म के रूप में निम्नगामी होता है।

मनुष्य जीवन के प्रकार

ऐसा मनुष्य जीवन जो अपने जीवन काल की अवधि में समाज और व्यक्ति के शारीरिक, आर्थिक और मानसिक कल्याणार्थ देश काल मुक्त योगदान दे जाता है, सकारात्मक मनुष्य जीवन कहलाता है। जबकि इसके विपरीत ऐसा मनुष्य जीवन जो अपने जीवन की अवधि में अपने कल्याणार्थ समाज और व्यक्ति से शारीरिक, आर्थिक व मानसिक देश काल मुक्त योगदान ले जाता है, नकारात्मक मनुष्य जीवन कहलाता है। सत्य और चरित्र की प्रधानता पर आधारित देश काल मुक्त मनुष्य जीवन, मानक मनुष्य जीवन तथा सार्वभौम सत्य और सिद्धान्त की प्रधानता पर आधारित देश काल मुक्त मनुष्य जीवन, दर्पण जीवन कहलाता है। जबकि ऐसा देश काल बद्ध मनुष्य जीवन जो उपरोक्त में से कोई भी न हो तो वह मनुष्य जीवन व्यर्थ मनुष्य जीवन कहलाता है। प्रत्येक पूर्णावतार का जीवन, मानक जीवन और दर्पण जीवन का मिश्रित रूप होता है। जैसे व्यक्तिगत प्रमाणित अदृश्य सत्य और चरित्र से युक्त आर्दश व्यक्ति का मानक जीवन तथा उस काल का मनुष्य जीवन के दर्पण रूप का मिश्रित जीवन ब्रह्मा के पूर्णावतार श्रीराम का जीवन। व्यक्तिगत प्रमाणित दृश्य सार्वभौम सत्य और सिद्धान्त से युक्त आर्दश सामाजिक व्यक्ति का मानक जीवन तथा उस काल के मनुष्य जीवन के दर्पण रूप का मिश्रित जीवन विष्णु के पूर्णावतार श्रीकृष्ण का जीवन। सार्वजनिक प्रमाणित दृश्य सार्वभौम सत्य और सिद्धान्त से युक्त आर्दश वैश्विक व्यक्ति का मानक जीवन तथा उस काल के मनुष्य जीवन के दर्पण रूप का मिश्रित जीवन, शिव-शंकर के पूर्णावतार विश्वमानव का जीवन। पूर्णावतारों के जीवन में मानक जीवन और दर्पण जीवन के मिश्रित होने के कारण अन्य मानव अवतारों के जीवन के सत्य अर्थ और रूप को समझ नहीं पाते हैं जबकि उन्हें इस प्रकार समझना चाहिए, जो धर्म स्थापना करता है वह सार्वभौम सत्य-सिद्धान्त की प्राथमिकता वाला दर्पण जीवन का रूप तथा जो भाव द्वारा व्यवहार करता है, वह सत्य चरित्र की प्राथमिकता वाला मानव जीवन का रूप होता है। अन्तिम पूर्णावतार विश्वमानव द्वारा मानक जीवन अर्थात् आर्दश वैश्विक मानव का सत्यरूप स्वयं से अलग इसलिए ही किया गया है। जिससें मानव अपने मानव जीवन को स्पष्ट रुप से पहचान सकें। पूर्णावतार वास्ताविक जीवन का अभिनेता मात्र होता है। इसलिए वह प्रत्येक क्रियाकलापों में होते हुये भी नहीं होता।

गुरू के प्रकार

गुरू अर्थात् मार्गदर्शक। ऐसा गुरू जो एकात्म सार्वभौम सत्य-सिद्धान्त से जोड़ने अर्थात् योग कराने की ओर प्रेरित करता हो सकारात्मक गुरू कहलाता। तथा ऐसा गुरू जो अनेकात्म या अलगाववाद से योग कराने की ओर प्रेरित करता है नकारात्मक गुरू कहलाता। जबकि ऐसा गुरू जो स्वयं से अपने स्वार्थ हित के लिए योग कराने के लिए प्रेरित करता है आडम्बरी अर्थात् मानसिक गुलामी दाता गुरू कहलाता है।

ऐसा गुरू जो व्यक्ति के व्यक्तिगत मन को व्यक्तिगत रूप से एकात्म सार्वभौम सत्य-सिद्धान्त से योग कराने की ओर प्रेरित करता है, सकारात्मक व्यक्तिगत प्रमाणित व्यष्टि अदृश्य गुरू कहलाता है। तथा ऐसा गुरू जो व्यक्ति के व्यक्तिगत मन को सार्वजनिक रूप से सार्वभौम एकात्म सत्य-सिद्वान्त से योग कराने की ओर प्रेरित करता है सकारात्मक व्यक्तिगत प्रमाणित व्यष्टि दृश्य गुरू कहलाता है। ऐसा गुरू जो व्यक्ति और शासन के संयुक्त मन को व्यक्तिगत रूप से एकात्म सार्वभौम सत्य-सिद्धान्त से योग कराने की ओर प्रेरित करता है सकारात्मक सार्वजनिक प्रमाणित समष्टि अदृश्य गुरू कहलाता है। तथा ऐसा गुरू जो व्यक्ति और शासन के संयुक्त मन को सार्वजनिक रूप से एकात्म सार्वभौम सत्य-सिद्वान्त से योग कराने की ओर प्रेरित करता है सकारात्मक सार्वजनिक प्रमाणित समष्टि दृश्य गुरू कहलाता है।

इसी प्रकार नकारात्मक गुरू के भी नकारात्मक व्यक्तिगत प्रमाणित व्यष्टि अदृश्य, नकारात्मक व्यक्तिगत प्रमाणित व्यष्टि दृश्य, नकारात्मक सार्वजनिक प्रमाणित समष्टि अदृश्य तथा नकारात्मक सार्वजनिक प्रमाणित समष्टि दृश्य रूप होते हैं।

आडम्बरी अर्थात् मानसिक गुलामी दाता गुरू अधिकतम रूप से व्यक्ति तक ही सीमित रहकर सक्रिय रहते है क्योंकि इनके स्वार्थ तुच्छ प्रकार के व्यक्तिगत ही होते हैं।

प्रत्येक अवतार सकारात्मक समष्टि गुरू का रूप तथा महापुरूष सकारात्मक व्यष्टि गुरू का रूप होता है। जब-जब समाज में सकारात्मक समष्टि गुरू का पूर्ण अभाव होता है तब-तब अवतार रूप में सकारात्मक समष्टि गुरू का अवतार होता है तथा सम्पूर्ण समष्टि कालानुसार सार्वभौम सत्य-सिद्धान्त और संयुक्त मन से युक्त हो वर्तमान हो जाती है।

व्यक्तिवाद और मानवतावाद

एक व्यक्ति स्वयं को सिर्फ एक आत्मा समझ सकता है। दूसरा कोई अन्य व्यक्ति सम्पूर्ण ब्रह्माण्ड में व्याप्त सार्वभौम आत्मा के रुप में स्वयं को समझ सकता है। पहला निम्न स्तर है तो दूसरा सर्वोच्च और अन्तिम स्तर है। पहला व्यक्तिवाद का प्रतीक तो दूसरा समाजवाद-मानवतावाद का प्रतीक है। दोनों विचार अपने-अपने अधिपत्य के लिए लम्बे अवधि से संघर्ष करते चले आ रहे हैं और शायद यह आगे भी चलता रहेगा। क्योंकि यही उत्थान-पतन के मार्ग से विकास की क्रमबद्ध श्रृंखला का मूल कारण है।

दोनों विचारधाराओं के अपने-अपने गुण हैं व्यक्तिवाद व्यक्ति अपने अधिनस्थ ही सभी को देखना चाहता है तो वहीं मानवतावादी मनुष्य सभी के मूल में स्थित होकर भी सभी को अपनी-अपनी सत्ता प्राप्ति के लिए प्रेरित करता है। न कि अपने अधीन रखना चाहता है। व्यक्तिवादी अपने अधीनस्त व्यक्तियों को अभावग्रस्त रखकर अपनी महत्ता बताना चाहता है तो समाजवादी व्यक्ति सभी को विकास का मार्ग उपलब्ध कराकर अपनी महत्ता सिद्ध करता है। इतिहास और हमारे हिन्दू धर्म के धर्म शास्त्र इस बात के प्रमाण हैं कि कभी भी व्यक्तिवादी व्यक्तियों को सम्मानजनक रुप में नहीं देखा गया जबकि समाजवादी-मानवतावादी व्यक्तियों को अनेक बाधाओं से लड़ने के बावजूद भी सम्मानजनक स्थान प्राप्त है। दूसरे रुप में समाजवादी-मानवतावादी व्यक्तियों की अमरता की गारन्टी होती है। तथा व्यक्तिवादी व्यक्तियों की यादें उनके जीवन काल तक ही सीमित रहती है। समाजवादी-मानवतावादी व्यक्तियों से सम्बन्ध व उनके जीवन कथा से जुड़ जाना एक बुद्धिमता का कार्य होता है। क्योंकि ये मानव समाज के बीच अमरता प्राप्ति के श्रोत होते हैं। राम, कृष्ण, बुद्ध, स्वामी विवेकानन्द इत्यादि तो मूल नायक हैं उनके साथ जुड़े अन्य व्यक्ति तो अनायास ही आज भी याद किये जाते हैं।

आने वाला समय समाजवादी, मानवतावादी, समन्वयवादी, सार्वभौमवादी व्यक्तियों का है क्योंकि व्यक्तिवादी विचारधारा अब आतंकवाद का रुप लेकर विश्व समाज के समक्ष व्यक्त हो चुका है विवशतापूर्वक विश्व को मानवतावादी बनना ही पड़ेगा। सार्वभौम आत्मा के रुप में स्वयं को समझने का सबसे बड़ा लाभ यह है कि व्यक्ति सभी तन्त्रों से परिचित हो जाता है। परिणामस्वरुप उसके सामने अनेक मार्ग होते हैं जिसमें से आवश्यकतानुसार किसी भी मार्ग को चुन सकता है फिर उसे विवश करने वाला कोई नहीं बचता परन्तु विवश करने के लिए व्यक्ति प्रयत्न करते रहते हैं यह व्यक्तिवादी व्यक्तियों का भ्रम होता है कि वे मानवतावादियों को विवश कर देंगे। परिणाम उल्टा होता है व्यक्तिवादी त्याग के पात्र हो जाते हैं।

विश्वरूप एवं दिव्यरूप

"दिव्य" का अर्थ सीधा सा प्राकृतिक रूप अर्थात् "जैसा है ठीक वैसा ही" है तथा "दिव्य दृष्टि" का अर्थ सर्वग्रासिनी या बहुआयामी (मल्टी-डाइमेन्सनल) दृष्टि होता है। किसी भी वस्तु को एक दिशा से देखकर उसके वास्तविक रूप लम्बाई, चौड़ाई, ऊँचाई इत्यादि के साथ नहीं देख सकते। हम सभी अपनी आँखों से ही आँखों या पूरे शरीर को नहीं देख सकते। उसके लिए हमें दर्पण की आवश्यकता पड़ती है अर्थात् स्वयं से बाहर आकर ही पूरे

को देखना सम्भव हो पाता है। इसी प्रकार पृथ्वी को देखने के लिए हमें पृथ्वी से बाहर जाना पड़ता है और सारी पृथ्वी के विकास के चिन्तन के लिए मन को पृथ्वी से बाहर ले जाना पड़ता है। "विश्वशास्त्र" ऐसे ही मन की स्थिति का परिणाम है। वर्तमान और भविष्य के समय के लिए सबसे सत्य दृष्टि तो यही है -"एक गुण से देखना दृष्टि है, अनेक गुणों से एक साथ देखना दिव्य दृष्टि है, सिर्फ विद्वता को देखना दृष्टि दोष है और जो मन कर्म में न बदले, वह मन नहीं और व्यक्ति का अपना स्वरूप नहीं।"

तीनों देवताओं ब्रह्मा, विष्णु और शिव-शंकर के मूल गुणों के आधार पर उनके वास्तविक रुप अर्थात् चार वेदों को व्यक्त करने वाले चार मुखों से युक्त सृष्टिकर्ता ब्रह्मा का रुप, चार भुजाओं से युक्त पालनकर्ता विष्णु का रुप तथा ब्रह्मा और विष्णु समाहित पाँचों वेदों को व्यक्त करने वाले पाँच मुखों से युक्त कल्याणकर्ता शिव-शंकर का अन्तिम रुप, तीनों देवताओं का दिव्यरुप कहलाता है।

जबकि ईश्वर या आत्मा या परमात्मा के व्यक्तिगत प्रमाणित सर्वव्यापी सत्य-आत्मा रुप को व्यक्तिगत प्रमाणित विश्वरुप तथा सार्वजनिक प्रमाणित सर्वव्यापी सिद्धान्त रुप को अन्तिम सार्वजनिक प्रमाणित विश्वरुप कहते हैं। ईश्वर या परमात्मा या आत्मा के पूर्णावतार के साकार रुप से विष्णु और शिव-शंकर के दिव्यरुप सहित सार्वजनिक प्रमाणित विश्वरुप का संयुक्त रुप व्यक्त होगा। इसलिए ही विष्णु और शिव-शंकर को एक दूसरे का रुप कहा गया है।

कार्य की प्रथम शाखा अर्थात् भुजा- कालानुसार व्यक्तिगत और संयुक्त विचारों-दर्शनों से युक्त अर्थात् सुदर्शन चक्र, जिससे निम्न और संकीर्ण विचारों का परिवर्तन या वध होता है। दूसरी भुजा- उद्घोष अर्थात् शंख जिससे चुनौति दी जाती है। तीसरी भुजा- रक्षार्थ अर्थात् गदा जिससे आत्मीय स्वजनों की रक्षा की जाती है। चौथी और अन्तिम भुजा- निर्लिप्त अर्थात् कमल जिससे सांसारिकता और असुरी गुणों से मुक्त समाज में आश्रय पाना आसान होता है क्योंकि सांसारिकता और असुरी गुणों से युक्त व्यक्ति अपने अहंकारी दृष्टि से ही देखते हैं। परिणामस्वरुप अच्छे विचार को सुरक्षित विकास का अवसर प्राप्त होता है। इन सभी गुणों से युक्त हो शक्तिशाली और तीव्र वेग अर्थात् गरुड़ पक्षी रुपी वाहन से व्यक्त होना, ये ही पालनकर्ता विष्णु के मूल लक्षण हैं जिससे वे समाज में व्यक्त हो संसार का पालन करते हैं।

तीसरे नेत्र की दृष्टि सम्पूर्ण ब्रह्माण्ड में व्याप्त कर्मज्ञान की दृष्टि है। कर्मज्ञान की दृष्टि ही रचनात्मक विकास दर्शन की दृष्टि होती है। जो सभी प्रकार के विचार के उपर स्वयं को स्थापित कर लेता है। किसी भी व्यक्ति (व्यष्टि मन), संस्था (समष्टि मन) और भौगोलिक क्षेत्र के लिए कमी के पूर्ति हेतु रचनात्मक योजना बनाना, स्वयं की सर्वोच्चता स्थापित करते हुये अन्य को भस्म कर देने जैसा ही होता है। यही पाँचवाँ वेद : कर्मवेद कहलाता है जो चारों वेदों को भी अपने में समाहित किये रहता है। शिव-शंकर, इसी से संसार की सृष्टि-पालन और संहार करते हैं।

ऋषि और ऋषि परम्परा

मुनि, योगी, सन्त अथवा कवि का दूसरा नाम ऋषि है। ऋषि शब्द की व्युत्पत्ति ऋक्ष (रीक्ष) है क्योंकि वह भी मुनि के भाँति पर्वत गुफा में व्यतीत करता है। सप्तर्षि आकाश में है और हमारे कपाल में भी। ऋषि आकाश, अन्तरिक्ष और शरीर तीनों में होते हैं।

त्रेता युग के प्रारम्भ में मारीचि कश्यप हुए हैं (वायु पुराण, 6.43)। सम्पूर्ण मानव जाति के आदि पुरूष कूर्म कश्यप अत्यन्त पुरातन काल में विद्यमान थे। कश्यप ऋषि प्राचीन वैदिक ऋषियों में प्रमुख ऋषि हैं जिनका उल्लेख एक बार ऋग्वेद में हुआ है। अन्य संहिताओं में भी यह नाम बहुप्रयुक्त है। इन्हें सर्वदा धार्मिक एवं रहस्यात्मक चरित्र वाला बतलाया गया है एवं अतिप्राचीन कहा गया है। एक बार समस्त पृथ्वी पर विजय प्राप्त कर परशुराम ने वह कश्यप मुनि को दान कर दी। कश्यप मुनि ने कहा-"अब तुम मेरे देश में मत रहो।" अतः गुरु की आज्ञा का पालन करते हुए परशुराम ने रात को पृथ्वी पर न रहने का संकल्प किया। वे प्रति रात्रि में मन के समान तीव्र गमनशक्ति से महेंद्र पर्वत पर जाने लगे। ऐतरेय ब्राह्मण के अनुसार उन्होंने विश्वकर्मभौवन नामक राजा का

अभिषेक कराया था। ऐतरेय ब्राह्मणों ने कश्यपों का सम्बन्ध जनमेजय से बताया गया है। शतपथ ब्राह्मण में प्रजापति को कश्यप कहा गया है।

"स यत्कुर्मो नाम। प्रजापतिः प्रजा असृजत। यदसृजत् अकरोत् तद् यदकरोत् तस्मात् कूर्मः कश्यपो वै कूर्म्स्तस्मादाहुः सर्वाः प्रजाः कश्यपः"

वैदिक काल में ऋषियों का वर्णन आया है। कुछ को छोड़कर सभी ऋषि परिवार वाले थे। वैदिक काल के ऋषि दार्शनिक, विद्वान, योद्धा एवं कृषक तीनों थे। ऋचाओं को लिखने वाले ऋषियों को देवर्षि की संज्ञा प्राप्त थी। प्राचीन ऋषियों में बहुत से ऋषि, राजर्षि से ब्रह्मर्षि हो गये तथा ब्रह्मर्षि से राजर्षि भी हुए लेकिन इनकी संख्या कम है। आरम्भ में ब्राह्मण कोई जाति नहीं थी बल्कि यह विद्यापीठ था। यही कारण है कि अनेक राजर्षि, ब्रह्मर्षि उपाधि प्राप्त किये। यही नहीं प्राचीन वंशावली में भी सूर्य के 12 पुत्रों में बहुत से अग्निहोत्र करने के कारण ब्राह्मण की उपाधि धारण किये। सूर्य के पुत्र वरूण से ही ब्रह्म वंश चला जिसमें भृगु, वशिष्ठ, वाल्मिकि, जमदग्नि, पुलस्त्य थे जबकि ब्रह्म वंशीय भी विशुद्ध सूर्यवंशीय ही हैं। केवल अग्निहोत्र करने के कारण ही ये ब्राह्मण कहलाये।

ऋषियों द्वारा संतुलित जीवन और संतुलित समाज के लिए दी गयी व्यवस्था निम्नवत् है-

01. शरीर की अवस्था-आश्रम के मानक का निम्न रूप है-

1. ब्रह्मचर्य आश्रम -5 से 25 वर्ष उम्र तक - ज्ञान-विज्ञान-तकनीकी शिक्षा तथा व्यवहार।
2. गृहस्थ आश्रम -26 से 50 वर्ष उम्र तक - पारिवारिक जीवन में ज्ञान युक्त कर्तव्य और दायित्व।
3. वानप्रस्थ आश्रम -51 से 75 वर्ष उम्र तक - मांगें जाने पर अपने अनुभव से परिवार व समाज का मार्गदर्शन।
4. सन्यास आश्रम -76 से शरीर त्याग तक - आत्मा में स्थित होकर ब्रह्माण्डीय दायित्व व कर्तव्य।

02. कर्म की अवस्था-वर्ण के मानक का निम्नरूप है-

1. ब्राह्मण वर्ण - सूक्ष्म बुद्धि व आत्मा में स्थित हो धर्म से कार्य।
2. क्षत्रिय वर्ण - भाव व मन में स्थित हो बल से कार्य।
3. वैश्य वर्ण - इन्द्रिय व प्राण में स्थित हो धन से कार्य।
4. शूद्र वर्ण - शरीर में स्थित हो शरीर से कार्य।

03. पुरूषार्थ के मानक का निम्नरूप है-

प्रायः मनुष्य के लिये वेदों में चार पुरुषार्थों का नाम लिया गया है – धर्म, अर्थ, काम और मोक्ष इसलिए इन्हें "पुरुषार्थचतुष्टय" भी कहते हैं। महर्षि मनु पुरुषार्थ चतुष्टय के प्रतिपादक हैं।

1. **धर्म** - प्राचीन काल में ही भारतीय मनीषियों ने धर्म को वैज्ञानिक ढंग से समझने का प्रयत्न किया था। धर्म का विवेचन करते समय समझाया गया है कि धर्म वह है जिससे अभ्युदय और निःश्रेयस की सिद्धि हो-

यतो अभ्युदयनिःश्रेयससिद्धिः स धर्मः।

(कणाद, वैशेषिकसूत्र, १.१.२)

"अभ्युदय" से लौकिक उन्नति का तथा "निःश्रेयस" से पारलौकिक उन्नति एवं कल्याण का बोध होता है। अर्थात जीवन के ऐहिक और पारलौकिक दोनों पक्षों से धर्म को जोड़ा गया था। धर्म की इससे अधिक उदार परिभाषा और क्या हो सकती है? धर्म शब्द का अर्थ अत्यन्त गहन और विशाल है। इसके अन्तर्गत मानव जीवन के उच्चतम विकास के साधनों और नियमों का समावेश होता है।

धर्म कोई उपासना पद्धति न होकर एक विराट और विलक्षण जीवन-पद्धति है। यह दिखावा नहीं, दर्शन है। यह प्रदर्शन नहीं, प्रयोग है। यह चिकित्सा है मनुष्य को आधि, व्याधि, उपाधि से मुक्त कर सार्थक जीवन तक पहुँचाने की। यह स्वयं द्वारा स्वयं की खोज है। धर्म, ज्ञान और आचरण की खिड़की खोलता है। धर्म, आदमी को पशुता से मानवता की ओर प्रेरित करता है। अनुशासन के अनुसार चलना धर्म है। हृदय की पवित्रता ही धर्म का वास्तविक स्वरूप है। धर्म का सार जीवन में संयम का होना है।

2. **अर्थ-** मनुष्याणां वृत्तिः अर्थः । (कौटिल्यीय अर्थशास्त्र)

अर्थात जो भी विचार और क्रियाएं भौतिक जीवन से संबंधित है उन्हें "अर्थ" की संज्ञा दी गयी है। धर्म के बाद दूसरा स्थान अर्थ का है। अर्थ के बिना, धन के बिना संसार का कार्य चल ही नहीं सकता। जीवन की प्रगति का आधार ही धन है। उद्योग-धंधे, व्यापार, कृषि आदि सभी कार्यों के निमित्त धन की आवश्यकता होती है। यही नहीं, धार्मिक कार्यों, प्रचार, अनुष्ठान आदि सभी धन के बल पर ही चलते हैं। अर्थोपार्जन मनुष्य का पवित्र कर्त्तव्य हैं। इसी से वह प्रकृति की विपुल संपदा का अपने और सारे समाज के लिए प्रयोग भी कर सकता है और उसे संवर्द्धित व संपुष्ट भी। पर इसके लिए धर्माचरण का ठोस आधार आवश्यक है। धर्म से विमुख होकर अर्थोपार्जन में संलग्न मनुष्य एक ओर तो प्राकृतिक सम्पदा का विवेकहीन दोहन करके संसार के पर्यावरण संतुलत को नष्ट करता है और दूसरी ओर अपने क्षणिक लाभ से दिग्भ्रमित होकर अपने व समाज के लिए अनेकानेक रोगों व कष्टों को जन्म देता है। धर्म ने ही हमें यह मार्ग सुझाया है कि प्रकृति से, समाज से हमने जितना लिया है, अर्थोपार्जन करते हुए उससे अधिक वापस करने को सदैव प्रयासरत रहें।

शास्त्रों ने अर्थ को मानव की सुख-सुविधाओं का मूल माना है। धर्म का भी मूल, अर्थ है (चाणक्यसूत्र १/२) । सुख प्राप्त करने के लिए सभी अर्थ की कामना करते हैं। इसलिए आचार्य कौटिल्य त्रिवर्ग में अर्थ को प्रधान मानते हुए इसे धर्म और काम का मूल कहा है। भूमि, धन, पशु, मित्र, विद्या, कला व कृषि सभी अर्थ की श्रेणी में आते हैं। इनकी संख्या निश्चित करना सम्भव नहीं है क्योंकि यह मानव जीवन की आवश्यकताओं पर निर्भर करती है। मनुष्य स्वभावतः कामना प्रधान होता है, यह कहना भी गलत नहीं होगा वह कामनामय होता है। इन सभी कामनाओं की पूर्ति का एक मात्र साधन अर्थ है। आचार्य वात्स्यायन "अर्थ" को परिभाषित करते हुए विद्या, सोना, चांदी, धन, धान्य गृहस्थी का सामान, मित्र का अर्जन एवं जो कुछ प्राप्त हुआ है या अर्जित हुआ है उसका वर्धन सब अर्थ है। (विद्या भूमि हिरण्य पशुधान्य भाण्डोपस्कर मित्रादि नामार्जन मर्जितस्य विवर्धनमर्थः।)

3. **काम-** महर्षि वात्स्यायन के अनुसार-

श्रोत्रत्वक्चक्षुर्जिह्वा घ्राणानामात्म संयुक्ते नमन साधिष्ठितानां स्वेषु स्वेषु विषयेष्जानुकूल्यतः प्रवृतिः कामः।
स्पर्शविशेषविषयात्तवस्यामिमानिकसुखानुविद्धा।
फलवत्यर्थप्रलीतिःप्राधान्यात्कामःतंकामसूत्रान्नगरिकजनसमवियच्च प्रतिपद्येत।
एषां समवाये पूर्वः पूर्वो मरियान् अर्थस्व राज्ञः। तन्मूलवाल्लोकयात्रायाः। वेश्यायाश्वेतित्रिवर्गप्रतिपत्तिः।

अर्थात् काम ज्ञान के माध्यमों का उल्लेख करते हुये कहा गया है कि आत्मा से संयुक्त मन से अधिष्ठित तत्व, चक्षु, जिव्हा, तथा ध्राण तथा इन्द्रियों के साथ अपने अपने विषय - शब्द, स्पर्श, रूप, रस, तथा गंध में अनुकूल रूप से प्रवृत्ति "काम" है। इसके अलावा स्पर्श से प्राप्त अभिमानिक सुख के साथ अनुबद्ध फलव्रत अर्थ प्रीतति काम कहलाता है। इसके अलावा अर्थ, धर्म तथा काम की तुलनात्मक श्रेष्ठता का प्रतिपादन करते हुये कहा गया है कि त्रिवर्ग समुदाय में पर से पूर्व श्रेष्ठ है। काम से श्रेष्ठ अर्थ है तथा अर्थ से श्रेष्ठ धर्म है। परन्तु व्यक्ति, व्यक्ति के अनुसार यह अलग-अलग होता है। माध्वाचार्य के अनुसार विषयभेद के अनुसार काम दो प्रकार का होता है। इनमें से प्रथम को सामान्य काम कहते हैं। जब आत्मा की शाब्दिक विषयों के

भोगने की इच्छा होती है तो उस समय आत्मा का प्रयत्न गुण उत्पन्न होता है। अर्थात आत्मा सर्वप्रथम मन से संयुक्त होती है तथा मन विषयों से। स्रोत, त्वच, चक्षु, जिव्हा तथा ध्राण इन्द्रिय की क्रमशः स्पर्श, रूप, रस, गन्ध में प्रवृत्त होते हैं। काम की इस प्रकृति में न्याय वैशेषिक मत अधिक झलकता है। इसके अनुसार शब्दादि विषयणी बुद्धि ही विषयों के भोग के स्वभाव वाली बुद्धि ही विषयों के भोग वाली स्वभाव वाली होने के कारण उपचार से कम कही जाती है। अर्थात् आत्मा बुद्धि के द्वारा विषयों को भोगता हुआ सुख को अनुभव करता है। जो सुख है, सामान्य रूप से वही काम है।

4. **मोक्ष-** आत्मा को अमर कहा गया है। यह एक नित्य अनादि तत्व है जो बंधन अथवा मुक्ति (मोक्ष) की अवस्था में रहती है। बद्ध अवस्था में इसे अपने कर्मों के अनुसार इसी जन्म अथवा अगले जन्मों में कर्मफल भोगने पड़ते हैं। मनुष्य के अलावा सभी शरीर मात्र भोग योनि हैं, मानव शरीर कर्म योनि है। योगी सद्गुरु के मार्गनिर्देशन में "विकर्म" द्वारा अपने शुभ-अशुभ कर्मों से ऊपर उठ जाता है और शरीर रहते ही परमात्मा की प्राप्ति कर लेता है। इसे ही योग (आत्मा एवं परमात्मा का मिलन) कहा गया है। अब वह अकर्म की स्थिति में है और इस शरीर में प्राप्त प्रारब्ध भोग को समाप्त कर लेने के बाद वह अपने शरीर से विदेहमुक्त हो जाता है। उसे अब नया जन्म नहीं लेना पड़ता, वह बंधन से मुक्त हो जाता है। मोक्ष को प्राप्त कर लेना ही आत्मा का मुख्य उद्देश्य है जो कि मानव जीवन की सबसे बड़ी उपलब्धि है।

04. परिवार गठन के मानक का निम्नरूप है-

1. **त्याग** - 6 पीढ़ी माँ का और पिता के गोत्र की कन्या से वर्जित
2. **वर्जित परिवार** - कर्महीन, निष्पुरूष, अज, बहुरोम, बवासीर, रूग्ण-उदर, स्वेत-गलित, कुष्ठ, क्षयी, मृगी, दुष्कुल परिवार का न वर और न वधू।
3. **वर्जित वधू** - पीत वर्गा, अधिकांगी, वृहदबदना, उच्चवाचाली, रोम रहित या बहुरोमा, बिल्ली सी आँख वाली। नदी, नक्षत्र, तरू, दासी, पर्वत के नाम वाली।
4. **योग्य वधू** - सर्वांग स्वस्थ, सुनाम, सुदांत, हंस-गजा सी चाल, प्रसन्न मुखी, सुभाषी, लम्बी काली बाल।

04. विवाह के मानक

अ. उत्तम विवाह

1. ब्राह्म - कन्या अनुमोदित, पिता अलंकृत पुत्री का विवाह।
2. दैव - सभा में विद्वता व्यक्त करने वाले से कन्या के पिता के समर्थन से विवाह।
3. आर्य - ससुर से उनकी पुत्री को माँगना।
4. प्रजापति - साज-बाज बारात के साथ समान्य विवाह।

ब. अधम विवाह

1. असुर - वर-वधू के प्रीत बिना वर या वधू जन को कीमत देकर।
2. गंधर्व - पिता की आज्ञा बिना स्वेच्छा से।
3. राक्षस - कन्या पक्ष को पीड़ित कर कन्या को विवश करके बालात्कार या अपहरण।
4. पिशाच - दुःखी, बेहोश, सोयी, पगली सी, अल्पायु, ना यौन चाह को दूषित करना।

"वेद" का अर्थ है- ईश्वरीय ज्ञान की राशि। विद् धातु का अर्थ है-जानना। वेदान्त नामक ज्ञानराशि ऋषि नाम धारी पुरूषों के द्वारा आविष्कृत हुई है। ऋषि शब्द का अर्थ है- मन्त्रद्रष्टा। पहले ही से वर्तमान ज्ञान को उन्होंने

प्रत्यक्ष किया है। वह ज्ञान तथा भाव उनके अपने विचारों का फल नहीं था। जब कभी आप सुनें कि वेदों के अमुक अंश के ऋषि अमुक है, तब यह मत सोचिए कि उन्होंने उसे लिखा या अपनी बुद्धि द्वारा बनाया है, बल्कि पहले ही से वर्तमान भाव राशि के वे द्रष्टा मात्र है - वे भाव अनादि काल से ही इस संसार में विद्यमान थे, ऋषि ने उनका आविष्कार मात्र किया। ऋषिगण आध्यात्मिक आविष्कारक थे। वेद का अर्थ अनादि सत्यों का समूह है। वेदज्ञ ऋषियों ने इन सत्यों को प्रत्यक्ष किया था। बिना अतिन्द्रिय दृष्टि के साधारण दृष्टि से ये सत्य प्रत्यक्ष नहीं होते। इसी से वेद में ऋषि का अर्थ मन्त्रार्थदर्शी है, यज्ञोपवीतधारी ब्राह्मण नहीं। ब्राह्मण आदि जाति विभाग वेद के बाद हुआ था। वेद शब्दात्मक अर्थात् भावात्मक है अथवा अनन्त भाव राशि की समष्टि को ही वेद कहते हैं। "शब्द" इस पद का वैदिक प्राचीन अर्थ सूक्ष्म भाव है, जो फिर आगे स्थूल रुप से अपने को व्यक्त करता है इसलिए प्रलय काल में भावी सृष्टि का सूक्ष्म बीज समूह वेद में ही संपुटित रहता है। इसी से पुराण में पहले-पहल मीनावतार से वेद का उद्धार दिखाई देता है। प्रथमावतार से ही वेद का उद्धार हुआ।" **-स्वामी विवेकानन्द**

"बहुत पहुँचे हुये हैं", "दर्शन" और "आशीर्वाद"

"आकाश शब्द मंय" अर्थात् आकाश शब्द रूप में है। विचार ही आविष्कार का जन्मदाता है। फिर वही व्यापार का मूल होता है। आध्यात्म जगत हो या भौतिक जगत विचार द्वारा ही आविष्कार और व्यापार चल रहे हैं। आविष्कारकों के साथ निम्न विचार अवश्य जुड़ जाते हैं। उनके सत्य अर्थ को जानना आवश्यक है-

1. **"बहुत पहुँचे हुये हैं"** - इसका अर्थ होता है- पहला अन्तर्जगत के सम्बन्ध में - आध्यात्मिक सार्वभौम सत्य-सिद्धान्तों का अनुभव, दूसरा बाह्य जगत के सम्बन्ध में - उच्च पीठासीन राजनेता और धर्माचार्य से सम्बन्ध। जिससे कल्याण व स्वार्थ का कार्य सम्पन्न कर सकें। तीसरा कोई अर्थ नहीं होता।

2. **"दर्शन"** - इसका अर्थ होता है- पहला अन्तर्जगत के सम्बन्ध में - उनके सम्पूर्ण रूप जीवन, ज्ञान व कर्म को देखना, दूसरा बाह्य जगत के सम्बन्ध में - केवल शरीर, संसाधन और महिमामण्डन को देखना। तीसरा कोई अर्थ नहीं होता। दूसरे प्रकार के दर्शन से दर्शन करने वाले को कोई लाभ नहीं होता।

3. **"आशीर्वाद"** - इसका अर्थ होता है- पहला अन्तर्जगत के सम्बन्ध में - उनसे अपने कल्याणार्थ शब्द सुनना।, दूसरा बाह्य जगत के सम्बन्ध में - उनसे अपने कल्याण के लिए कार्य लेना या उनके ज्ञान को अपने कल्याण के लिए जीवन में उपयोग करना। तीसरा कोई अर्थ नहीं होता। पहले प्रकार के आशीर्वाद से आशीर्वाद लेने वाले को कोई लाभ नहीं होता।

जीवन जीने की विधि

इस संसार में जीवन जीने की दो विधि है- पहला आविष्कारक/निर्माता/संस्थापक की भाँति दूसरा उपयोगकर्ता/ अनुसरणकर्ता/ निवासी की भाँति। इन दोनों की जीवन शैली को समझना आवश्यक है।

आविष्कारक/निर्माता/संस्थापक - आविष्कारकों/निर्माताओं/संस्थापकों का जीवन एक विचित्रता भरे, त्याग और अतिसंकल्प युक्त जीवन का परिणाम होता है जिसमें एक साधारण मनुष्य टूटने के सिवा और कुछ परिणाम नहीं दे सकता है। महानता-अमरता जैसी वस्तु कोई विरासत या उपहार या आशीर्वाद में मिलने वाली वस्तु नहीं है। इस प्रकार के जीवन में आविष्कारकों/निर्माताओं/संस्थापकों को केवल अपना लक्ष्य दिखाई देता है, मार्ग चाहे जो हो। और इस क्रम में कुछ गलतियाँ, अन्याय, अनुभव के लिए विचित्र जीवन शैली इत्यादि भी करने पड़ते

हैं। कुल मिलाकर वे अपने जीवन को ही प्रयोगशाला की भाँति प्रयोग कर देते हैं तब जाकर कहीं दूसरों के उपयोग के लिए कोई आविष्कार मिल पाता है। जो निर्माण करेगा उसे तो धूल-मिट्टी लगेगी ही लगेगी।

यदि यह समझ में आ जाये तो उन लोगों को इसका ज्ञान हो जाना चाहिए कि श्रीराम और श्रीकृष्ण में जो थोड़ी गलतियाँ या अन्याय निकालते हैं उसका कारण क्या था? इसे इस प्रकार भी समझा जा सकता है कि यदि किसी मकान के 5वीं मंजिल पर आग लगी है तो उसको बुझाने के लिए आवश्यक नहीं की सीढ़ी से ही जाया जाय। उसके लिए कोई भी मार्ग अपनाया जा सकता है और उस समय किसी से पूछने की भी आवश्यकता नहीं पड़ती।

उपयोगकर्ता/अनुसरणकर्ता/निवासी -उपयोगकर्ता/अनुसरणकर्ता/निवासी का जीवन एक साधारण और सरल सा जीवन होता है। आविष्कारकों/निर्माताओं/संस्थापकों द्वारा दिये गये फल (आविष्कार/ उत्पाद/ व्यवस्था) का उपयोग करना और जीवन व्यतीत करना, पीढ़ी बढ़ाना। इन्हें न तो धूल लगेगी, न ही मिट्टी। और न ही मकान के 5वीं मंजिल पर आग लगी है कि ये दिवाल फाँदेंगे, ये तो सीधे-सीधे सीढ़ी से आयेंगे और जायेंगे।

किसी भी आविष्कारक/निर्माता/संस्थापक इत्यादि का सार्वभौम सत्य ज्ञान एक हो सकता है परन्तु उसके स्थापना की कला उस आविष्कारक/निर्माता/संस्थापक इत्यादि के समय की समाजिक व शासनिक व्यवस्था के अनुसार अलग-अलग होती है, जो पुनः दुबारा प्रयोग में नहीं लायी जा सकती। वर्तमान तक ऐसा कोई उदाहरण नहीं मिलता जिससे यह सिद्ध होता हो कि उस आविष्कारक/ निर्माता/संस्थापक इत्यादि की कला को दुबारा प्रयोग कर कुछ सकारात्मक किया गया हो। किसी भी आविष्कारक/ निर्माता/ संस्थापक इत्यादि के दर्शन या चित्र से अधिकतम लाभ तभी प्राप्त हो सकता है जब उनकी विचार व कृति का ज्ञान व समझ हो। उसी से मनुष्य का विकास सम्भव है। जिस प्रकार वर्तमान भौतिक विज्ञान से आविष्कृत पंखा, बल्ब, मोबाइल, कम्प्यूटर इत्यादि का समाज उपयोग करता है न कि इसके आविष्कारकर्ता का दर्शन व चित्र की पूजा। अर्थात् आविष्कार/ उत्पाद/ व्यवस्था ही आपके लिए उपयोगी है न कि इसके आविष्कारक का शरीर। लेकिन ऐसा नहीं दिखता भौतिक विज्ञान के आविष्कारक की पूजा नहीं करते बल्कि आविष्कार का उपयोग करते हैं और आध्यात्म के आविष्कारक की पूजा करते हैं उनके जीवन की लीला करते हैं परन्तु आविष्कार को कम ही उपयोग करते हैं।

पूर्ण मानव निर्माण की तकनीकी के आविष्कारक श्री लव कुश सिंह विश्वमानव स्वयं एक आदर्श मानक वैश्विक नागरिक नहीं हैं क्योंकि वे एक आध्यात्मिक आविष्कारक हैं और वे इस आविष्कार के लिए अनेक गलतियाँ, अन्याय, अनुभव के लिए विचित्र जीवन शैली इत्यादि से स्वंय को माध्यम बनाये हैं इसलिए उनके आविष्कार का उपयोग करें, उनके जीवन को समझने का प्रयत्न न ही करें तो आपका समय बचेगा।

आशीर्वाद

शब्दों के अर्थ "समझ" के अनुसार बदलते रहने से शब्द "आशीर्वाद" के भी अर्थ बदल गये। वर्तमान में "आशीर्वाद" यूँ ही मिल जाते हैं। प्रारम्भ में यह "आशीर्वाद" ऋषि-मुनि-गुरू जन सिर्फ योग्य को ही प्रदान करते थे ताकि उनके शब्द कभी असत्य न हों। और यदि असत्य होने की सम्भावना दिखे तो उसे वे सत्य में परिवर्तित करने के लिए भी हर नीति का प्रयोग करते थे। ऐसे ही गुरू थे- गुरू द्रोणाचार्य। जिन्होंने सर्वश्रेष्ठ धनुर्धर का "आशीर्वाद" अपने शिष्य अर्जुन को दिया था। और वे अपने "आशीर्वाद" को सत्य में परिवर्तित करने के लिए बीच में आ गये एकलव्य का नीति के अन्तर्गत अँगूठा माँगकर अपने "आशीर्वाद" की रक्षा की। यह मात्र एक सन्देश है- शब्द "आशीर्वाद" के सही अर्थ का।

शिक्षा माध्यम उस माध्यम से सम्बन्धित है जिसके द्वारा एक शिक्षक/गुरू अपने विद्यार्थी/छात्र में ज्ञान का संचरण करता है जो भाषा, चित्र, संकेत, आवाज इत्यादि हो सकते हैं। इसके अलावा शिक्षक/गुरू की अपनी समझ की कला भी हो सकती है जिससे वह आसानी से अपने विद्यार्थी/छात्र में ज्ञान का संचरण कर दे।

हमारे दृष्टि में छात्र वे हैं जो किसी शैक्षणिक संस्थान के किसी शैक्षणिक पाठ्यक्रम में प्रवेश ले कर अध्ययन करते हैं। और विद्यार्थी वे हैं जो सदैव अपने ज्ञान व बुद्धि का विकास कर रहे हैं और उसके वे इच्छुक भी

हैं। इस प्रकार सभी मनुष्य व जीव, जीवन पर्यन्त विद्यार्थी ही बने रहते हैं चाहे उसे वे स्वीकार करें या ना करें। जबकि छात्र जीवन पर्यन्त नहीं रहा जा सकता। स्वामी विवेकानन्द जी ने कहा था - "जिस व्यक्ति की आत्मा से दूसरी आत्मा में शक्ति का संचार होता है वह गुरु कहलाता है और जिसकी आत्मा में यह शक्ति संचारित होती है उसे शिष्य कहते हैं।"

इच्छा और आकड़ा

मनुष्य के लिए ज्ञान वह है जो हमारे मस्तिष्क के यादों में पहले से विद्यमान रहता है और कुछ नया विषय मिलने पर जब उससे, उसका मिलान होता है तब ज्ञान प्रमाणित होती है या ज्ञान का विकास होता है। प्रत्येक व्यक्ति के लिए अपने मस्तिष्क के लिए यह विश्लेषण का विषय है कि वह वह इच्छा से संचालित है या आकड़ा से?

किसी भी व्यक्ति को यदि चाय पीने की इच्छा कर रही हो तो वह किस ओर निकलेगा? अगर इच्छा कर दिया और वह किसी भी दिशा में निकल लिया तो उसे जीव कहते हैं, इस स्थिति में चाय मिल भी सकती है और नहीं भी। अगर मिल गई तो भाग्य या किस्मत जैसी वाली बात पर विश्वास की ओर वह चला जायेगा। और ना भी मिला तो भी भाग्य या किस्मत जैसी वाली बात पर विश्वास की ओर वह चला जायेगा। इस प्रकार के संचालन को जीव संचालन विधि कहते हैं। जीव, पूर्णतः प्राकृतिक रूप से रहते हैं और संचालित रहते हैं। किसी भी ओर निकल लिए, मिल गया खा लिए, मिल गया पी लिये, कहीं भी उसका निस्तारण भी कर दिये। उनका सम्पूर्ण संचालन वातावरण और परिस्थितियों के अनुसार है। इतना होने के बावजूद भी जीव भी अपने मस्तिष्क में आकड़ों का संचय करते हैं और उसके अनुसार उनका संचालन होता हैं।

अगर इच्छा कर दिया और वह उस दिशा में निकल लिया जिस ओर चाय मिलने का आकड़ा (डेटा या डाटा) उसके मस्तिष्क में पहले से विद्यमान है उसे मनुष्य कहते हैं, इस स्थिति में चाय मिलेगी ही मिलेगी अगर नहीं मिलती तो उस चाय के स्थान पर चाय बनाने के सामानो में कुछ कमी हो सकती है लेकिन वह वहीं पहुँचेगा जहाँ पहले चाय मिलती रही है और उसका पहले आना हुआ था या किसी ने यह आकड़ा पहले से उसे दे रखा था। इस प्रकार के संचालन को मानव संचालन विधि कहते हैं।

मनुष्य को इस विषय पर सूक्ष्म दृष्टि से चिंतन करना चाहिए। मनुष्य हमेशा अपने प्रत्येक गतिविधि में इच्छा से नहीं बल्कि आकड़ों से संचालित होता है जो उसके ज्ञान में पहले से विद्यमान है या उन आकड़ों के संग्रह के लिए संचालित रहता है जो उसे चाहिए जिसे खोज या तलाश कहते हैं।

मनुष्य के मस्तिष्क में जितने अधिक आकड़ें रहेंगे, उसका संचालन उन आकड़ों के अनुसार उतने ही व्यापक क्षेत्र में होगा। इसलिए ही ज्ञान ही सर्वस्व है। ज्ञान का संकलन अपने मस्तिष्क में सदैव करते रहना चाहिए। कुछ इस जीवन में कभी भी काम आ सकता है। कुछ अगले जन्म में, जब हम नया शरीर पाते हैं।

हम सभी अपने पूर्व जन्म के अधूरी इच्छा को पूर्ण करने के लिए योग्य माता-पिता सहित वातावरण के अनुसार शरीर धारण किये हैं इसलिए अपने उपलब्ध संसाधन का अध्ययन करें और अपने पूर्व जन्म के अधूरी इच्छा को पूर्ण करने के लिए उन आकड़ों को जानने व उसके अनुसार संचालित होने की कोशिश करें जो हमारे मस्तिष्क में संचित है।

सर्वोच्च आकड़ा तो ये है कि हम सभी ईश्वर बनने के मार्ग पर हैं और उस ओर की ही ओर हमारी यात्रा है। चाहे कई जन्म क्यों न लेना पड़े। हमारा शरीर धारण के कर्तव्य से अलग मस्तिष्क में अधिक से अधिक आकड़ों का संग्रह भी है जो ज्ञान का जन्मदाता है।

इस प्रकार हमारा संचालक इच्छा नहीं बल्कि आकड़े हैं और मन से किसी वस्तु को देखना सत्य नहीं है बल्कि आकड़ों की दृष्टि से देखना सत्य है।

आकड़ों का प्रमाण के फलस्वरूप व्यक्त हुये है श्री लव कुश सिंह "विश्वमानव"।

भाग-3
सत्य-मार्गदर्शन

सत्य-मार्गदर्शन

1. अरे युवाओं तुम्हें किस तरह, कैसे और कितना जोर देकर समझाउँ कि तुम जिस ज्ञान और कर्मज्ञान की प्राप्ति के लिए बृद्धावस्था को अधिकृत करते हों या समझते हों कि इससे क्या मिलेगा? ये सब आध्यात्मिक विषय है, परन्तु मुर्खों उससे ही तो मैं "लव कुश सिंह" से प्रथम एवं अन्तिम सार्वजनिक प्रमाणित भोगेश्वर विश्वात्मा समन्वयाचार्य "विश्वमानव" बना। उसी ज्ञान से तो "श्रीकृष्ण" प्रथम एवं अन्तिम व्यक्तिगत प्रमाणित योगेश्वर विश्वात्मा बने और "नरेन्द्र नाथ दत्त", "स्वामी विवेकानन्द" बने। तुम अगर इतनी उंचाई और मूल तक नहीं जा सकते तो कम से कम अपने लम्बे जीवन को तो नियंत्रित, सुव्यवस्थित और योजनाबद्ध कर संचालित कर सकते हो। क्या मैं, श्रीकृष्ण और नरेन्द्र नाथ बृद्ध थे। अरे हमने उस उम्र में स्वप्रेरित होकर ज्ञान ग्रहण और मनन किया जिस उम्र में तुम उम्र के प्रभावों में सोते-जागते रंगीन सपने देखते रहते हों। फिर भी तुम नहीं समझ सकते तो तुम पर मुझे दया आती है और जोर देकर कहने के लिए ही मैं तुम्हें मूर्ख और अज्ञानी कह रहा हूँ। अन्यथा तुम्हारा शरीर है, तुम्हारा मन है चाहे जैसे भी संचालन करो।

2. अरे मेरे युवा जन तुम कितने अज्ञानी और मूर्ख हो कि तुम एक रुपया और एक क्षण समय भी उस ज्ञान के लिए नहीं दे सकते जिससे तुम्हारे अपने जीवन संचालन के लिए अनन्त मार्ग खुल जाते हैं परन्तु सैकड़ों पृष्ठ के अश्लील साहित्य, हजारों पृष्ठों के शैक्षणिक साहित्य, मनोरंजन और क्षणिक आनन्द देने वाले विषयों के पीछे तुम हजारों रुपयों सहित वर्षों समय बीता देते हो। क्या तुम्हारे पास दो-चार सौ पृष्ठों के ज्ञान साहित्य पढ़ने का भी समय नहीं? मैं यह नहीं कहता कि तुम उन्हें त्याग दो परन्तु तुम ज्ञान के विषयों को स्वतः ग्रहण करते रहो जो वर्तमान शैक्षणिक पाठ्यक्रम में नहीं है। इससे तुम्हारे उस आनन्द को स्थिरता और जीवन प्राप्त होगा। यदि ऐसा नहीं करते तो तुम भाग्य को जिम्मेदार नहीं ठहरा सकते तब तुम्हें स्वयं को ही कहना होगा। कि हाय मैं कितना मूर्ख था। और सच मानों मैं तुम्हें युवा पशु शक्ति के सिवा कुछ नहीं कहूँगा।

3. हे मानवों तुम एक कार्य सत्य और सर्वोत्तम करते रहे हो वह यह कि जब तुम गलती कर उसके परिणामों का दुःख भोगते हो तब तुम ईश्वर को उसका जिम्मेदार ठहराते हो। क्योंकि वह ईश्वर कोई और नहीं तुम स्वयं हो। इसलिए तुम स्वयं ही गलती करते हो और तुम स्वयं ही जिम्मेदार हो। यही श्रीकृष्ण ने कहा, यही शंकराचार्य, श्री रामकृष्ण, स्वामी विवेकानन्द और पुनः मैं भी तुमसे यही कह रहा हूँ। तुम जिस दिन यह समझ जाओगे कि तुम स्वयं ही कर्ता हो, तुम्हारे कल्याण का शुभारम्भ हो जायेगा। और यदि यह गलत है। तो तुम्हें इन सब से महान व्यापक बनकर प्रमाण प्रस्तुत करने पड़ेंगें क्योंकि ये सब प्रमाणिकता को प्राप्त हैं। अब तुम्हारे सामने दो रास्ते हैं या तो इस कथन को स्वीकार करो या इनसे महान बनो। दोनों रास्तों में तुम्हारा ही कल्याण है।

4. हे मध्यमवर्गीय पथ प्रदर्शनाभिलाषी युवकों तुम अपने श्रद्धेय जनों से मार्गदर्शन चाहते हो। अवश्य चाहो मगर यह ध्यान रखना कि समय चक्र की वर्तमान स्थिति यह है कि सामान्यतः दो तरह के श्रद्धेय जन मिलेंगे। एक जो सदा ही संघर्षशील बनने और लगातार असफलता के बावजुद भी कन्धे से कन्धा मिलाकर तुम्हें सफलता के लिए प्रेरित करते रहेंगे क्योंकि वे जानते हैं कि तुम ही उनके भविष्य हो और सदा श्रद्धा बनाये रखने का यही रास्ता भी है। दूसरे जो सदा ही तुम्हें निराश और हतोत्साहित ही करते रहेंगे क्योंकि यदि वे अपने जीवन में सफलता प्राप्त किये हैं तो यह सोचते हैं कि अब कोई मेरे जैसा सफलता प्राप्त नहीं कर सकता और यदि वे अपने जीवन में असफलता को प्राप्त हुये हैं तो वे फिर किसी से भी सफलता की उम्मीद न करेंगे। इस प्रकार के श्रद्धेय श्रेष्ठ जन त्याग या भोग उपरान्त त्याग के पात्र है श्रद्धा के पात्र नहीं। वे युवा बड़े ही भाग्यशाली हैं जिन्हें पहले प्रकार के श्रद्धेय श्रेष्ठ जनों का मार्गदर्शन प्राप्त है।

5. हे भारत के दलित, पीड़ित, शोषित आम जनता तुम सरकार को दोषी ठहराते हो। तुम तो यह भी नहीं जानते कि कौन सा रास्ता तुम्हारे कल्याण का अन्तिम रास्ता है इसलिए तुम हर बार अपने नेताओं के बातों में आ जाते हो और ठगे से रह जाते हो। पहले तुम अपने इस सार्वभौम ज्ञान-कर्मज्ञान, द्वारा कल्याण के आखिरी रास्ते को पहचानों फिर तुम्हें कोई नहीं ठग सकता। यहाँ तक कि तुम स्वयं को भी नहीं ठग सकते।

6. हे माता-पिता, गुरू आचार्य, भगवान और अभिभावक पद स्वरूप भारत के नेतृत्वकर्ताओं तुम अपने सन्तान पद स्वरूप आम जनता को दोषी ठहराते हो, तुम अपनी और राष्ट्रीय नीति को सन्तानों की इच्छा के अनुसार तय करना चाहते हो। हमारी जनता और युवा शक्ति तो बहुमुखी दिशाओं में बहुत कुछ चाहती है। क्या तुम उन्हें वो सब दे दोगे। तुम अपने पद को भूल जाते हो। तुम्हें अपने बच्चों को वह सब देना होगा जो उनके विकास के लिए अतिआवश्यक है और वह सब नहीं ही देना होगा जो उन्हें विनाशकारी रास्ते पर ले जाते है। यह मत भूलो कि वे तुम्हारे भविष्य स्वरूप हैं। क्या तुम अपने भविष्य को ही कुचल देना चाहते हो? क्या तुम अपनी श्रद्धा स्वयं ही खोना चाहते हो? मत भूलों कि उनसे तुम हो, तुमसे वो नहीं।

7. हे युवाओं तुम्हारी ओर से श्रद्धेय श्रेष्ठ जनों को यही सन्देश है कि - है श्रद्धेय श्रेष्ठजन आप वास्तव में श्रद्धा के पात्र हैं क्योंकि मैंने अपने पूर्वजन्म के उद्देश्यों की प्राप्ति हेतु आपसे यह भौतिक शरीर प्राप्त किया जैसा कि आपने भी किया है। परन्तु आप मेरे उद्देश्यों की पूर्ति के कर्तव्य पथ पर खड़े होकर अपनी ही श्रद्धा को स्वयं खोने का प्रयत्न न करें। यदि आप शारीरिक और आर्थिक रूप से सक्षम होते हुये भी सहयोग न करना चाहते हो तो न करें परन्तु मानसिक सहयोग में आपका न तो शारीरिक और न ही आर्थिक क्षति होती है फिर क्यों सर्वोच्च और अन्तिम शक्तिशाली अस्त्र मन व वाणी से मुझे मृत्यु की ओर ले जा रहे हैं। क्या आप नहीं जानते इससे तो आपकी श्रद्धा ही मृत्यु को प्राप्त हो रही है।

8. हे मध्यमवर्गीय श्रद्धेय श्रेष्ठजन वर्तमान समय में आप में से अधिक का युद्धक्षेत्र कुरूक्षेत्र संकुचित होकर आपका अपना परिवार ही बन चुका है। आपका उस पर अधिपत्य है ही, फिर भी आप अपने आश्रितों से शारीरिक, मानसिक और आर्थिक युद्ध कर, न जाने क्यों, उसे ही जीतने में अपना गर्व समझते हैं। यह आपका दुश्मन रूप नहीं है, तो और क्या है? क्या आपको पता नहीं कि आपकी हार और जीत दोनों दिशाओं से स्वयं आपके परिवार, आश्रितों और स्वयं आपकी श्रद्धा का ही पतन होता है। यदि इस जीवन में शरीर धारण करने का आपका उद्देश्य यही है तो चिन्ता न करें आपके परिवार और अन्य आश्रितों की रक्षा करते हुये आपके इस उद्देश्य की पूर्ति यथायोग्य फल देकर आपके आश्रित अवश्य पूर्ति कर देंगे। जब आप स्वयं अपने भविष्य की रक्षा नहीं कर सकते तो किसी और के भविष्य को कैसे देख सकते है। प्रत्येक ही अपने भविष्य का द्दष्टा और निर्माता है। वह अपने रास्ते में पड़ने वाले पत्थर को हटायेगा ही।

9. हे श्रेष्ठ श्रद्धेयजन आप अपने अश्रितों को स्वयं अपनी श्रद्धा की उन्नति के लिए इस प्रकार प्रेरित कर सहयोग करें-यदि आपके आश्रित शारीरिक उन्नति कर चुके हैं। तब उन्हें मानसिक और आर्थिक उन्नति की ओर, यदि मानसिक और आर्थिक उन्नति कर चुके हो तो आध्यात्मिक उन्नति की ओर, यदि आध्यात्मिक उन्नति कर चुके हो तो ऐतिहासिक आध्यत्मिक उन्नति अर्थात धर्म की ओर शारीरिक, आर्थिक, मानसिक सहयोग कर प्रेरित करें। यदि ऐतिहासिक आध्यात्मिक उन्नति की ओर हो तो उनका सहयोग प्राण रहने तक समर्पित रूप से करें। यदि आपके आश्रित इसके विपरीत हो तो उनके अधिकारों को प्रदान कर यथाशीघ्र सम्बन्ध विच्छेद कर ले अन्यथा वह पारिवारिक मूल्य की अवनति का कारण बन जायेगा।

10. हे पारिवारिक सम्बन्धों के बीच रहने वालों मानवों तुम सदा एक ही विचार में एक निष्ठ रहो कि तुम किस प्रकार उपलब्ध संसाधनों का प्रयोग कर पारिवारिक उन्नति में सहयोग कर सकते हो। यह मूल्यांकन करना और सोचना कि अन्य ने क्या किया, अवनति का मार्ग है। तुम यह नहीं जानते कि जो दूसरों का मूल्यांकन प्राथमिकता के साथ करते हैं, उनके पास अपने मूल्यांकन का समय ही नहीं बच पाता परिणामस्वरूप उन्नति का कारण न बन आलोचना करने वाले बन जाते हैं। जो अपना मूल्यांकन प्राथमिकता के साथ करते हैं। वे दूसरे का मूल्यांकन आवश्यकता पड़ने पर करते हैं परिणामस्वरूप उन्नति का कारण बनते हैं। इस मूल्यांकन में सदा याद रखना शारीरिक, मानसिक और आर्थिक, आध्यात्मिक, ऐतिहासिक आध्यात्मिक आर्थात धर्म के सहयोग का मूल्यांकन क्रमशः मूल और निम्न, मध्यम, सर्वोच्च, अन्तिम चक्र क्रम में होता है। जहाँ ऐतिहासिक आध्यात्मिक सहयोग हो वहाँ किसी भी अनुपात में अन्य सहयोग से अधिक अन्तिम और अमूल्य होता है, जिसमें पूर्ण समर्पण, समर्थन और सहयोग करना चाहिए क्योंकि वह सभी मूल्यों को एक साथ उन्नति की ओर ले जाता है। क्योंकि यह सबसे बाहरी चक्र होकर सभी आन्तरिक चक्रों पर प्रभाव डालता है।

11. हे मेरे युवा जब तुम्हारे कर्तव्य पथ पर तुम्हारे श्रद्धेय श्रेष्ठ जन ही बाधक बन खड़े हो जायें तो तुम्हें दो रास्तों में से किसी एक को चुनना होगा प्रथम-श्रीराम की भाँति आदर्श चरित्र को प्रस्तुत करते हुये प्रत्येक पारिवारिक असफलता का कलंक ढोते हुये अपनी मानसिक मृत्यु के साथ श्रद्धेय श्रेष्ठ जनों के समक्ष पूर्ण समर्पण। दूसरा-श्रीकृष्ण की भाँति श्रद्धापूर्वक उनके प्रभाव क्षेत्र से दूर रहना या विश्वमानव की भाँति सत्य दृढ़ होकर प्रत्यक्ष युद्ध। इस प्रकार चलने से पूर्व यह ध्यान देना कि तुम्हारी जीत के साथ सैकड़ों युवाओं को बल प्राप्त होगा और हार के साथ हजारों युवाओं का बल टूटेगा क्योंकि तुम उन श्रद्धेय श्रेष्ठ जनों द्वारा उदाहरण स्वरूप प्रचारित किये जाओगे। जीत के लिए तुम्हें इन श्रद्धेय जनों से प्रारम्भ में जो स्वेच्छा से संसाधन प्राप्त हो, प्राप्त करते रहो पुनः साम, दाम, दण्ड, भेद की रीति से प्राप्त करते कार्य करते रहो। यदि बीच में ही तुम्हें स्वयं के द्वारा संसाधन मिलने लगे या तुम्हारा कार्य पूर्णता को प्राप्त हो जाये तो इनका पूर्ण रूप से त्याग कर दो। आवश्यकता पड़े तो यथा योग्य कर्मफल भी दो और कहो ऐसा मैं नहीं सिद्धान्त कर रहा है, न कि मेरा चरित्र है। श्रद्धेय श्रेष्ठ जन इसी योग्य है। ऐसे ही श्रेष्ठ जन भविष्य रूपी युवाओं के सबसे बड़े दुश्मन होते हैं। जो अंहकार वश युवाओं को मृत्यु तक पहुँचाने तक भी नहीं रूकते।

12. हे ईश्वर स्वरूप माता-पिता-गुरू श्रद्धेय जन आपकी ओर से युवाओं को यही सन्देश है कि-है मेरे भविष्य रूपी युवाओं तुम उठो जागों और तब तक कर्तव्य पथ पर आगे बढ़ते रहो जब तक अपने लक्ष्य को प्राप्त नहीं कर लेते। तुमसे कौन जीत सकता है? भला भविष्य से भी कोई जीत सकता है? तुम सत्य-पथ पर चलते हुये उन सभी का वध कर डालो जो गुलाम भारत के अंग्रेजों से भी दुष्ट आत्माओं को लेकर भारतीय मानव शरीर में विराजमान है। क्या होगा? फल आधारित पाश्चात्य कानून में वध की सजा का कोई प्राविधान नहीं है। सिर्फ हत्या का है, उसकी भी प्रमाणिकता-गवाहों पर, मुक्ति-जमानत से तथा फैसला-भ्रष्ट हाथों में है। तुम्हारी इच्छा थी कि देश के लिए सीमा पर स्वयं को बलि चढ़ाना, उसका अवसर तो कभी-कभी आता है लेकिन तुम्हारे लिए तो सम्पूर्ण भारत देश में चल रहे दुष्ट आत्माओं और सत्य आत्माओं के बीच युद्ध में बलि के लिए अवसर ही अवसर है। सम्पूर्ण रूप से दुष्ट आत्माओं का वध इसलिए आवश्यक हो गया है कि ये उन्हें भी शोषित करने से नहीं चुकते जो बेरोजगारी से रोजगार की प्रथम सीढ़ी और अपना पेट भी ठीक ढंग से नहीं भर पाते। कभी मैं भी तुम्हारे समक्ष कर्तव्य पथ पर बाधा डालने या इन रूपों में मिलूँ तो मेरा भी वध करने में पीछे न हटना लेकिन क्या तुम ऐसा कर पाओगे? तुम तो वर्तमान समय में दिशाभ्रमित असंगठित, उम्र प्रभावों में कैद, गैर जिम्मेदार, इच्छा को कर्म में परिणत न करने वाले और पशुवत् हो गये हो। तुम देश की सीमा पर इसलिए जाना चाहते हो कि तुम्हें वहाँ अपने नहीं मिलेंगे और यहाँ अपने भी होगें तुम दुश्मनों को भी अपने पराये की नजर से

देखते हो, दुश्मन तो सिर्फ दुश्मन होता है। अभी तो तुम देश भक्त नहीं बन सके फिर तुम विश्व भक्त कैसे बन पाओगे। जबकि विश्व को विश्वभक्त देना सिर्फ भारत का ही कर्तव्य और दायित्व है।

13. हे देवी, शक्ति स्वरूप नारीयों, तुम अपने अधिकारों की माँग करती हो, यहाँ माँगने से फूटी कौड़ी भी नहीं मिलती, यहाँ छिना जाता है। छिनने के लिए तुममे शक्ति होनी चाहिए। क्या ज्ञान और वाणी का एक दूसरे के बिना कोई अस्तित्व है? क्या प्रेम और कर्म का एक दूसरे के बिना कोई अस्तित्व है? क्या शिव और शक्ति का एक दूसरे के बिना कोई अस्तित्व है? पहले अपने अन्दर शिव को धारण करने का कर्तव्य करो फिर अधिकार तुम्हारे चरणों में होगा। यही अर्धनारीश्वर है, यही पुरूषत्व है और इसे प्राप्त करने का प्रयत्न पुरूषार्थ है। सदियों से जिस ज्ञान से तुम्हें वंचित रखा गया था। वह तो अब तुम्हारे अधिकार में आ गया है। इससे बड़ा अधिकार और तुम्हें क्या मिल सकता है। पहले इसे आत्मासात् करो। शेष छोटे अधिकार स्वतः मिल जायेंगे। और तुम देवी-शक्ति के रूप में व्यक्त हो जाओगी। ठीक यही स्थिति शिवरूप दलित शोषित नरों के साथ भी है।

14. हे परिणय सूत्रों में बँधकर गृहस्थ आश्रम में प्रवेश करने जा रहे युवकों और युवतियों तथा बँध चुके पति और पत्नियों, क्या तुम जानते हो तुम्हारे दीर्घ सफल सम्बन्धों का स्वरूप क्या है? तुम में से प्रत्येक ही अर्धनारीश्वर स्वरूप है। यदि तुम ऐसे पारिवारिक स्तर में हो जहाँ सिर्फ भोग करना है, तब तुम में से प्रत्येक को एकात्म ज्ञान और एकात्म वाणी धारण करनी होगी। यदि तुम ऐसे पारिवारिक स्तर में हो जहाँ तुम्हें कर्म और भोग दोनों करना है, तब तुम में से प्रत्येक को एकात्म ज्ञान और एकात्म वाणी सहित एकात्म कर्म और एकात्म प्रेम धारण करनी होगी। यदि तुम इस प्रकार रहना चाहते हो कि तुम कर्म और भोग न करते हुये भी तुम्हें कर्म और भोग करना है, तब तुम्हें एकात्म ज्ञान-एकात्म वाणी और एकात्म कर्म-एकात्म प्रेम सहित एकात्म ध्यान और एकात्म समर्पण को धारण करना होगा। जिसका अर्थ क्रमशः एकात्म अर्थात समभाव या अद्वैत या सेंटर या एकत्व की ओर बढ़ता हुआ ज्ञान, वाणी, कर्म, प्रेम, काल या समय चिंतन और समर्पण है। और धारणकर्ता अर्धनारीश्वर स्वरूप क्रमशः ब्रह्मा-सरस्वती, विष्णु-लक्ष्मी और शिव शंकर-शक्ति पार्वती है। तब पत्नियों के लिए पति परमेश्वर तथा पतियों के लिए पत्नि शक्ति स्वरूप होगी। अन्यथा इन स्वरूपों में अपूर्ण धारण युक्त सांसारिक मानवों की भाँति उलझा हुआ गृहस्थ जीवन ही होगा।

15. अरे मुर्खों तुम ये सोचते हो कि मैं बड़ा भाग्यशाली, महान और विशेषरूप से अवतरित हो जन्म ग्रहण किया हूँ। इस बिन्दु पर सोचो कि भगवान शंकर, भगवान कृष्ण, स्वामी विवेकानन्द की मुख्य इच्छा युक्त मन अर्थात सूक्ष्म शरीरों का स्थूल सूक्ष्म शरीर विश्वमानव के रूप में भौतिक शरीर ग्रहण किया है। या लव कुश सिंह नामक शरीर ने अपने मन स्तर को निम्न से उच्च, उच्च से उच्चतर, उच्चतर से उच्चतम, उच्चतम से सर्वोच्च और अन्तिम तक उठाकर उन सूक्ष्म शरीरों को धारण कर विश्वमानव रूप में व्यक्त किया है। क्या तुम दृश्य पदार्थ विज्ञान को नहीं जानते किसी भी परमाणु में इलेक्ट्रानो की संख्या बढ़ाकर उसमें सभी तत्वों के गुणों को व्यक्त किया जा सकता है यही इलेक्ट्रान तो मन या सूक्ष्म शरीर है जिसे निम्न से सर्वोच्च तक बढ़ाते हुये किसी भी स्तर के महापुरूष के गुण को व्यक्त किया जाता है। जिस प्रकार परमाणु वही रहता है पिछले गुण तत्व मृत्यु को प्राप्त हो नये गुण तत्व व्यक्त हो जाते है या इच्छानुसार मृत्यु को प्राप्त गुण तत्व को पुनः व्यक्त किया जाता है। इसी प्रक्रिया से शंकर, शिव बने। कृष्ण, योगेश्वर अदृश्य विश्वात्मा कृष्ण बनें। जब कृष्ण, नरेन्द्र और मेरा जन्म हुआ था तो क्या हम सभी उस क्षण सम्पूर्ण विश्व में अकेले जन्म लिये थे? फिर उसी क्षण जन्म लेने वाले अन्य का तो पता ही नहीं है। अब तुम कहोगे परिस्थिति और वातावरण। परिस्थिति और वातावरण कुछ बने बनाये मिलते है कुछ पुरूषार्थ द्वारा बनाया जाता है। हमने यह पहले शुरू कर दिया था तुम अब शुरू करोगे बस यही अन्तर है।

16. हे सामाजिक, आध्यात्मिक और राजनीतिक विषयों में रूचि न लेने वालों और अन्य विषयों जैसे-खेल, मनोरजंन इत्यादि में प्राथमिकता से रूचि लेने वाले, क्या तुम यह नहीं जानते कि तुम स्वयं अपने को तो ठग ही रहे हो साथ ही परिवार, समाज, देश और विश्व को भी ठग रहे हो। तुम नहीं जानते कि वर्तमान समय की समस्त नीतियाँ तुम्हारे मत (वोट) पर आधारित है। यदि तुम सामाजिक, आध्यात्मिक, राजनीतिक और विश्व की नीतियों और प्रणालियों का मुख्य सिद्धान्त नहीं जानते तो तुम्हें सरकार की आलोचना करने का अधिकार नहीं। सत्य कहूँ तो मत देने का भी अधिकार नहीं। जिस प्रकार कक्षा पाँच का प्रधानाध्यापक, कक्षा पाँच तक का ही प्रमाण पत्र दे सकता है उससे उच्च कक्षा का नहीं, उसी प्रकार तुम सीमित ज्ञान रखकर उच्च ज्ञान का मूल्यांकन, सलाह, आलोचना और प्रमाण पत्र नहीं दे सकते। फिर तुम्हें सरकार द्वारा जो कहा जाय, जो दिया जाय उसे लेकर ही सन्तोष करो और मुँह से एक आवाज भी न निकालो क्योंकि तुम इसी के योग्य होगे।

17. हे भारत के नेतृत्वकर्ताओं मैं यह नहीं जानता कि तुम भारत को विश्व में सबसे महान बनाना चाहते हो या उसे बेचकर अस्तित्व ही मिटा देना चाहते हो। परन्तु इतना जान लो तपोभूमि भारत में सत्य और आत्मा का निवास है। क्या कभी सत्य और आत्मा का अस्तित्व मिटाया जा सकता है? यदि तुम भारत को बेचना चाहते हो तब भी और यदि उसे महान बनाना चाहते हो तब भी, उसका रास्ता तो सिर्फ मेरे यहाँ से ही गुजरता है जिसे तुम्हें पार करना ही पड़ेगा क्योंकि दोनों कार्यों के लिए तुम्हें शक्ति अवश्य चाहिए और वह सिर्फ तुम्हें यहीं मेरे पास से ही प्राप्त हो सकता है।

18. हे अन्तर्राष्ट्रीय, साम्प्रदायिक, जातिय और व्यक्तिगत युद्ध करने वालों, क्या वास्तविक रूप से तुम युद्ध करते हो? नहीं तुम युद्ध नहीं करते हो। युद्ध तो वह संकीर्ण विचार करता है। तुम तो मात्र मोहरे हो जिसे संकीर्ण विचार संचालित करता है। जब तुम उस व्यापक अनन्त सत्य विचार को जान जाओगे, फिर तुम न संचालित हो सकोगे न मोहरे ही बन सकोगे। तब तुममें प्रेम का अनन्त भाव उत्पन्न होगा लेकिन एकपक्षीय होगा तो युद्ध हमेशा होता रहेगा। ऐसे में तुम अपने अनन्त और व्यापक सत्य-विचार को उसे समझाओं, उसमें दबाव के साथ संचरण करो, फिर भी न समझे तो वध कर दो। यह हत्या नहीं यह वध है। हत्या सत्य भावों की होती है। वध संकीर्ण विचारों और भावों की होती है। और वध पूर्व उससे कहो-है मानव यह न समझों कि तुम्हारा वध मेरा उद्देश्य है। मेरा उद्देश्य तुम्हारे ही कल्याण के लिए तुम्हें संकीर्ण विचार से व्यापक और अनन्त सत्य विचार में स्थापित करने का था परन्तु तुम संकीर्ण विचार से मोहरे की भाँति संचालित होते हुये मुझ अनन्त सत्य विचार पर आघात कर रहे थे। मैं भी तो अनन्त व्यापक सत्य-विचार को संचालित कर तुम्हारा वध कर रहा हूँ। सत्य तो यह है कि हम दोनों ही विचार के अधीनस्त हो ही एक दूसरे से युद्ध कर रहे हैं। यह अलग बात है कि मैं उच्च स्तरीय विचार से और तुम निम्न स्तरीय विचार से संचालित हो।

19. हे मानवों क्या तुम जानते हो कि तुम्हारे बीच रहते हुये भी तुम मुझे क्यों नहीं पहचान पाते? तो सुनों चूँकि तुम सांसारिक हो इसलिए तुम सांसारिक कर्मों व धन की प्राथमिकता वाला व्यापार नौकरी इत्यादि तथा उसके परिणाम-लाभ हानि इत्यादि से ही दूसरों को देखते हो न कि कर्म, ज्ञान और उद्देश्य से। परन्तु मैं तो तुम्हें सिर्फ कर्म, ज्ञान और उद्देश्य के आधार पर ही देखता हूँ और इस आधार पर ही तुम्हारे समक्ष धर्म संकट उत्पन्न करता हूँ। यदि तुम सफल होते हो तो तुम चुन लिये जाते हो, यदि असफल होते हो तो उसी भाँति छोड़ दिये जाते हो जैसे तुम सभी निरर्थक-व्यर्थ कुड़े-करकटों को फेंक देते हो। इस धर्म संकट का उत्पन्नकर्ता, सफलता और असफलता का निर्णयकर्ता मैं ही होता हूँ तुम्हें तो इस का आभास भी नहीं होने देता। तुम्हें तो तब पता लगता है जब तुम्हें फल दे दिया जाता है। है मानवों तुम मुझे सिर्फ कर्म, ज्ञान और उद्देश्य से ही देख क्योंकि मैं भी तुम्हें सिर्फ इन्हीं से देखता हूँ। क्योंकि संसार में शरीर धारण कर मैं तुम्हें भ्रमित करने के लिए सासांरिक कर्म ज्ञानावस्था में ही करता हूँ। यदि अन्ततः तुम उससे भ्रमित नहीं होते तो तुम मेरे योग्य हो मेरे प्रिय हो जाते

हो। तब तुम्हारी इच्छा ही मेरी इच्छा बन जाती है क्योंकि मेरी तो कोई इच्छा ही नहीं होती इसलिए तुम्हारे बीच रहते हुये मैं तुम्हारे जैसा ही होकर व्यवहार करता हूँ और तुम शुद्धरूप से अपने जैसा ही मुझे समझते हो। जब तुम ज्ञानी, बुद्धिजीवी, महान इत्यादि समझते हो तो सच मानो मैं भी तुम्हे ऐसा ही समझता हूँ। बस अन्तर यह होता है कि मैं तुम्हें मूर्ख और ज्ञानी दोनों सिद्ध कर सकता हूँ लेकिन तुम सिर्फ कह सकते हो सिद्ध नहीं कर सकते। इस सम्पूर्ण प्रक्रिया में मैं वही बोलता हूँ जो मैं कर्म करता हूँ और उसकी सफलता और असफलता का ज्ञान मुझे ही होता है इसलिए भविष्य में क्या होना है अच्छी प्रकार जानता हूँ लेकिन तुम तो वह बोलते हो जिसकी सफलता और असफलता का कर्म और ज्ञान दूसरे के अधीन होता है इस प्रकार सदा ही तुम्हारे अनुमान का गणित गलत ही सिद्ध होता है।

20. हे मानवों क्या तुम जानते हो भौतिकवाद और आध्यात्मवाद का व्यक्त मूल लक्षण क्या है? भौतिकवादी सीधे कर्म पर विश्वास करता है। जबकि आध्यात्मवादी ज्ञानयुक्त कर्म पर विश्वास करता है। भौतिकवादी का लक्ष्य धन होता है जबकि आध्यात्मवादी का लक्ष्य सिद्धान्त और नैतिकता होता है, धन मात्र साधन होता है साध्य नहीं। भौतिकवादी व्यक्ति किसी भी कर्म में धन के लिए बिना सोचे समझे शीघ्र प्रवृत हो जाता है जबकि आध्यात्मिक व्यि कर्म के उद्देश्य को बिना सोचे कर्म में प्रवृत्त नहीं होता चाहे उससे कितना भी अधिक धन क्यों न प्राप्त होता हो। भौतिकवादी व्यक्ति समय अर्थात काल ध्यान से मुक्त हो कर्म करता है जबकि आध्यात्मिक व्यक्ति पूर्णतः समय के ध्यान से युक्त हो कार्य करता है। भौतिकवादी व्यक्ति योजना आधारित कर्म नहीं करता इसलिए उसे हमेशा कर्म, नीति वक्तव्य बदलने पड़ते हैं और उसका पिछला कर्म व्यर्थ चला जाता है। जबकि आध्यात्मिक व्यक्ति योजना आधारित कर्म करता है इसलिए उसे कर्म, नीति, बदलने नहीं पड़ते हैं। उसका प्रत्येक पिछला कर्म उसके अगले कर्म के साथ संग्रहणीय, संक्रमणीय एवं गुणात्मक रूप से जुड़ता रहता है। भौतिकवादी व्यक्ति पहले कर्म करता है फिर उसके फल-सफलता और असफलता से ज्ञान प्राप्त करता है। आध्यात्मिक व्यक्ति पहले ज्ञान प्राप्त करता है फिर कर्म करता है जिससे उसके असफलता का अवसर कम हो जाता है। भौतिकवादी व्यक्ति इन्द्रिय- आँख, नाक, कान, त्वचा, जीभ इत्यादि केन्द्रित इच्छाओं से संचालित होता है जबकि आध्यात्मिक व्यक्ति आत्मीय इच्छाओं से संचालित होता है। भौतिकवादी व्यक्ति का ज्ञान और कर्म चक्र छोटा होता है इसलिए वह शीघ्र ही तनाव में फँस जाता है। जबकि आध्यात्मिक व्यक्ति का ज्ञान व कर्म चक्र बड़ा और व्यापक होता है इसलिए वह शीघ्रता से तनाव में नहीं फँसता। विपरीत परिस्थितियों में भौतिकवादी व्यक्ति शारीरिक, आर्थिक और मानसिक तीनों रूप से टूट जाता है। जबकि आध्यात्मिक व्यक्ति शारीरिक और आर्थिक रूप से टूटता है परन्तु वह मानसिक रूप से कभी नहीं टूटता। है मानव मानसिक रूप से टूटना ही मृत्यु है इसलिए तू कुछ दिन बाह्य कर्मों को त्याग कर अकर्मण्य हो अन्तः कर्म से युक्त हो आध्यात्मिक बन और मानसिक रूप से स्वस्थ होकर कर्म करते हुये जीवन का भोग कर।

21. हे मानव क्या तुम जानते हो सत्य आधारित नींव पर अपना जीवन निर्माण करने से क्या लाभ हैं? तो सुन सत्य आधारित जीवन निर्माण से लाभ यह है कि तुम्हें प्रत्येक उत्तर में बुद्धि नहीं लगानी पड़ेगी और तुम्हारा पिछला उत्तर, अगले प्रत्येक उत्तर का प्रमाणिक आधार होगा। इससे यह लाभ होगा कि तुम्हारे मन के पास अन्य विषयों को सोचने समझने के लिए समय ही समय होगा जबकि झूठ आधारित जीवन निर्माण में प्रत्येक उत्तर में बुद्धि लगानी पड़ेगी और सम्पूर्ण समय अगले उत्तर के सोचने में ही मन लग जायेगा और अन्ततः तुम्हारे पास भविष्य के विषयों के लिए सोचने का समय ही न रहेगा। परिणामस्वरूप तुम पूर्णतः अपने द्वारा ही निर्माण किये गये चक्रव्यूह में फँस जाओगे। सत्य आधारित जीवन विश्वसनीयता द्वारा आदर्श मानव का निर्माण कर धीरे-धीरे सम्बन्धों को बढ़ाता जाता है जबकि झूठ आधारित जीवन अविश्वसनीयता द्वारा अवसरवादी मानव का निर्माण कर धीरे-धीरे सम्बन्धों को कम करता जाता है। है मानव, क्या झूठ से सत्य का फल निकल सकता है? इसलिए पहले आदर्श मानव बन फिर शेष जो कुछ तुम्हें चाहिए वे सब स्वतः ही तुम्हारे पास आकर्षित होते आयेंगे

क्योंकि धन से मानव नहीं है, मानव से धन है। जब तुम झूठ आधारित जीवन का निर्माण कर मनुष्यत्व खो बैठोगे और पशुत्व को प्राप्त हो जाओगे तब सम्बन्धों को खो बैठोगे। वैसे भी पशुओं का सम्बन्ध धन से नहीं होता, हाँ पशु एक धन अवश्य होता है। जिसका उपयोग मनुष्य करते है। अर्थात तुम मनुष्यों के लिए प्रयोग में लाये जाने वाले एक मानव-पशु बन जाओगे। फिर तुम्हारा आजीवन शोषण ही होगा और तुम्हें पता भी न चलेगा। है मानव, जीवन एक ''वन वे ट्रैफिक रोड (एक ही दिशा में चलने के लिए सड़क)'' हैं जिस पर बढ़ने के बाद लौटना मुश्किल होता है इसलिए भलि-भाँति सोचकर ही जीवन निर्माण के लिए अग्रसर हों।

22. हे मानवों, क्या तुम स्वार्थ और निःस्वार्थ में अन्तर जानते हो? तो सुनो इस जगत में बिना स्वार्थ कोई भी कर्म नहीं होता और न ही सम्भव है। स्वार्थवश ही बँधकर सभी कर्म करते हैं। जब स्वार्थ व्यक्त होता है तो उसे व्यक्त स्वार्थ तथा जब अव्यक्त होता है तब अव्यक्त स्वार्थ कहते हैं। जब व्यक्त स्वार्थ का लाभ आधा-आधा स्व-कल्याण और लोक कल्याण के लिए होता है तब आदर्श मानव का स्वरूप व्यक्त होता है। जब व्यक्त स्वार्थ का अधिकतम लाभ लोक कल्याण के लिए होता है तब निःस्वार्थ मानव का स्वरूप व्यक्त होता है परन्तु किसी भी स्थिति में जितना बड़ा निःस्वार्थ कर्म होता है उतना ही बड़ा वह स्वार्थ कर्म होता है। है मानव, मैं ही सबसे बड़ा स्वार्थी हूँ और सबसे बडा निःस्वार्थी हूँ क्योंकि जिस प्रकार तुम अपने स्वार्थ को नहीं छोड़ सकते उसी प्रकार मैं भी अपने स्वार्थ को नहीं छोड़ सकता। यह अलग बात है कि तुम्हारा स्वार्थ सिर्फ तुम्हें ही लाभ पहुँचाता है और मेरा स्वार्थ लोक कल्याण के लिए जन सामान्य को लाभ पहुँचाता है। है मानव, जिसका स्वार्थ अव्यक्त है वही शुद्ध रूप से स्वार्थी है तथा जिसका स्वार्थ व्यक्त है वही निःस्वार्थ की ओर है। इसलिए उसी के साथ सम्बन्ध और कार्य कर जिसका स्वार्थ व्यक्त है अन्यथा तू कभी भी विश्वासघात, शोषण और विपत्तियों में फँस सकते हो। इसी प्रकार मैं ही सबसे बडा हिंसक हूँ और सबसे बड़ा अहिंसक हूँ क्योंकि जिस प्रकार तुम व्यक्तिगत लाभ के लिए हिंसा पर उतर आते हो उसी प्रकार मैं लोक कल्याण के लिए हिंसा पर उतर आता हूँ। परन्तु मेरी हिंसा, अहिंसा कही जाती है क्योंकि उसका उद्देश्य अहिंसा और लोक कल्याण की स्थापना होती है।

23. हे अपनी पहचान बनाने के लिए संघर्षरत मानवों, तुम तो अपनी पहचान बनाने का मार्ग भी नहीं जानते। तुम अपनी पहचान का मार्ग बनाने के लिए इस प्रकार मार्गों को पहचानों। पहचान के ये मूल विषय है शारीरिक-निम्नतम, आर्थिक-मध्यम, मानसिक और आध्यात्मिक-सर्वोच्च तथा ऐतिहासिक आध्यात्मिक-अन्तिम एवं क्रमशः उत्तरोत्तर बढ़ते हुये ये स्तर है- ग्राम या मुहल्ला, विकास क्षेत्र या नगर, अनुमण्डल, जनपद, मण्डल, प्रदेश, देश, विश्व और मध्यस्थ अन्य स्तर। शारीरिक पहचान सबसे कठिन पहचान का मार्ग है। आर्थिक पहचान, शारीरिक से थोड़ा कम कठिन मार्ग है। मानसिक और आध्यात्मिक पहचान सरल मार्ग है तथा ऐतिहासिक आध्यात्मिक पहचान दुर्लभ मार्ग है जो एक युग में एक बार ही आता है। है मानव, जब ऐतिहासिक आध्यात्मिक दुर्लभ पहचान का मार्ग प्राप्त हो तब तुम किस पहचान के लिए संघर्ष कर रहे हो। तुम्हें इस मार्ग से जुड़कर ही पहचान प्राप्त करना चाहिए क्योंकि सदा उच्च और व्यापक स्तरीय पहचान ही निम्न और सीमित स्तरीय पहचान को पहचान प्रदान करता है। निम्न और सीमित स्तरीय पहचान सदा उच्च और व्यापक पहचान का माध्यम या साधन होता है। इसलिए है मानव, तू व्यापक स्तरीय ऐतिहासिक आध्यात्मिक पहचान में अपने निम्न स्तरीय पहचान को विलीन कर उसी भाँति व्यापक पहचान को प्राप्त कर जिस प्रकार मृत्यु के बाद पुनः जीवन प्राप्त होता है। ऐसा न कर तू तो स्वयं अपनी पहचान खो देगा क्योंकि जो पहचान व्यक्त अर्थात रेकार्डेड इत्यादि नहीं हो पाता वह तो वैसे ही कुछ समय बाद या तुम्हारी मृत्यु के बाद विलीन हो जाता है। फिर तू किस पहचान की बात करता है?

24. हे मानवों, तुम्हारा यह मानव जीवन सांसारिकता का पालन करने के लिए नहीं, सांसारिकता पर विजय प्राप्त करने के लिए प्राप्त हुआ है। तुम्हारा यह जीवन प्रकृति का अनुसरण करने के लिए नहीं प्रकृति पर विजय प्राप्त

करने के लिए प्राप्त हुआ है। इसलिए है मानव, तू सांसारिकता और प्रकृति द्वारा संचालित न हो तू सांसारिकता और प्रकृति को ही संचालित करने का प्रत्यन करते हुये जीवन का समभाव से भोग कर। यही तेरा मनुष्य जीवन का उद्देश्य है।

25. हे मानवों, क्या तुम ज्ञान और ध्यान में अन्तर और उसकी उपयोगिता को जानते हो? तो सुनो, सम्पूर्ण ब्रह्माण्ड ही ज्ञान मय है परन्तु उसकी प्रमाणिकता समयानुसार उसकी व्यावहारिकता ही है अर्थात ज्ञान का अपना अस्तित्व सर्वव्यापी होते हुये भी वह ध्यान द्वारा अर्थात समयानुसार प्रयोग द्वारा ही प्रमाणित होता है। इस प्रकार यह प्रमाणित है कि ध्यान ही ज्ञान है न कि ज्ञान ही ध्यान है। है मानवों, ज्ञानी समय से मुक्त होकर मात्र सत्य वाणियों की एक श्रृखंला ही व्यक्त करता है जबकि ध्यानी समय से युक्त अर्थात समयानुसार होकर सत्य वाणियों की व्यावहारिकता व्यक्त करता है। जो मानव जीवन में ज्ञान की उपयोगिता को व्यक्त करता है। इसलिए है मानव, तू ध्यानी बन क्योंकि ध्यान ही तुम्हें ज्ञान की व्यावहारिकता, उपयोगिता और सर्वोच्चता का लाभ दे सकता है। यह ध्यान ही धर्म है, कर्म है। इस ध्यान से ही वेद, वेदान्त, शास्त्र प्रमाणित होते हैं अन्यथा वे सत्य शब्दों की श्रृखंला मात्र ही हैं जो सुनने में तो प्रिय और सत्य होते हैं परन्तु व्यावहारिक नहीं।

26. हे समन्वयीकृत ज्ञान और समन्वयीकृत दृश्य ज्ञान को न समझ सकने वालों, तुम इसे इस प्रकार समझो- समन्वयीकृत ज्ञान व्यक्तिगत प्रमाणित देश-काल मुक्त सत्य है जबकि समन्वयीकृत दृश्य ज्ञान सार्वजनिक प्रमाणित देश काल मुक्त कर्म ज्ञान है सिद्धान्त है। समन्वयीकृत ज्ञान का ही दृश्य रूप समन्वयीकृत दृश्य ज्ञान है। समन्वयीकृत ज्ञान व्यक्तिगत अर्थात व्यष्टि मोक्ष या मुक्ति के लिए है तो समन्वयीकृत दृश्य ज्ञान सार्वजनिक अर्थात समष्टि मोक्ष या मुक्ति के लिए है। समन्वयीकृत ज्ञान सत्य-ज्ञान है तो दृश्य ज्ञान सत्य-व्यावहारिकता है। ज्ञान के उदाहरण संत सम्प्रदाय के कबीर, रविदास, रैदास इत्यादि हैं तो दृश्य ज्ञान के उदाहरण उसी ओर बढ़ता श्री कृष्ण का गीतोपनिषद् तथा स्वामी विवेकानन्द का वेदान्त की व्यावहारिकता है। दृश्य ज्ञान का पूर्ण रूप विश्वमानव का कर्मवेद है। समन्वयीकृत ज्ञान निवृत्ति मार्गी के लिए तथा समन्वयीकृत दृश्य ज्ञान प्रवृत्ति मार्गीयों के लिए उपयोगी है। है मानवों, जीवन है तो कर्म करना ही पड़ेगा इसलिए तू व्यक्तिगत मोक्ष या मुक्ति की चिन्ता छोड़ कर सार्वजनिक जीवन में प्रवृत्ति हो और सार्वजनिक मोक्ष या मुक्ति के लिए समन्वयीकृत दृश्य ज्ञान को आत्मसात् कर क्योंकि तेरी व्यक्तिगत मुक्ति से समाज को क्या लाभ होगा? व्यक्तिगत मुक्ति के लिए तो पशु भी कर्म कर रहे हैं, तू तो मनुष्य हैं। ध्यान रख समन्वयीकृत ज्ञान द्वारा सामाजिक नियंत्रण मानसिक गुलामी है तथा समन्वयीकृत दृश्य ज्ञान द्वारा सामाजिक नियंत्रण ही मानसिक और आध्यात्मिक स्वतन्त्रता है। और यही तुम्हारी वास्तविक स्वतन्त्रता और मनुष्य जीवन का उद्देश्य है। यही सफल, सन्तुलित शक्तिशाली अदृश्य सत्ता का भी प्रबन्ध और संचालन सिद्धान्त है। जिसके द्वारा सम्पूर्ण ब्रह्माण्ड नियंत्रित और विकसित होते हुए मुक्ति या मोक्ष की ओर बढ़ रहा है। है मानव, तू भी इसी सूत्र के अनुसार अपने संगठन की योजना, प्रबन्ध और नियंत्रण कर क्योंकि यही प्रकृति संसाधन विकास और मानव संसाधन विकास का मूल सिद्धान्त है। जिसके अंशों से प्रभावित हो धीर-धीरे अनेक संगठन सफलता प्राप्त कर रहे हैं और जो पूर्ण सफल हैं वे इसी सिद्धान्त के पूर्ण प्रभाव में है।

27. हे भारत के मानवों, क्या तुम जानते हो भारत में असुरी प्रवृत्तियों के बढ़ने का क्या कारण है? तो सुनो आज के पूर्व जितने विदेशी व देशी स्थूल शरीर धारी सूक्ष्म शरीर भारत को नष्ट-भ्रष्ट कर डालने की अन्तिम इच्छा रखते हुये अपने स्थूल शरीर का त्याग भारत में कर चुके हैं। उन का सम्पूर्ण मन, अपने मन की पूर्णता के लिए योग्य वातावरण पाकर पुनः स्थूल शरीर धारण कर व्यक्त हो चुके हैं, भले ही वे भारतीय भूमि पर क्यों न जन्म ग्रहण किये हों परन्तु उनमें सूक्ष्म शरीर उन्हीं इच्छाओं को धारण कर व्यक्त है। जो भारत के परतन्त्रता के समय विदेशीयों की थी। यही नहीं उनका प्रभुत्व इस समय इतना बढ़ चुका है कि वे भारतीय दैवी प्रवृत्तियों को

भी असुरी प्रवृत्तियों में बदलने में सफलता भी प्राप्त करने लगी हैं। क्योंकि जिनका मन पर नियंत्रण नहीं होता उनका मन वातावरण के अनुसार बदल जाते हैं। और वर्तमान में सर्वत्र असुरी प्रवृत्ति का ही वातावरण प्रभावी है। इससे बचने का एक मात्र और अन्तिम उपाय है- दैवी प्रवृत्ति का वातावरण निर्माण जो मात्र आध्यात्मिक ज्ञान के प्रसार और प्रभुत्व द्वारा ही सम्भव है।

28. हे पौराणिक कथाओं को न मानने वालों क्या तुम जानते हो कि तुम उन कथाओं को क्यों नहीं मानते? तो सुनो तुम इसलिए उसे नहीं मानते क्योंकि तुम उन कथाओं में प्रक्षेपित सगुण-साकार-दृश्य शरीरों में स्वंय को केन्द्रित करते हो जबकि तुम्हें उनके गुणों में स्वयं को केन्द्रित करना चाहिए। तुम उन्हें इस वर्तमान समाज से दूर कहीं केन्द्रित कर देखते हो जबकि तुम्हें उसे वर्तमान के इस समाज में देखना चाहिए। तुम उन कथाओं में प्रक्षेपित चमत्कारों में स्वंय को केन्द्रित कर देखते हो। जबकि तुम्हें उसे सत्य के गुण अर्थात शक्तिमान रुप में देखना चाहिए। तुम लोकों- स्वर्ग, ब्रह्म इत्यादि को उपर कहीं केन्द्रित कर देखते हो जबकि तुम्हें मन की उच्च. उच्चतर, और सर्वोच्च तथा अन्तिम स्तर रुप में देखना चाहिए तुम कथाओं में प्रक्षेपित स्थान, वातावरण, व्यवस्था, संसाधन इत्यादि में स्वयं को केन्द्रित कर देखते हो जबकि तुम्हें स्थान, वातावरण, व्यवस्था, संसाधन इत्यादि के गुणों में स्वयं को केन्द्रित कर देखना चाहिए। है मानव इन कथाओं से व्यक्त अर्थ मानव जीवन के लिए सत्य और शाश्वत है न कि उसी रुप में प्रत्यक्ष दृश्य दर्शन और उसी रुप में पुनरावृति। इसलिए है मानव, तू इन कथाओं से ज्ञान प्राप्त कर और अपने जीवन में विभिन्न प्रकार के प्रवृतियों की पहचान कर जीवन का निर्माण कर।

29. हे भूत-प्रेत, पिशाच, चुड़ैल, जिन्न इत्यादि को मानने वालों क्या तुम नहीं जानते कि यह मानव की सबसे निम्नतम स्तर की व्यक्तिगत प्रमाणित अदृश्य कृति है। क्या तुम्हें कभी ऐसा अनुभव नहीं हुआ कि तुम भ्रम में किसी वस्तु को कुछ दूसरी अन्य वस्तु समझ रहे थे। पुनः अगले क्षण में जब तुम्हारा वास्तविकता से परिचय हुआ तो तुम्हारा भ्रम समाप्त हो गया। ऐसी स्थिति में तुम्हारा मन निम्नतम भ्रम से उच्चतम सत्य में ही तो स्थापित हो गया था। ठीक यही स्थिति भूत-प्रेत इत्यादि के सम्बन्ध में भी है। ये उन्हीं को दिखते हैं जिनका मन निम्नतम स्तर पर केन्द्रित हो जाता है। जब यह कभी क्षण मात्र के लिए केन्द्रित होता है तब डर और शरीर में सिहरन-कम्पन उत्पन्न कर देता है। तथा जब यह ध्यान अर्थात सतत प्रवाह के रुप में मन में प्रवाहित होने लगता है तब अमानवीय निम्नतम क्रियायें व्यक्त होने लगती हैं। इसी को भूत-प्रेत इत्यादि से पीड़ित कहते हैं। चूंकि यह व्यक्तिगत प्रमाणित है इसलिए इसके मानने वाले कभी-कभी अन्य रोगों से पीड़ित दूसरे व्यक्ति पर अपना निम्नतम विचार प्रभावी कर देते हैं या कहते-कहते लाद देते हैं। और उस व्यक्ति का जीवन विनाश की ओर बढ़ा देते हैं। है मानव, तू यह निश्चित रुप से जान यह भूत-प्रेत इत्यादि पूर्ण व्यक्तिगत प्रमाणित अदृश्य विषय है। जिसका सार्वजनिक प्रमाणित दृश्य रुप स्वयं मन की निम्नतम स्तर से प्रभावित व्यक्ति ही है। क्योंकि व्यक्ति का सम्पूर्ण निर्माण उसका मन ही करता है। इसलिए उच्च मन स्तर व्यक्ति इससे कभी प्रभावित नहीं होते और न ही मानते हैं। इसलिए है मानव, तू सदा अपने मन को उच्च से उच्चतर, उच्चतर से उच्चतम और उच्चतम से सर्वोच्च और अन्तिम की ओर गति करा अपने मन को स्वयं के द्वारा निर्मित निम्नतम रोगों से मुक्ति दिलाने का प्रयत्न कर और भूत-प्रेत इत्यादि का विचार मानने के लिए किसी के उपर दबाव मत डाल क्योंकि ऐसा कर तू उसका हित नहीं करता।

30. हे पुनर्जन्म को न मानने वालों, क्या तुम सिर्फ अपने ही व्यक्तिगत प्रमाणित अदृश्य मन को सर्वोच्च मानने की ठान चुके हो, तुम नहीं जानते कि संसार में प्रत्येक वस्तु का एक अदृश्य रूप भी है। यदि नहीं तो बताओं पानी गर्म करने पर धीरे-धीरे वह कहाँ चला जाता हैं? मोमबत्ती जलते-जलते कहाँ चला जाता है? तुम्हारा शरीर त्याग के बाद कहाँ चला जाता है? इत्यादि, इत्यादि। क्या तुम वर्तमान समय में हर क्षण सार्वजनिक प्रमाणित दृश्य

पदार्थ विज्ञान में जन्म, स्थिति और मृत्यु में होने के बावजूद भी पदार्थ विज्ञान को असत्य कह सकते हो? यदि हाँ तो तुम ही असत्य सिद्ध हो जाओगे। पदार्थ विज्ञान नहीं। यदि नहीं तो तुम्हें पुनर्जन्म मानना ही होगा और यह स्वीकार करना ही होगा कि जब भी तुम विपत्तियों में फंसते हो वह तुम्हारे इस जीवन का कर्म हो सकता है। इसी प्रकार तुम्हारा सम्पूर्ण जीवन जो फल रुप में व्यक्त है वह पूर्व जीवन का कर्म है और इस जीवन का कर्म ही अगले जीवन के लिए फल होगा। है मानव, तुम्हें इस जीवन में जो संसाधन, वातावरण इत्यादि प्राप्त हुये हैं, वे सब तुम्हारे पूर्व जीवन के अपूर्ण मन को पूर्णता प्रदान करने के लिए ही है इसलिए तू उसका पहचान कर और अपने मन को पूर्णता की ओर ले जाने का प्रयत्न कर। तू इस जीवन में क्या हो इसकी चिन्ता त्याग कर अगले जीवन में क्या होना है इसकी भी चिन्ता के साथ कर्म कर अन्यथा तू और भी बदतर जीवन लेकर अगले जीवन में व्यक्त होगे।

31. हे अवतारों को न मानने वालों, क्या तुमने स्वयं अपने व्यक्तिगत जीवन में कभी ऐसा अनुभव नहीं हुआ जिसमें तुम्हें लगा हो कि तुम उत्थान के उच्चतम शिखर पर खड़े हो फिर अगले क्षण लगा हो कि तुम पतन की निम्नतम स्थिति पर खड़े हो। बस यही तो प्राकृतिक सत्य नियम या आदान-प्रदान है। ठीक यही घटना सम्पूर्ण समाज पर भी घटती है। कभी समाज उत्थान के उच्चतम शिखर पर तो कभी पतन की निम्नतम स्थिति पर खड़ा हो जाता है। समाज की स्थिति को सार्वजनिक रुप से सभी देख सकते है। परन्तु व्यक्ति की स्थिति को व्यक्तिगत रुप से सिर्फ व्यक्ति ही अनुभव कर सकता है। जब समाज अर्थात व्यक्तियों का समूह की स्थिति पतन अर्थात सांसारिकता में पूर्ण बद्ध अर्थात व्यक्तिगत लाभ ही सर्वोच्च आधारित हो व्यक्त हो जाता है तब व्यक्ति की स्थिति यह हो जाती है कि वह अपनी आंखें बन्द कर लेने मात्र से ही स्वयं को सुरक्षित समझने लगता है। है मानव, जब ऐसी स्थिति आती है तब यह समझना चाहिए कि समाज पतन की निम्नतम स्थिति को प्राप्त हो गया है और पूर्ण वेग के साथ समाज को उत्थान के उच्चतम शिखर पर पहुँचाने और व्यक्ति को आंखें खुली रखकर सुरक्षित अनुभव कराने का अवतारों का समय हो गया है। क्योंकि परिवर्तन या आदान-प्रदान जो अटलनीय होता है। यह कार्य जिस मानव शरीर के माध्यम से सम्पन्न होता है उसे ही अवतार कहते हैं। और उसके द्वारा व्यक्त ज्ञान ही सत्य-ज्ञान और सत्य-सिद्वान्त होते हैं। है मानव, यह प्राकृतिक नियम या आदान-प्रदान जिस प्रकार प्रकृति अपने अन्दर संचालित करती है उसी प्रकार तू भी अपने अन्दर इसे संचालित कर क्योंकि तू इसे यदि अपने अन्दर संचालित नहीं करेगा तो तू इस जीवन संघर्ष में पीछे रह जायेगा और उत्थान के वेग का लाभ उठा नहीं पायेगा। है मानव, अवतार गण भी अपने अन्दर सतत परिवर्तन या आदान-प्रदान को ही संचालित करते हुये सम्पूर्ण समाज को उत्थान के शिखर पर पहुँचाते हैं न कि किसी चमत्कार से। चमत्कार तो सिर्फ अन्ध भक्ति उत्पन्न करता है जबकि आदान-प्रदान या परिवर्तन, कर्मज्ञान उत्पन्न करता है इसलिए चमत्कार आश्चर्यजनक हो सकता है परन्तु जीवन निर्माण के लिए लाभकारी नहीं हो सकता।

32. हे समाजशास्त्रीयों, क्या तुम वर्तमान विदेशी मैकाले शिक्षा प्रणाली का सर्वोच्च फल जानते हो? तो सुन इस शिक्षा प्रणाली का मुख्य फल है-निर्भरता से युक्त मानव निर्माण और उद्देश्य है ऐसे ही मानव का निर्माण। न कि आत्म निर्भरता से युक्त मानव और उसका निर्माण। इसी कारण भारत में, शिक्षित होकर नौकरी ही मांगने वालों की भीड़ उत्पन्न हो गयी है। जो बिना नेतृत्वकर्ता या प्रबन्धक के संचालित ही नहीं हो पाती। हर परिस्थिति में उन्हें इंजनरुपी नेतृत्वकर्ता या प्रबन्धक की आवश्यकता पड़ती है। वे किसी भी स्थिति में स्वयं को नेतृत्वकर्ता और प्रबन्धक रुप में देख ही नहीं पाते, यहाँ तक की उनकी भाषा भी नहीं समझ पाते। मैकाले शिक्षा पद्धति राज्य तन्त्र के लिए ठीक है जिससे सरकार के सामने घुटने टेकने वाले अधिकतम होगें और राजनेताओं का प्रभुत्व बना रहेगा परन्तु यह प्रजातन्त्र या लोकतंत्र या गणराज्य या समाज के लिए ठीक नहीं है। क्योंकि इसमें न तो लोकतंत्र स्वस्थता प्राप्त कर पायेगा, न ही मूल जन समस्याओं को ही कम किया जा सकता है। है मानव, तू इस लोकतंत्र में मैकाले शिक्षा पद्धति में अनुपलब्ध पूर्ण ज्ञान का शिक्षा प्राप्त कर तथा आत्म निर्भर होकर

देश तथा स्वस्थ लोकतंत्र की स्थापना में सहयोग, कर्तव्य और सेवा कर। यही सबसे बड़ी देश सेवा और देश भक्ति है क्योंकि जब तक सरकार मूल समस्याओं से ही घिरी रहेगी तब तक सरकार सर्वोच्च समस्याओं पर कार्य ही न कर सकेगी।

33. हे धन लाभ के लिए सलाह मांगने वालों, एक तरफ तुम सलाह भी मांगते हो दूसरी तरफ तुम अपने ही ज्ञान मार्ग द्वारा ही धन लाभ प्राप्त करना चाहते हो। तुम्हीं बताओं तो फिर सलाह की उपयोगिता और आवश्यकता क्यों हुई? और क्या हुई? यदि तुम पूरब को पाना चाहते हो तो मैं तो कहूँगा पूरब की ओर जाओ। यदि तुम पश्चिम के रास्ते पूरब को पाना चाहते हो तो पा सकते हो लेकिन रास्ता लम्बा होगा, कठिन होगा, संघर्षशील होगा, असफलता की स्थिति अधिक होगी और यदि तुम्हें अपना यह रास्ता ही विश्वसनीय-प्रिय होगा तो मेरे सलाह की आवश्यकता क्या हैं? है मानव, यदि तू किसी आध्यात्मिक व्यक्ति से सलाह मांगेगा तो वह तुम्हें सर्वांगीण लाभ का ही सरल मार्ग बतायेगा। इससे यह न सोच कि जो तुम चाहते हो, वह व्यक्ति क्यों नहीं प्राप्त किया या क्यों नहीं सफल हुआ। तो सुन, तुम जो प्राप्त करना चाहते हो वह तुम्हारा साध्य अर्थात लक्ष्य है जब कि उस व्यक्ति का वह साधन अर्थात माध्यम है न कि लक्ष्य या साध्य है इसलिए वह उसे प्राप्त करने में सक्षम होते हुये भी प्राप्त नहीं करना चाहता।

34. हे जातिवाद करने वालों, तुम्हें तो जातिवाद करने भी नहीं आता, तुम तो अपने जाति के कुछ व्यक्तियों की सहायता मात्र कर समग्र जाति परिवार को भंयकर विरोध, असहयोग, अलगाव और हिंसा का शिकार बना देते हो, जानते हो इस प्रकार की जातिवाद को घृणित जातिवाद कहते हैं। है मानव, तुम्हें मेरी तरह समग्र जाति को ज्ञान दान द्वारा स्वप्रेरित कर उपर उठाते हुये स्वस्थ जातिवाद करना चाहिए जिससे जातिवाद कहा भी न जा सके और जाति उत्थान भी हो जाये। क्योंकि ज्ञान दान का कार्य प्रकृति आविष्कृत मानव जाति अर्थात लोक कल्याण के लिए होता है न कि किसी एक मानव आविष्कृत जाति के लिए। इस प्रकार तुम अपनी जाति के लिए प्रमाणिक आदर्श पुरूष भी बन जाओगे जिस पर तुम्हारी जाति गर्व करेगी क्योंकि जिस जाति में तुम जन्म ग्रहण किये हो उससे सम्बन्ध विच्छेद न तुम्हारे वश में है न ही समाज के वश में है। तुम कोई भी उपाय निकालो समाज तुम्हें उस जाति और सम्प्रदाय से जोड़ेगा ही क्योंकि समाज प्रत्येक को प्राथमिकता के साथ जाति के ही दृष्टि से देखने के दुर्गुण से ग्रसित हो चुका है।

35. हे नौकरी ओर नौकरी में आरक्षण मांगने वाले क्या तुम नहीं जानते कि तुम अपने भविष्य को अवरूद्ध करने की मांग कर रहे हो? क्या तुम नहीं जानते कि भविष्य ज्ञान व व्यापार का है? भविष्य में ज्ञानीयों और व्यापारियों का ही प्रभुत्व होगा। क्या तुम नहीं जानते कि नौकरी और नौकरी में आरक्षण मांगकर सदियों से प्रताड़ना सहने के बाद पुनः नये तरीके से प्रताड़ना में फँसने का ही स्वयं मांग कर रहे हो। क्या तुम नहीं जानते कि नौकरी शूद्रों का आधुनिक संस्कारित रूप है। क्या तुम नहीं जानते कि शूद्र से उच्च व्यापारी अर्थात वैश्य, वैश्य से उच्च क्षत्रिय अर्थात नेतृत्व और क्षत्रिय से उच्च ब्राह्मण अर्थात नियंत्रक है। इसलिए है मानव अपने विकास के लिए उच्च गति करते हुए शूद्र से वैश्य, वैश्य से क्षत्रिय, क्षत्रिय से ब्राह्मण की ओर गति कर न कि निम्न गति या शूद्र से आधुनिक शूद्र की ओर। क्या तुम नहीं जानते कि वैश्य अर्थात व्यापारी और ब्राह्मण अर्थात नियंत्रक ही प्रत्यक्ष और अप्रत्यक्ष रूप से सर्वोच्च है। इसलिए है मानव तू ज्ञान और व्यापार अर्थात उद्यम के लिए मांग कर, इसमें ही आरक्षण के लिए मांग कर और इसमें ही प्रभुत्व स्थापित कर।

36. हे व्यापारियों तुम व्यापार के मुख्य सिद्धान्त-"समभाव में स्थित हो प्राकृतिक सत्य या परिवर्तन या आदान-प्रदान को अपनी ओर केन्द्रित कर आदान-प्रदान करना" को सार्वजनिक रूप से व्यक्त क्यों नहीं कर देते। इससे तो तुम्हारा ही लाभ होगा क्योंकि जब अधिकतम व्यापारी होगें तब व्यापार स्वेच्छा, सरलता और एक

दूसरे को समझते हुये सहभागिता से संचालित होगा। तुम सार्वजनिक घोषणा क्यों नहीं कर देते कि समभाव में स्थित हो शारीरिक आदान-प्रदान आधारित व्यापार निम्नतम, समभाव में स्थित हो आर्थिक आदान-प्रदान आधारित व्यापार-मध्यम तथा समभाव में स्थित हो मानसिक आदान-प्रदान आधारित व्यापार सर्वोच्च और अन्तिम लाभ देने वाला व्यापार है। है मानव, तुम अधिक लाभ-प्राप्त करने के लिए क्रमशः शारीरिक, आर्थिक और मानसिक आधारित उस उत्तरोत्तर बढ़ते हुये क्रम के योग्य बनकर व्यापार कर।

37. हे उद्योगपतियों, तुम उद्योगों के प्रबन्ध और संचालन योजना का मुख्य सिद्धान्त- ''समभाव में स्थित और प्राकृतिक सत्य या परिवर्तन या आदान-प्रदान के ज्ञान से युक्त हो मूल पाँच कर्म आदान-प्रदान, ग्रामीण, आधुनिकता, शिक्षा और विकास के क्षेत्र में शारीरिक, आर्थिक और प्राकृतिक सत्य या परिवर्तन या आदान-प्रदान को अपनी ओर केन्द्रित कर करना'' को सार्वजनिक रूप से व्यक्त क्यों नहीं कर देते। इससे तो तुम्हारा ही लाभ होगा क्योंकि जब संघर्षशील उद्यमी सफलता प्राप्त करते हुये उद्योगों के क्षेत्र में बढ़ेंगे तब सभी उद्योग स्वेच्छा, सुगमता, सरलता और एक-दूसरे को समझते हुये सहभागिता से संचालित होगा। तुम सार्वजनिक घोषणा क्यों नहीं कर देते कि पूर्ण सांगठनिक सफलता का यही मूल मंत्र और सूत्र है।

38. हे नारियों क्या तुम जानती हो कि तुम्हारा ज्ञानी और ध्यानी बनना क्यों अतिआवश्यक है? तो सुनो, यह इसलिए आवश्यक है कि तुमसे वर्तमान और भविष्य दोनों निर्मित और प्रभावित होता है जबकि पुरूषों से सिर्फ वर्तमान ही प्रभावित और निर्मित होता है। यह कैसे होता है? तुम्हारे नियंत्रण में वर्तमान रूप-पति तथा भविष्यरूप-सन्तानें दोनों होती हैं। यही नहीं तुम्हीं से इन दोनों का मन निर्माण होता है। तुम्हारे पास जितना ज्ञान और ध्यान होता है वही अधिकतम सम्पर्क में रहने वाले सन्तानों और पति पर प्रभावी होकर उसी रूप में उनका निर्माण कर देता है। इसलिए है नारियों, तु अपने व्यक्तिगत जीवन, पारिवारिक जीवन एवं नारी जाति के सर्वांगीण विकास और पूर्णता का अतिआवश्यक ही नहीं इस अन्तिम रास्ते को पहचान तथा अवश्य ही ज्ञानी और ध्यानी बन।

39. हे युवाओं क्या तुम जानते हो महत्वाकांक्षी होने से क्या लाभ हैं? इससे लाभ यह होता है कि व्यक्ति के अन्दर कर्म की प्रबलता का सतत प्रवाह बढ़ता जाता है। और तुम हर क्षण अपने लक्ष्य को पाने के लिए कर्मशील, विचारक एवं नीतिज्ञ गुणों को अपने अन्दर विकसित करते रहते हो जो तुम्हारे जीवन के लिए अतिआवश्यक है। परन्तु है युवाओं महत्वाकांक्षा का यह अर्थ नहीं कि तुम अपने लक्ष्य को बिना योग्यता के ही प्राप्त करने का प्रयत्न करो, ऐसा कर तुम स्वयं को विनाश की ओर ही ले जाओगे क्योंकि ऐसे में तुम निश्चित रूप से गलत साधनों का ही प्रयोग करोगे। महत्वाकांक्षी बनकर तुम उन योग्यताओं को प्राप्त करो जो तुम्हारे लक्ष्य के लिए सहायक और आवश्यक हो। इसलिए है युवाओं, तू महत्वाकांक्षी बन और अपने जीवन के उद्देश्य को निश्चित कर उसे पाने का सतत प्रयत्न कर।

40. हे मानवों, क्या तुम जानते हो प्रतिज्ञा या संकल्प के क्या लाभ हैं? तो सुन, प्रतिज्ञा और संकल्प लेने से तुम्हें स्वयं को नियंत्रित करने का आधार प्राप्त होता है। परन्तु है मानवों? प्रतिज्ञा और संकल्प को अपने जीवन का अन्तिम लक्ष्य कभी न बनाना क्योंकि कोई भी प्रतिज्ञा या संकल्प तुम्हारा जीवन नहीं हो सकता, वह जीवन को नियंत्रित करने का माध्यम मात्र होता है। इसलिए तू स्वयं को नियंत्रित करने के लिए संकल्प या प्रतिज्ञा कर अन्ततः उसके पालन का प्रयत्न कर और जब न पूर्ण हो सके तो नये व्यापक प्रतिज्ञा या संकल्प द्वारा उसे तोड़ दे क्योंकि ध्यान रख प्रतिज्ञा करने वाला स्वेच्छा से, तू ही है। और स्वेच्छा से प्रतिज्ञा या संकल्प तोड़ने वाला भी तू ही है। इसमें दूसरे व्यक्ति का कोई लेना-देना नहीं है न ही उनके बातों पर ध्यान देने योग्य है क्योंकि वे तो बिना

प्रतिज्ञा के तुमसे भी निम्न कोटि के ही है। इसलिए है मानवों, तू स्वयं को बाँधने और नियत्रिंत करने के लिए प्रतिज्ञा या संकल्प ले।

41. हे मानवों, क्या तुम सिर्फ उगे या उगते हुये सूर्य को ही प्रणाम करते हो? या करना चाहते हो? तब तो तुम मूर्ख हो क्योंकि उगते या उगे सूर्य को तो सभी प्रणाम करते हैं फिर तुममें और अन्य में कोई अन्तर नहीं हैं। उगता सूर्य या उगा सूर्य तो सभी को एक समान प्रकाश देता है। उसके सामने कोई विशेष नहीं होता, न ही कोई उसका अपना होता है। विशेष और अपना तो वह है जो यह पहचानता और जानता है कि वह सूर्य है जो उगने के लिए ही अभी डुबा हुआ है। तब भी उसे श्रद्धा भाव से प्रणाम करता है। इसलिए है मानव, तू उस उगने के लिए डुबे सूर्य की पहचान कर और उसे प्रणाम कर इससे तुममे श्रद्धा भाव और आस्था भाव उत्पन्न होगा और उगे हुये सूर्य के लिए तुम अनायास ही विशेष रूप से पहचाने जाओगे।

42. हे मानवों, क्या तुम जानते हो, कर्ता और द्रष्टा बनने से क्या लाभ है? तो सुन, कर्ता और द्रष्टा बनने से तुम्हें अपने ही कर्मों का निरीक्षण, गलतियाँ सुधारने का अवसर, कार्यकुशलता इत्यादि का ज्ञान प्राप्त होता है। सिर्फ कर्ता बनने से तुम्हें सिर्फ कर्मों का फल ही बार-बार भुगतना पड़ता है और सिर्फ द्रष्टा बनने से तुममे समय की उपयोगिता की पहचान का गुण समाप्त हो जाता हैं। परिणामस्वरूप तुम सिर्फ मूकदर्शक बन जाते हो। क्या तुम नहीं जानते कि मूकदर्शक के हाथ कुछ नहीं लगता उसके पास से ही उसका लक्ष्य विकास और सफलता का मार्ग एवं अवसर निकल जाता है और वह द्रष्टा ही बना रह जाता है। इसलिए है मानव, तू न तो सिर्फ कर्ता बन न ही सिर्फ द्रष्टा बन बल्कि तू कर्ता और द्रष्टा दोनों बन यही तुम्हें जीवन संघर्ष में समयानुसार आगे की ओर ले जाने में सक्षम है।

43. हे ज्ञानी और सिद्धान्तवादी मानवों, ज्ञानी और सिद्धान्तवादी होना महत्वपूर्ण उपलब्धि है परन्तु इसका अर्थ यह नहीं कि अपने ज्ञान व सिद्धान्त में दृढ़ता के कारण तुम विस्तृत कार्य क्षेत्र के अन्य ज्ञानी और सिद्धान्तवादी स्व रूप मानवों की पहचान ही न करो और न ही उसकी सहायता करो। इससे तो तुम्हारा ही अस्तित्व समाप्त हो जायेगा क्योंकि तुम उससे तो जुड़ ही नहीं पाओगे। है ज्ञानी और सिद्धान्तवादी मानवों, ज्ञानी और सिद्धान्तवादी होने का अर्थ है- ज्ञानी और सिद्धान्तवादी के साथ स्व रूप मानवों के साथ उदारता, न कि दृढ़ता। समान विषय के ज्ञानी और सिद्धान्तवादी अनेक हो सकते हैं। यदि वे एक साथ न आये तो क्या समान विषयों के ज्ञानी और सिद्धान्तवादीयों का समाज बन सकता है?, कदापि नहीं। और तुम सब अलग-अलग समाप्त हो जाओगे। फिर ज्ञानी और सिद्धान्तवादी होने का अर्थ क्या होगा? इसलिए अपने विषय के ज्ञानी और सिद्धान्तवादी की पहचान करो और उसके कर्म क्षेत्र के विस्तार के अनुसार बिना समय गवांयें, स्वयं को उस स्तर पर स्थापित करो, यही शरीरोपरान्त भी अस्तित्व यथावत् रखने की बुद्धि है।

भाग-4
परिवर्तन

सीधी समझ
नये भारत में, नये मनुष्य के उदय के लिए
व्यवस्था के परिवर्तन या सत्यीकरण का पहला प्रारूप और उसकी कार्य विधि
वे शब्द जिसके बिना युग परिवर्तन सम्भव नहीं

उपाधियाँ मिलती है- पीएच0 डी0, डी0 लिट0 और डी0 फिल0 और उनका बड़ा सम्मान होता है। उनका काम क्या है? उनका काम यह है कि वे तय करते हैं कि गोरखनाथ कब पैदा हुए थे। कोई कहता है दसवीं सदी के अंत में, कोई कहता है ग्यारहवीं सदी के प्रारम्भ में। इस पर बड़ा विवाद चलता है। बड़े-बड़े विश्वविद्यालयों के ज्ञानी सिर खपा कर खोज में लगे रहते हैं। शास्त्रों की, प्रमाणों की, इसकी, उसकी। उनकी पूरी जिन्दगी इसी में जाती है। इससे बड़ा अज्ञान और क्या होगा? गोरख कब पैदा हुए, इसे जानकर करोगे क्या? इसे जान भी लिया तो पाओगे क्या? गोरख न भी पैदा हुए, यह भी सिद्ध हो जाये, तो भी क्या फायदा? हुए हों या न हुए हों, अर्थहीन है। गोरख ने क्या जिया उसका स्वाद लो। इसलिए तुम्हारे विश्वविद्यालय ऐसी व्यर्थता के कामों में संलग्न हैं कि बड़ा आश्चर्य होता है कि इन्हें विश्वविद्यालय कहो या न कहो। इनका काम ही........तुम्हारे विश्वविद्यालय में चलने वाली जितनी शोध है, सब कूड़ा-करकट है।

-आचार्य रजनीश "ओशो"

(अक्टुबर व नवम्बर 1978 में दिये गये प्रवचन का अंश)

FINAL KNOWLEDGE BOMB BLAST

AFTER FIRST NOBEL DISCOVERY OF ZERO BY INDIA AGAIN ZERO BASED FINAL DISCOVERY

मैकाले शिक्षा पद्धति हम बदल नहीं सकते लेकिन अलग से “सत्य मानक शिक्षा” ग्रहण तो कर सकते हैं।

सरकारी पाठ्यक्रम बनाम नीजी पाठ्यक्रम / सार्वभौम आत्मीय पाठ्यक्रम / ईश्वरीय पाठ्यक्रम

ज्ञान के इस युग में ज्ञान की ओर चलें

FINAL KNOWLEDGE BOMB BLAST

यह चित्र **“FINAL KNOWLEDGE BOMB BLAST”** एक गहन वैचारिक मानचित्र है, जो मानव चेतना, ज्ञान, दर्शन और वैश्विक व्यवस्था के परिवर्तन को प्रतीकात्मक रूप में प्रस्तुत करता है।

इसमें यह दिखाया गया है कि वर्ष 2012 को एक *युग-संधि* के रूप में देखा गया है- जहाँ संघर्ष, विशेषज्ञता और विखंडन (2012–minus) से निकलकर मानवता को प्रबोधन, सामान्यीकरण और समन्वय (2012–plus) की ओर बढ़ना है।

चित्र के केंद्र में **WCM–TLM–SHYAM.C & WSO-O Knowledge Bomb Mission** और **सु-दर्शन चक्र (Real Philosophy Cycle)** को रखा गया है, जो यह संकेत देता है कि वास्तविक परिवर्तन शस्त्रों से नहीं, बल्कि दर्शन, विवेक और समग्र ज्ञान से आता है। ऊपर की ओर उठती संरचना *Positive Bent of Mind* को दर्शाती है, जहाँ विश्व-स्तरीय सोच, आध्यात्मिक दर्शन, मानवीय मूल्य, वैश्विक एजेंडा और कॉमन प्रोग्राम के माध्यम से मानव चेतना का विस्तार होता है।

चित्र के निचले भाग में पृथ्वी को केंद्र बनाकर मानव गतिविधियों-आध्यात्मिक, सामाजिक, वैज्ञानिक, अंतरराष्ट्रीय, शैक्षिक और प्रशासनिक-को दर्शाया गया है, जो यदि संतुलित हों तो उन्नति का मार्ग बनती हैं, और यदि असंतुलित हों तो *Negative* तथा *Destroyer Bent of Mind* की ओर ले जाती हैं।

वहीं नीचे की ओर गिरते तीर आतंकवाद, तानाशाही, जनसंख्या विस्फोट, अशिक्षा, भ्रष्टाचार, परमाणु खतरे और संकीर्ण सोच जैसे विनाशकारी तत्वों का प्रतिनिधित्व करते हैं। समग्र रूप से यह चित्र यह संदेश देता है कि वर्तमान युग में मानवता के सामने विकल्प स्पष्ट है-या तो संकीर्ण, नकारात्मक और विनाशकारी सोच, या फिर **“ज्ञान आधारित सार्वभौमिक दर्शन”** के माध्यम से पृथ्वी और मानव सभ्यता का संतुलित, शांतिपूर्ण और प्रबुद्ध भविष्य।

सीधी समझ

बड़ा वट वृक्ष (Big Banyan Tree), सैकड़ों वर्ष पुराना एक विशाल क्षेत्र में फैला वट वृक्ष है। जिसका मूल वृक्ष अब अस्तित्व में नहीं है उसके तनों से निकले सैंकड़ों जड़ वर्तमान में स्वयं एक वृक्ष, फिर उनके तनों से निकले सैंकड़ों जड़ भी वर्तमान में एक-एक वृक्ष के रूप में स्थापित हैं और सभी एक-दूसरे से जुड़े हुये हैं, बस जो नहीं है, वह है मूल वृक्ष। इस प्रकार सम्पूर्ण वृक्ष परिवार एक बड़े क्षेत्र में फैल चुका है और निरन्तर जारी भी है। प्रत्येक स्वयं स्वतन्त्र वृक्ष के रूप में स्थापित वृक्ष का अपने परिवार के रूप में तना, पत्ता, फूल और फल सब निकलते रहते हैं और जिसे जहाँ अर्थात् नजदीकी स्रोत से सुविधा अर्थात् खुराक मिल सकता हैं वहाँ से प्राप्त करते हुये विकास कर रहे हैं। इस कार्य में आपस में कोई विवाद नहीं है। कोई किसी पर अधिपत्य जमाना नहीं चाहता, ना ही अन्य के विकास में कोई बाधा पहुँचाता है। जिसको जिस ओर उचित वातावरण मिलता जाता है, उस ओर वह विकास कर रहा है। कुल मिलाकर स्व प्रेरित सुशासन की भाँति संचालित है। इस वट वृक्ष के सबसे बाद अर्थात् वर्तमान के तनों-पत्तों के लिए उसका जन्मदाता व पालनकर्ता के रूप में उसका नजदीकी जड़ ही है इसलिए उसकी कथा-कहानी वहीं से शुरू होती है और वहीं तक उसका ज्ञान है जो एक संकुचित और सीमित ज्ञान है। वह पूर्ण को नहीं जान रहा, उसका पूर्णत्व, सार्वभौम पूर्णत्व नहीं बल्कि सीमित पूर्णत्व है। सीमित पूर्णत्व में भी वह आनन्द में हैं और विकासशील है। उसका विकास होना सार्वभौम का ही विकास होना है परन्तु उसे उसका ज्ञान नहीं है और वह उस सार्वभौम के विकास में अपने योगदान को करते हुये भी स्वयं को गौरवान्वित नहीं अनुभव कर रहा है। सार्वभौम से युक्त होने के बाद भी उसे अपने परिवार से ही जुड़ा रहना उसकी विवशता भी है और इसके अलावा कोई अन्य मार्ग भी नहीं हैं। उसके सार्वभौम का मार्ग भी उसके अपने परिवार के ही मार्ग से होकर जाता है। वृक्ष के साथ यह मजबूरी भी है कि क्योंकि वह स्थिर है इसलिए उसका छोटा परिवार केवल पड़ोस तक के ही दायरे के सम्पर्क में है। दूसरे छोर के परिवार का क्या हाल है उसे कुछ नहीं पता।

हे मानवों, ये संसार भी उपरोक्त वट वृक्ष के सामन ही फैला हुआ है। परन्तु उस भाँति विकास नहीं कर रहा है। मनुष्य के अन्दर बीमारी की भाँति अधिकतम "शक्ति और लाभ (पावर और प्राफिट)" की दौड़ ने उसे अधिपत्य, अत्याचार, दूसरे को दबाना इत्यादि से युक्त कर दिया है। और जो इस दौड़ में नहीं हैं वे सीमित पूर्णत्व में आनन्द के साथ विकासशील हैं। उन्हें और भी तेज विकास की इच्छा है परन्तु उनके बुद्धि का दायरा ही सीमित है इसलिए उन्हें मार्ग नहीं मिल रहा है। यदि उनको मार्ग भी मिल रहा हो तो वट वृक्ष की भाँति उसके नजदीकी जन्मदाता ने उसे यह बता रखा है कि जब उस सार्वभौम का मार्ग मेरे ही रास्ते से जाता है तो जो मैं कह रहा हूँ उसे करो। और इसके लिए वे अपने परिवार के लिए अनेक प्रकार की प्रणाली दे रखे हैं। जबकि ये प्रणाली देने वाले उनके नजदीकी जन्मदाता स्वयं कहाँ से आये हैं स्वयं उन्हे भी नहीं पता। क्योंकि वे स्वयं भी उस वट वृक्ष के खो गये मूल जड़ की तरह अपने मूल जड़ को नहीं जानते। वे भी अपने नजदीकी जन्मदाता का ही अनुसरण कर रहे होते हैं। ये प्रणालीयाँ अनेक प्रकार की हैं उदाहरणस्वरूप कुछ मुख्य निम्नवत् हैं-

1 उनके द्वारा प्रस्तुत कुछ पुस्तकें होती हैं जिन्हें नियमानुसार प्रतिदिन पढ़ना होता है। पढ़ने के पूर्व शुद्धता की भी प्रक्रिया अनिवार्य होती है अन्यथा पुस्तकें परिणाम नहीं दे पायेंगी, ये भी शर्त होती हैं।

2 उनके द्वारा भोजन से सम्बन्धित कुछ नियम बना दिये जाते हैं कि क्या खाना है और क्या नहीं खाना है।

3 उनके द्वारा कोई मन्त्र दे कर उसे नियमानुसार जपने के लिए दे दिया जाता है।

4 उनके द्वारा किसी यन्त्र-तन्त्र द्वारा समस्या मुक्ति का उपाय बता दिया जाता है।

5 उनके द्वारा किसी विशेष प्रकार के रंग और ढ़ग के वस्त्र निर्धारित कर दी जाती है जिससे उनकी पहचान एक अलग रूप में हो। अर्थात् समाज का एक और विभाजन कर उसे प्रस्तुत कर देते हैं।

सामान्य रूप से सभी द्वारा अनिवार्य रूप से ये भी निर्धारित कर दी जाती है कि किसी दूसरे के नियमों को न तो जानना है, न सुनना है, न पढ़ना है और न ही उसमें शामिल होना है। अर्थात् एक गतिशील प्राणी मनुष्य को जिसे सदैव श्रेष्ठ से, श्रेष्ठतम और सर्वोच्च तक उठने-विकास करने के लिए निर्मित किया गया था, उसे एक सीमित

दायरे में बुद्धिबद्ध कर दिया गया। मनुष्य जिसका निर्माण अपनी मस्तिष्क को असीम क्षमता को विकसित कर ईश्वर रूप में व्यक्त होना था, उसे जड़ (स्थिर) बना दिया गया।

हे मानवों, मनुष्यों की सबसे बड़ी कमजोरी "स्वयं में गुणों का विकास कर स्वयं बन जाने या हो जाने" में नहीं बल्कि "पाने" की इच्छा है। इस पाने की इच्छा की कमजोरी का परिणाम ही है उपरोक्त अनेक प्रकार के बुद्धिबद्ध करने की विधियाँ।

हे मानवों, उपरोक्त के पृष्ठभूमि में उनका उद्देश्य केवल अपने स्वार्थ की पूर्ति के सिवाय कुछ नहीं होता। क्योंकि मार्गदर्शक या प्रेरक या शिक्षक का उद्देश्य स्वयं से श्रेष्ठ मानव का निर्माण होता है न कि सदैव जीवन भर एक ही प्रणाली या प्रक्रिया या कक्षा में पढ़ते-दुहराते रहने के लिए विवश करना। उपरोक्त के पृष्ठभूमि में शारीरिक-आर्थिक-मानसिक शोषण का ही कार्य विभिन्न प्रकार से चल रहा है। कोई अपने कृषि कार्य को मुफ्त में हल करवा रहा है, तो कोई अपने नाम के उत्पादों को सिर्फ उन्हें ही खरीदने के लिए बुद्धिबद्ध कर दिया है।

हे मानवों, इन सबको आस्था का व्यापार कहते हैं। जबकि मैं देख रहा हूँ कि प्रत्येक संस्कारित करने की क्रिया जो उस काल के लिए आस्था का विषय था। उसके अगले काल के लिए संस्कारित करने की नयी क्रिया उपलब्ध हो जाने के बावजूद, मानव शरीर पिछले काल के संस्कारित करने वाली क्रिया के प्रति आस्था रखते हुये मूर्खता का स्पष्ट प्रदर्शन कर रहा है। सभी कालों में, सभी संस्कारित करने की क्रियाओं में मैं (सार्वभौम आत्मा) ही आस्था का विषय था परन्तु क्रिया के प्रति आस्था रखना मूर्खता का स्पष्ट प्रमाण ही तो है। चाहे वह व्यक्तिगत इच्छा से हो या सामाजिक प्रदर्शन की इच्छा से। इन समस्त संस्कारित करने के क्रिया के पीछे जो रहस्य आज तक गोपनीय था उसे मैंने तुम्हारें समक्ष सार्वजनिक प्रकाशित कर दिया है। अब कुछ भी गोपनीय नहीं। बावजूद इसके प्रत्येक मनुष्य अपनी मूर्खता रूपी आस्था को प्रदर्शित करने के लिए स्वतन्त्र है। परन्तु वह मुझ (सार्वभौम आत्मा) को प्राप्त नहीं कर सकता। हे मानवों, ईश्वर बहुमत से नहीं निर्धारित किया जाता इसलिए ही उसे अनिवर्चनीय कहा गया है। किसी भी वस्तु के प्रति आस्था के विकास से और समस्त मानवों को उसके प्रति आस्थावान् बना देने से वह वस्तु गुण प्रकट कर वैसा नहीं बन सकती जैसा आप उम्मीद करते हो।

हे मानवों, एक तरह से देखा जाये तो उपरोक्त व्यवस्था से कोई समस्या है ही नहीं क्योंकि जिसकी इच्छा जहाँ से पूर्ति हो रही है और विकास का मार्ग मिल रहा है, वह वहाँ से जुडा हुआ है। इसलिए मानव सभ्यता पर आया यह दसवाँ और अन्तिम संकट, संकट होते हुये भी संकट जैसा नहीं दिखता। इस व्यवस्था से हमें कोई समस्या भी नहीं है। समस्या ये है कि धर्म को जिस उद्देश्य के लिए निर्मित किया गया था वही धर्म, संकट में है। यह धर्म ही उस वट वृक्ष का मूल है, सार्वभौम है, समष्टि है। इसके ज्ञान से युक्त दोनों को अर्थात् विशाल संसार रूपी वट वृक्ष के छोटे-छोटे परिवार के नेतृत्वकर्ता मुखिया सहित उसके सदस्यों को होना आवश्यक है। तभी परिवार के नेतृत्वकर्ता मुखिया द्वारा बनाये गये उपरोक्त प्रणाली-नियम परिणाम-फल दे पायेंगे जिसकी इच्छा परिवार के सदस्य करते हैं।

हमारी उत्पत्ति ज्ञान से हुई है। जिन्हें ज्ञान है वही अपने आप को संघर्ष में पाते हैं और सर्वश्रेष्ठता के लिए कर्मशील हैं। शेष सभी तो प्रकृति के अनुसार आते-जाते रहते हैं। इस ज्ञान को ही ब्रह्म (सार्वभौम एकात्म ज्ञान) कहते हैं। देवता रूप में इस ज्ञान को ब्रह्मा के रूप में प्रक्षेपित किया गया है। यह ज्ञान जिस-जिस अंगो द्वारा प्राथमिकता से अनुभव में आता है उतने प्रकार के मानव अपने-आप को उत्पन्न समझते हैं।

पुराण रचनाकार महर्षि व्यास ने ब्रह्मा अर्थात ज्ञान के पुत्रों का प्रक्षेपण किये हैं। ब्रह्मा के 10 मानस पुत्रों

01.मन (विचार) से ज्ञान प्राप्त करने वाले मरीचि

02.नेत्रों (देखकर) ज्ञान प्राप्त करने वाले अत्रि

03.मुख (वाणी) से ज्ञान प्राप्त करने वाले अंगिरा

04.कान (सुन) कर ज्ञान प्राप्त करने वाले पुलस्त्य

05.नाभि (केन्द्र) से ज्ञान प्राप्त करने वाले पुलह

06.हाथ (कर्म) से ज्ञान प्राप्त करने वाले कृतु

07.त्वचा (स्पर्श) से ज्ञान प्राप्त करने वाले भृगु

08.प्राण (श्वास) से ज्ञान प्राप्त करने वाले वशिष्ठ

09.अँगूठे (आत्मा) से ज्ञान प्राप्त करने वाले दक्ष

10.गोद (प्रेम) से ज्ञान प्राप्त करने वाले नारद

ये दस प्रकार ज्ञान से उत्पन्न है और इतने प्रकार के मानव निर्मित होकर संसार में विचरण कर रहे हैं। इसे ये न समझना चाहिए कि मन या नेत्र इत्यादि से कैसे ब्रह्मा ने अपने पुत्रों को उत्पन्न किया? चूंकि शरीर का अस्तित्व अस्थायी है इसलिए विचार के आधार पर ये मनुष्य के वर्ग या श्रेणी का निर्धारण है। इसे मानकीकरण (Standardization) या वर्गीकरण (Classification) भी कहा जा सकता है। जिस प्रकार आजकल मानकीकरण के शब्द ISOऔर ISI मार्का दिये जाते हैं।

नये भारत में, नये मनुष्य के उदय के लिए

आप लंगोट से जौकी पर आ गये...पायजामे से पतलून पर आ गये...नाड़े से बेल्ट पर आ गये...खड़ाऊँ से बूट पर आ गये...कलम से कीबोर्ड पर आ गये। पगडंडियों से एक्सप्रेस वे पर आ गये...चूल्हे से इंडक्शन कुकर पर आ गये...जंगलो से अपार्टमेंट तक आ गये। हल से ट्रैक्टर पर आ गये...पैदल से लक्ज़री जहाज़ों पर आ गये...दीये-मशाल से एलईडी पर आ गये...आप लैंडलाइन से ओरियो एंड्रॉयड तक आ गये...तीर-कमान और गदा से ऑटोमैटिक बंदूकों और मिसाइलों पर आ गये। दुनियां चाँद पे चली गई...मंगल की छाती पर नासा ने रोबोट उतार दिया....शनि मंगल सूर्यग्रहण-चन्द्रग्रहण के हर रहस्य से पर्दा उठ गया!

आप पाँच हज़ार ईसापूर्व और पाँचवी-छठवीं शताब्दी से इक्कीसवी शताब्दी में आ गये...आप लगातार अपडेट होते रहे हैं!!! मगर फिर भी तुम ग्रह-नक्षत्रों को...शनि-मंगल को जन्मकुंडली में देख-देख कर काँप रहे हो। अपना भविष्य सुधारने के लिए बाबा-बाबियों का रास्ता नाप रहे हो। क्या इसी दिन के लिए तुमने बी.एससी, एम.एससी पीएच.डी की थी?? कि तुम पढ़े-लिखे जाहिलों की फौज में शामिल हो जाना! क्या इसी दिन के लिए तुम डॉक्टर, इंजीनियर, वकील, मजिस्ट्रेट या प्रोफेसर बने थे? कि बंगले पर काली हांडी टांगना! निम्बू मिर्ची टांगना! नजर न लगने से एक पैर में काला धागा बांधना?? और अपने उज्ज्वल भविष्य की भीख किसी बाबा-बाबी के दर पर नाक रगड़ के मांगना?

देश आजाद हो गया! दुनिया आजाद हो गई! आखिर कब मिलेगी तुम्हें आजादी?? इस अंधी मानसिक गुलामी से? दुनिया रोज नए-नए आविष्कार कर रही है! तुम हजारों साल पुरानी भाषा, संस्कृति, रीति, रिवाजो की वैज्ञानिक व्याख्या करने में लगे हो! क्या भारत पुनः विश्वगुरु तुम्हारे जैसे मनोरोगियों की वजह से कभी बन पाएगा? बंद कमरे में तुम्हारी चोटी कट जाती! अँधेरे में अकेले में तुम्हें भूत-पलीत सताते हैं! तुम्हें ही सारी दुनिया की नजर लगती है! डायन तो तुम्हारे हर घर में मौजूद है!! तुम्हारे तंत्र-मंत्र-यंत्र काम क्यों नहीं करते हैं? एक पैर में काले धागे वाला रक्षा सूत्र तुम्हारी चोंटी क्यों नहीं बचाता है? आखिर कब तक तुम मानसिक गुलाम रहोगे?

तुम्हारी समस्याएं लौकिक है। मगर तुम्हें हर समस्या का हल परलोक में नजर आता है! संसार तुम्हारे लिए स्वप्नवत् है माया है! भगवान की लीला है! नाटक है! भ्रम है! आखिर तुम्हें इस सपने से कौन जगाए? कब तक शब्दों के साथ बलात्कार करोगे? कब तक धोखे में रहोगे? कब तक हर सिद्धान्त हर आविष्कार को शास्त्रों ऋषि-मुनियों के माथे मड़ोगे??

तुम लोग को जो जगाए वही धर्मद्रोही, देशद्रोही, जातिवादी या नास्तिक है? चारुवाक, बुद्ध, महावीर, कपिल, कणाद गौतम, नागसेन, अश्वघोष, कबीर, नानक, रविदास, ओशो, फुले, शाहू, पेरियार, भीम, भगतसिंह, कोवूर, राहुल संस्कृत्यायन, दयानन्द, विवेकानंद, सबने विवेक लगाया! मगर फिर भी तुम्हारा विवेक नहीं जागा!

तुम्हारा धर्म कब अपडेट (Update) होगा?
तुम्हारी आस्था कब अपडेट (Update) होगी?
तुम्हारा ईश्वर कब अपडेट (Update) होगा?
तुम्हारी सोच कब अपडेट (Update) होगी?
तुम्हारे धर्म की किताबें कब अपडेट (Update) होंगी?

कम्प्यूटर और मोबाइल का साफ्टवेयर तो तुरन्त करते हो, तुम्हारे मस्तिष्क का साफ्टवेयर कब अपडेट (Update) होगा?

क्योंकि तुम विश्वगुरु के अहंकार की दारू पीकर गरीबी, अनपढ़ता, लिंगभेद, जातिभेद, भाषाभेद, क्षेत्रभेद, साम्प्रदायिकता की नाली में पड़े हो! आखिर तुम्हें कब मिलेगी आजादी? इस उम्दा मानसिक गुलामी से?

सोच के बता देना!!
आओ एक कदम शब्दों के उँचाइयों की ओर..........

IDEAS + ACTION = CHANGE

व्यवस्था के परिवर्तन या सत्यीकरण का पहला प्रारूप और उसकी कार्य विधि

उदाहरण के रूप में, यदि किसी शिक्षित व्यक्ति जिसे अंकगणित का ज्ञान हो, उसके समक्ष संख्या 5 लिख दिया जाये और उससे कहा जाये कि इस संख्या के आगे और पीछे की संख्या लिखें तो वह आसानी से उसे लिख देगा परन्तु अंकगणित का अज्ञानी ऐसा नहीं कर पायेगा। उसका सारा ध्यान केवल संख्या 5 पर ही टिका रह जायेगा क्योंकि वह संख्या पद्धति से अपरिचित है। अगर वह कुछ लिख भी देगा तो वह आवश्यक नहीं कि सत्य हो और उसमें सुधार की पूरी सम्भावना बनी रहेगी। समाज सुधार के क्षेत्र में भी यही बात है। हम एक समस्या देखते हैं फिर उसमें कुछ सुधार कर देते हैं। फल यह होता है कि कुछ समय बाद पुनः उसमें सुधार की आवश्यकता आ जाती है।

जितने अधिक आकड़ों को विश्लेषित कर हम परिणाम को खोजेंगे उतने ही सत्य परिणाम हमारे सामने आयेंगे। प्रस्तुत शास्त्र व्यक्त अधिकतम आकड़ों के व्यवस्थित प्रस्तुतीकरण का शास्त्र है। दूसरे रूप में इसे धर्म ज्ञान का बैलेन्ससीट भी कह सकते है। इन सम्पूर्ण आकड़ों पर आधारित होकर व्यक्ति, समाज और विश्व राष्ट्र के लिए लिया गया निर्णय ही एक सत्य निर्णय हो सकता है। समाज सुधार के सम्बन्ध में स्वामी विवेकानन्द का कहना है कि-"तथाकथित समाज-सुधार के विषय में हस्तक्षेप न करना क्योंकि पहले आध्यात्मिक सुधार हुये बिना अन्य किसी भी प्रकार का सुधार हो नहीं सकता (राम पृष्ठ मिशन, पत्रावली भाग-1, पृष्ठ-29), भारत के शिक्षित समाज से मैं इस बात पर सहमत हूँ कि समाज का आमूल परिवर्तन करना आवश्यक है। पर यह किया किस तरह जाये? सुधारकों की सब कुछ नष्ट कर डालने की रीति व्यर्थ सिद्ध हो चुकी है। मेरी योजना यह है, हमने अतीत में कुछ बुरा नहीं किया। निश्चय ही नहीं किया। हमारा समाज खराब नहीं, बल्कि अच्छा है। मैं केवल चाहता हूँ कि वह और भी अच्छा हो। हमें असत्य से सत्य तक अथवा बुरे से अच्छे तक पहुँचना नहीं है। वरन् सत्य से उच्चतर सत्य तक, श्रेष्ठ से श्रेष्ठतर और श्रेष्ठतम तक पहुँचना है। मैं अपने देशवासियों से कहता हूँ कि अब तक जो तुमने किया, सो अच्छा ही किया है, अब इस समय और भी अच्छा करने का मौका आ गया है।"-(राम पृष्ठ मिशन, जितने मत उतने पथ, पृष्ठ-46)

व्यक्ति हो या ज्ञानी, समाज हो या राज्य, देश हो या विश्व, समाज नेता हों या राजनेता सभी को अब यह जान लेना चाहिए कि विश्व एक परिवार है और उस परिवार का शास्त्र-"विश्वशास्त्र" है। जब तक यह शास्त्र उपलब्ध नहीं था तब तक इस विश्व परिवार के एकीकरण का मार्ग नहीं खुला था, अब वह मार्ग मिल चुका है। कोई भी समाज निर्माण या युग परिवर्तन का कार्य एक क्षण का कार्य नहीं है। यह एक लम्बी अवधि की प्रक्रिया का कार्य है। इसे हम उन समाज सुधारकों के संस्थाओं के कार्य को देख कर अनुभव कर सकते हैं।

व्यवस्था परिवर्तन, एक राजनीतिक लुभावना वाला शब्द है। वह कैसे होगा, इसके लिए एक प्रारूप की आवश्यकता होती है अगर वह नहीं है तो व्यवस्था परिवर्तन चिल्लाने से नहीं होता। फिर व्यवस्था परिवर्तन किस बात का? मानव समाज को संचालित करने के लिए तो सिर्फ दो ही मूल व्यवस्था है-एक राजतन्त्र, जिसका युग जा चुका है। दूसरा-लोकतन्त्र, जिसका युग चल रहा है और यही अन्तिम व्यवस्था भी बनी रहेगी क्योंकि ब्रह्माण्डीय व्यवस्था भी लोकतन्त्र से ही चल रहा है और मनुष्य के मस्तिष्क से अन्ततः वही व्यक्त हो रहा है। लोकतन्त्र से हम राजतन्त्र में नहीं जा सकते इसलिए व्यवस्था परिवर्तन का अर्थ ही निरर्थक है।

आवश्यकता है वर्तमान लोकतन्त्र व्यवस्था को ही सत्य आधारित करने की जिसे व्यवस्था सत्यीकरण कहा जा सकता है। इस कार्य में हमें मानकशास्त्र की आवश्यकता है जिससे तोल कर यह देख सके कि इस लोकतन्त्र व्यवस्था में कहाँ सुधार करने से सत्यीकरण हो जायेगा। यह मानकशास्त्र ही "विश्वशास्त्र" है। सिर्फ मतदाता बनने व वोट डालने से ही लोकतन्त्र स्वस्थ नहीं हो सकता। उसके लिए देश व विश्व के पूर्ण ज्ञान की आवश्यकता होगी। इसलिए आवश्यक है कि प्रत्येक मतदाता "विश्वशास्त्र" के ज्ञान से युक्त हो।

अच्छा होता कि हमारे राजनेतागण कुछ दिनों के लिए सन्यास लेकर थोड़ा कुछ अध्ययन-चिंतन करते रहते ताकि उन्हें बार-बार लक्ष्य के लिए शब्दों का परिवर्तन न करना पड़ता। एक ही स्थिति में बहुत समय तक रहने पर बुद्धि, बद्ध हो जाती है। एक-एक सीढ़ी चढ़कर, पहुँच गये-पहुँच गये चिल्लाने से अच्छा है कि अन्तिम सीढ़ी पर पर बैठकर चिल्लाना कि पहुँच गये।

चाहे कुछ हो यदि प्रारूप नहीं, तो न तो व्यवस्था परिवर्तन हो सकता है, न ही व्यवस्था सत्यीकरण हो सकता है, न ही सम्पूर्ण क्रान्ति। भीड़ से क्रान्ति नहीं सिर्फ हंगामा होता है। भीड़ में जोश होता है, होश नहीं।

इस मानक शास्त्र के प्रस्तुत हो जाने से व्यवस्था परिवर्तन की नहीं बल्कि व्यवस्था के सत्यीकरण का मार्ग खुल चुका है। जिसका व्यक्ति, समाज और विश्व राष्ट्र को आवश्यकता भी है। किसी एक विषय पर बहुत अधिक पुस्तक मस्तिष्क को भ्रमित ही करती है। यह शास्त्र प्रारम्भ से अन्त तक के विकास को क्रमबद्ध प्रस्तुत करता है जिससे हम सभी एक सत्य निर्णय करने में सक्षम हों और पूर्ण ज्ञान से युक्त हो जायें और हमारा कोई भी सुधार एक स्थायी, अच्छा और दूरगामी परिणाम देने वाला हो।

प्रश्न यह भी उठता है कि परिवार का मुखिया जिसके द्वारा परिवार का संचालन होता है, यदि वह परिवार के हित व विकास के विषय में कर्म न करता हो तो क्या परिवार का सदस्य उसमें हस्तक्षेप करने का अधिकारी है या नहीं? यही बात देश को चलाने वाले संसद के विषय में भी है। यदि संसद स्वयं देशहित व जनहित के प्रति उदासीन हो जाये तो क्या जनता संसद को मार्गदर्शन देने का अधिकार नहीं रखती? यदि नहीं तो संविधान की धारा-51(ए) के अन्तर्गत नागरिक का मौलिक कर्तव्य की उपयोगिता क्या है? ध्यान रखने योग्य विषय यह है कि कोई भी चुना हुआ प्रतिनिधि सिर्फ उतने ही बड़े क्षेत्र का प्रतिनिधि होता है जिस क्षेत्र से वह चुना जाता है। भारत में ऐसा कोई प्रतिनिधि जनता से नहीं चुना जाता जो भारत का प्रतिनिधित्व करता हो और जब तक भारत का प्रतिनिधित्व करने वाला चुनाव नहीं होता या भारत की जनता का राष्ट्रीय मुद्दों पर विचार कर संसद के कर्तव्य का बोध कराने वाली स्वतन्त्र संस्था नहीं बन जाती, तब तक जनता को संसद को संविधान की धारा-51(ए) के अन्तर्गत नागरिक का मौलिक कर्तव्य के अनुसार न्यायालय व संसद के माध्यम से सरकार को मार्गदर्शन देने का कर्तव्य करना चाहिए जो उसका अधिकार भी है।

वे शब्द जिसके बिना युग परिवर्तन सम्भव नहीं

सन् 1893 से सन् 1993 के 100 वर्षों के समय में विश्व के बौद्धिक शक्ति को जिन्होंने सबसे अधिक हलचल दी वे हैं-धर्म की ओर से स्वामी विवेकानन्द और धार्मिकता की ओर से आचार्य रजनीश"ओशो"। मनुष्य जिस प्रकार भौतिक विज्ञान के नवीन आविष्कारों को आसानी से ग्रहण करता है उसी प्रकार धर्म-आध्यात्म-दर्शन के नवीन आविष्कारों को भी मनुष्य को ग्रहण करना चाहिए, तभी मानसिक-आध्यात्मिक स्वतन्त्रता का अनुभव हो सकेगा। अन्यथा पूर्ण शारीरिक गुलामी का समय बीत चुका, आर्थिक गुलामी का काल चल रहा है और मानसिक गुलामी के काल चक्र में मनुष्य फँस जायेगा।

स्वामी विवेकानन्द जी का कहना था-

- "उसी मूल सत्य की फिर से शिक्षा ग्रहण करनी होगी, जो केवल यहीं से, हमारी इसी मातृभूमि से प्रचारित हुआ था। फिर एक बार भारत को संसार में इसी मूल तत्व का-इसी सत्य का प्रचार करना होगा। ऐसा क्यों है? इसलिए नहीं कि यह सत्य हमारे शास्त्रों में लिखा है वरन् हमारे राष्ट्रीय साहित्य का प्रत्येक विभाग और हमारा राष्ट्रीय जीवन उससे पूर्णतः ओत-प्रोत है। इस धार्मिक सहिष्णुता की तथा इस सहानुभूति की, मातृभाव की महान शिक्षा प्रत्येक बालक, स्त्री, पुरुष, शिक्षित, अशिक्षित सब जाति और वर्ण वाले सीख सकते हैं। तुमको अनेक नामों से पुकारा जाता है, पर तुम एक हो।" (जितने मत उतने पथ, राम कृष्ण मिशन, पृष्ठ-39)।
- "अत: यदि भारत को महान बनाना है, तो इसके लिए आवश्यकता है संगठन की, शक्ति संग्रह की और बिखरी हुई इच्छाशक्ति को एकत्र कर उसमें समन्वय लाने की। अथर्ववेद संहिता की एक विलक्षण ऋचा याद आ गयी जिसमें कहा गया है, "तुम सब लोग एक मन हो जाओ, सब लोग एक ही विचार के बन जाओ। एक मन हो जाना ही समाज गठन का रहस्य है बस इच्छाशक्ति का संचय और उनका समन्वय कर उन्हें एकमुखी करना ही सारा रहस्य है।" (देखें "नया भारत गढ़ो" पृष्ठ संख्या-55)
- "यह भी न भूलना चाहिए कि हमारे बाद जो लोग आएंगे, वे उसी तरह हमारे धर्म और ईश्वर सम्बन्धी धारणा पर हँसेंगे, जिस तरह हम प्राचीन लोगों के धर्म और ईश्वर की धारणा पर हँसते हैं। यह सब होने पर भी, इन सब ईश्वर सम्बन्धित धारणाओं का संयोग करने वाला एक स्वर्ण सूत्र है और वेदान्त का उद्देश्य है-इस सूत्र की खोज करना। भागवान कृष्ण ने कहा है-""भिन्न भिन्न मणियाँ जिस प्रकार एक सूत्र में पिरोयी जा सकती हैं, उसी प्रकार इन सब विभिन्न भावों के भीतर भी एक सूत्र विद्यमान है।" (देखें "ज्ञानयोग", पृष्ठ संख्या-65) ,
- "एक शब्द में वेदान्त का आदर्श है-मनुष्य के सच्चे स्वरूप को जानना।" (देखें "विवेकानन्द राष्ट्र को आह्वान", पृष्ठ सं0-48)।
- यदि हम अपने व्यक्तिगत एवं सामूहिक जीवन में वैज्ञानिक चेतना सम्पन्न एवं आध्यात्मिक एक साथ न हो पाए, तो मानवजाति का अर्थपूर्ण अस्तित्व ही संशय का विषय हो जाएगा। (विज्ञान और आध्यात्मिकता, पृष्ठ-9)
- हमेशा यूरोप से सामाजिक तथा एशिया से आध्यात्मिक शक्तियों का उद्भव होता रहा है एवं इन दोनों शक्तियों के विभिन्न प्रकार के सम्मिश्रण से ही जगत का इतिहास बना है। वर्तमान मानवेतिहास का एक और नवीन पृष्ठ धीरे-धीरे विकसित हो रहा है एवं चारो ओर उसी का चिन्ह दिखाई दे रहा है। कितनी ही नवीन योजनाओं का उद्भव तथा नाश होगा, किन्तु योग्यतम वस्तु की प्रतिष्ठा सुनिश्चित है, सत्य और शिव की अपेक्षा योग्यतम वस्तु और हो ही क्या सकती है? (पत्रावली भाग-1, पृष्ठ-310)

स्वामी विवेकानन्द के अनुसार शब्द से सृष्टि का रहस्य

01. बृहत् ब्रह्माण्ड में भी ब्रह्मा, हिरण्यगर्भ या समष्टि महत् ने पहले अपने आप को नाम के, और फिर बाद में रुप के आकार में अर्थात् इस परिदृश्यमान जगत के आकार में अभिव्यक्त किया। (भक्ति योग, पृष्ठ-44)
02. यह सारा व्यक्त इन्द्रियग्राह्य जगत रुप है, और इसके पीछे है अनन्त अव्यक्त स्फोट। स्फोट का अर्थ-समस्त जगत की अभिव्यक्ति का कारण शब्द-ब्रह्म है। समस्त नामों अर्थात् भावों की नित्य समवायी उपादान स्वरुप यह नित्य स्फोट ही वह शक्ति है, जिससे भगवान इस विश्व की सृष्टि करते हैं। यही नहीं बल्कि भगवान पहले स्फोट रुप में परिणत हो जाते हैं और तत्पश्चात् अपने को उससे भी स्थूल इस इन्द्रियग्राह्य जगत के रुप में परिणत कर लेते हैं। (भक्ति योग, पृष्ठ-45)
03. इस स्फोट का एक मात्र वाचक शब्द है-"ऊँ"। और चूँकि हम किसी भी उपाय से शब्द को भाव से अलग नहीं कर सकते, इसलिए यह "ऊँ" भी इस नित्य स्फोट से नित्य संयुक्त है। (भक्ति योग, पृष्ठ-45)
04. एकमेव यह "ऊँ" ही इस प्रकार सर्वभावाव्यापी वाचक शब्द है, अन्य कोई भी इसके समान नहीं। स्फोट ही सारे भावों का उपादान है, फिर भी वह स्वयं पूर्ण रुप से विकसित कोई विशिष्ट भाव नहीं है। अर्थात् यदि उन सब भेदों को, जो एक भाव को दूसरे से अलग करते हैं, निकाल दिया जाय, तो जो कुछ बचा रहता है, वही स्फोट है। इसलिए इस स्फोट को "नादब्रह्म" कहते हैं। (भक्ति योग, पृष्ठ-45)
05. जो वाचक शब्द उसे सब से कम विशेषभावापन्न करेगा, पर साथ ही उसके स्वरुप को यथासम्भव पूरी तरह प्रकाशित करेगा, वही उसका सबसे सच्चा वाचक होगा। और यह वाचक शब्द है-एकमात्र "ऊँ" क्योंकि ये तीनों अक्षर अ, उ और म्, जिनका एक साथ उच्चारण करने से "ऊँ" होता है, समान शब्दों के साधारण वाचक के तौर पर लिये जा सकते हैं। (भक्ति योग पृष्ठ, पृष्ठ-46)
06. अक्षर "अ" सारे अक्षरों में सबसे कम विशेषभावापन्न है। इसीलिए भगवान श्रीकृष्ण गीता में कहते हैं-"अक्षरों में मैं "अ" कार हूँ। " (गीता,10/33) स्पष्ट रुप से उच्चारित जितने भी शब्द हैं, उनकी उच्चारण क्रिया मुख में जिह्वा के मूल से आरम्भ होती है और ओठों में आकर समाप्त हो जाती है। "अ" जिह्वा मूल अर्थात् कण्ठ से उच्चारित होता है, और "म" ओठों से होने वाला अन्तिम शब्द है। और "उ" उस शक्ति का सूचक है, जो जिह्वा मूल से आरम्भ होकर मुँह भर में लुढ़कती हुई ओठों में आकर समाप्त हो जाती है। यदि "ऊँ" का उच्चारण ठीक ढंग से किया जाय, तो इसके शब्दोच्चारण की सम्पूर्ण क्रिया सम्पन्न हो जाती है-दूसरे किसी भी शब्द में यह शक्ति नहीं। (भक्ति योग, पृष्ठ-46)
07. जिस प्रकार अल्पतम् विशेष भावात्मक तथा सार्वभौमिक वाचक शब्द "ऊँ" के सम्बन्ध में वाच्य और वाचक आपस में अभेद्य रुप से सम्बद्ध हैं उसी प्रकार वाच्य और वाचक का यह अविच्छिन्न सम्बन्ध भगवान और विश्व के विभिन्न खण्ड भावों पर भी लागू है, अतएव उनमें से प्रत्येक का एक विशिष्ट वाचक शब्द होना आवश्यक है। (भक्ति योग, पृष्ठ-47)
08. ये वाचक शब्द ऋषियों की गम्भीरतम आध्यात्मिक अनुभूति से उत्पन्न हुए हैं और वे भगवान तथा विश्व के जिन विशेष-विशेष खण्ड भाव के वाचक हैं, उन विशेष भावों को यथासम्भव प्रकाशित करते हैं। जिस प्रकार "ऊँ" अखण्ड ब्रह्म का वाचक है, उसी प्रकार अन्यान्य मंत्र भी उसी परम पुरुष के खण्ड-खण्ड भावों के वाचक हैं। ये सभी ईश्वर के ध्यान और प्रकृत ज्ञान की प्राप्ति में सहायक हैं। (भक्ति योग, पृष्ठ-47)
09. सृष्टि के पूर्व ब्रह्म शब्दात्मक बनते है, फिर ओंकारात्मक या नादात्मक होते है। तत्पश्चात पहले कल्पों के विशेष शब्द जैसे-भूः, भुवः, स्व-अथवा गो, मानव, घट, पट इत्यादि का प्रकाश उसी ओंकार से होता है। सिद्ध संकल्प ब्रह्म में क्रमश-एक-एक शब्द के होते ही उसी क्षण उन सब पदार्थो का भी प्रकाश हो जाता है और इस विचित्र जगत् का विकास हो उठता है। अब समझे न कि कैसे शब्द ही सृष्टि का मूल है। -स्वामी विवेकानन्द (विवेकानन्द जी के संग में पृष्ठ-62)
10. यह सारा व्यक्त इन्द्रिय ग्राह्य जगत रूप है, और इसके पीछे है अनन्त अव्यक्त स्फोट। स्फोट का अर्थ-समस्त जगत की अभिव्यक्ति का कारण शब्द-ब्रह्म। समस्त नामों अर्थात् भावों की नित्य समवायी उपादान स्वरूप यह नित्य स्फोट ही वह शक्ति है, जिससे भगवान इस विश्व की सृष्टि करते है। यही नहीं बल्कि भगवान पहले स्फोट-रूप में परिणत हो जाते है और तत्पश्चात अपने को उससे भी स्थूल इस इन्द्रिय ग्राह्य जगत् के रूप में परिणत कर लेते है। -स्वामी विवेकानन्द (राजयोग-पृष्ठ-45)

आचार्य रजनीश"ओशो" का कहना था-

- "श्रीकृष्ण का महत्व अतीत के लिए कम भविष्य के लिए ज्यादा है। सच ऐसा है कि कृष्ण अपने समय से कम से कम पाँच हजार वर्ष पहले पैदा हुये। सभी महत्वपूर्ण व्यक्ति अपने समय से पहले पैदा होते हैं और

सभी गैर महत्वपूर्ण व्यक्ति अपने समय के बाद पैदा होते हैं। बस महत्वपूर्ण और गैर महत्वपूर्ण में इतना फर्क है और सभी साधारण व्यक्ति अपने समय के साथ पैदा होते हैं महत्वपूर्ण व्यक्ति को समझना आसान नहीं होता। उसका वर्तमान और अतीत उसे समझने में असमर्थता अनुभव करता है जब हम समझने योग्य नहीं हो पाते तब हम उसकी पूजा शुरु कर देते हैं या तो हम उसका विरोध करते हैं। दोनों पूजाएं हैं एक मित्र की एक शत्रु की।"

- उसके लिए सब हंसी खेल है, सब लीला है। इसलिए हमने कृष्ण को पूर्णावतार कहा। राम गम्भीर हैं छोटी-छोटी बात का हिसाब रखते हैं। नियम मर्यादा से चलते हैं- मर्यादा पुरूषोत्तम हैं। कृष्ण अमर्याद हैं न कोई नियम है न कोई मर्यादा। कृष्ण के लिए जीवन लीला है।
- धर्म कोई विषय थोड़े ही है। धर्म की कोई सीमा थोड़े ही है। धर्म तो समस्त जीवन का नाम है। जीवन में जो कुछ भी समाविष्ट है, धर्म उस सभी के सम्बन्ध में वक्तव्य देने का हकदार है। राजनीतिज्ञ, धर्म के सम्बन्ध में वक्तव्य नहीं दे सकता क्योंकि राजनीति की सीमा है। लेकिन धार्मिक व्यक्ति, राजनीति के सम्बन्ध में वक्तव्य दे सकता है क्योंकि धर्म की कोई सीमा नही है धर्म असीम है, धर्म तो पूरे जीवन को घेरता है जैसे आकाश घेरता है। धर्म से तो कोई भी चीज छोड़ी नहीं जा सकती। धार्मिक व्यक्ति की दृष्टि तो सब सम्बन्धों में होगी।
- जो एक गुरू बोल रहा है, वह अनन्त सिद्धों की वाणी है। अभिव्यक्ति में भेद होगा, शब्द अलग होंगे, प्रतीक अलग होंगे मगर जो एक सिद्ध बोलता है, वह सभी सिद्धों की वाणी है। इनसे अन्यथा नहीं हो सकता है। इसलिए जिसने एक सिद्ध को पा लिया, उसने सारे सिद्धों की परम्परा को पा लिया। क्योंकि उनका सूत्र एक ही है। कुंजी तो एक ही है, जिसमें ताला खुलता है अस्तित्व का।
- "इस देश को कुछ बाते समझनी होगी। एक तो इस देश को यह बात समझनी होगी कि तुम्हारी परेशानियों, तुम्हारी गरीबी, तुम्हारी मुसीबतों, तुम्हारी दीनता के बहुत कुछ कारण तुम्हारे अंध विश्वासों में है, भारत कम से कम डेढ़ हजार साल पिछे घिसट रहा है। ये डेढ़ हजार साल पूरे होने जरूरी है। भारत को खिंचकर आधुनिक बनाना जरूरी है। मेरी उत्सुकता है कि इस देश का सौभाग्य खुले, यह देश भी खुशहाल हो, यह देश भी समृद्ध हो। क्योंकि समृद्ध हो यह देश तो फिर राम की धुन गुंजे, समृद्ध हो यह देश तो फिर लोग गीत गाँये, प्रभु की प्रार्थना करें। समृद्ध हो यह देश तो मंदिर की घंटिया फिर बजे, पूजा के थाल फिर सजे। समृद्ध हो यह देश तो फिर बाँसुरी बजे कृष्ण की, फिर रास रचे! यह दीन दरिद्र देश, अभी तुम इसमें कृष्ण को भी ले आओंगे तो राधा कहाँ पाओगे नाचनेवाली? अभी तुम कृष्ण को भी ले आओगे, तो कृष्ण बड़ी मुश्किल में पड़ जायेंगे, माखन कहाँ चुरायेगें? माखन है कहाँ? दूध दही की मटकिया कैसे तोड़ोगे? दूध दही की कहाँ, पानी तक की मटकिया मुश्किल है। नलों पर इतनी भीड़ है! और एक आध गोपी की मटकी फोड़ दी, जो नल से पानी भरकर लौट रही थी, तो पुलिस में रिपोर्ट दर्ज करा देगी कृष्ण की, तीन बजे रात से पानी भरने खड़ी थी नौ बजते बजते पानी भर पायी और इन सज्जन ने कंकड़ी मार दी। धर्म का जन्म होता है जब देश समृद्ध होता है। धर्म समृद्ध की सुवास है। तो मैं जरूर चाहता हूँ यह देश सौभाग्यशाली हो लेकिन सबसे बड़ी अड़चन इसी देश की मान्यताएं है। इसलिए मैं तुमसे लड़ रहा हूँ। तुम्हारे लिए।"

व्यक्ति-समाज-राज्य-विश्व की आवश्यकता, भविष्यवक्ताओं की भविष्यवाणीयां, ग्रहों के चालों, सूर्य व चन्द्र ग्रहण, सामाजिक-राजनीतिक विचारकों के विचार-सपनें-उम्मीद इत्यादि युग परिवर्तन की ओर दिशा निर्देश कर रहीं हैं। ऐसे में सृष्टि के लिए सार्वभौम सर्वोच्च अन्तिम अर्थों वाले शब्दों (जिसकी सूची अगले पृष्ठ पर दी गई है।) **पर चर्चा ही एक मात्र युग परिवर्तन का मार्ग है।**

वे सार्वभौम एकात्म शब्द जिसके बिना युग परिवर्तन सम्भव नहीं (सर्वोच्च, अन्तिम और दृश्य)

क्र.सं. विषय क्षेत्र	सम्बन्धित क्षेत्र से मुख्य नाम
01. विश्व क्षेत्र	विश्व संविधान / साहित्य / विचार / सिद्धान्त / प्रबन्ध / दर्शन / मत / मानव / एकता / शान्ति / विकास / स्थिरता / आत्मा / अभिनेता / बुद्धि / राजनीति / क्रांति
02. राज्य क्षेत्र	विश्व (राष्ट्र) ऐजेण्डा–2012+ (WORLD NATION AGENDA-2012+) विश्व व्यवस्था का अधिकतम एवं न्यूनतम साझा कार्यक्रम
03. समाज क्षेत्र	लोक / गण / जन ऐजेण्डा–2012+ (PUBLIC AGENDA-2000+)
04. धर्म क्षेत्र	वेदान्त धर्म स्थापना
05. साहित्य क्षेत्र	विश्व साहित्य–"विश्वभारत" समाहित "विश्वशास्त्र" साहित्य– आदर्श वैश्विक व्यक्ति चरित्र कथा साहित्य
06. सामाज शास्त्र	मानक / जन / गण / लोक शास्त्र
07. धर्मशास्त्र	धर्मयुक्त नाम – कर्मवेदः प्रथम, अन्तिम और पंचम वेद और आधारित उपनिषद् (व्यष्टि एवं समष्टि) सर्वधर्मसमभाव / धर्मनिरपेक्ष नाम – मन की गुणवत्ता का विश्व मानक : शून्य श्रृंखला (व्यष्टि एवं समष्टि)
08. मानक क्षेत्र	मन की गुणवत्ता का विश्व मानक : शून्य श्रृंखला
09. अदृश्य विज्ञान	दृश्य आध्यात्म विज्ञान
10. दृश्य विज्ञान	धर्म विज्ञान या एकात्म विज्ञान (Integration Science)
11. इंजीनियरिंग	सत्य सामाजिक अभियंत्रण (Real Social Engineering)
12. तकनीकी	सत्य सामाजिक तकनीकी (Real Social Technology) : WCM-TLM-SHYAM.C Technology
13. संविधान	विवादमुक्त तन्त्रों पर आधारित संविधान
14. राजनीति	सत्य राजनीति / राजनीति–2012+ (POLITICS-2012+)
15. संगठन	विश्व राजनीतिक पार्टी संघ (World Political Party Organisation- WPPO)
16. शिक्षा	पूर्णज्ञान / पूर्ण शिक्षा प्रणाली / शिक्षा -2012+ (EDUCATION-2012+)
17. राष्ट्र सम्बन्ध	आदर्श राष्ट्रीय नागरिक
18. वेदान्त	कर्म वेदान्त : वेदान्त की अन्तिम शाखा
19. मतवाद	एकात्म कर्मवाद : एकात्म मानवतावाद का व्यावहारिक रुप
20. दार्शनिक	विकास दर्शन (Development Philosophy)
21. क्रांति	संपूर्ण क्रांति (Complete Revolution) : प्रलय, स्थिति एवं सृष्टि
22. सांस्कृतिक	भोगेश्वरः भोग (पाश्चात्य) + ईश्वर (प्राच्य) = एकात्म या ईश्वरत्व भाव से भोग
23. मन	विश्व मन (WOLD MIND)
24. मानव	विश्वमानव (विश्वमन से युक्त)
25. मनु	8वें मनु – सावर्णि मनु
26. अवतार	भगवान विष्णु के 10वें और अन्तिम तथा भगवान शंकर के 22वें और अन्तिम संयुक्तावतार (निष्कलंक कल्कि एवं भोगेश्वर)
27. निराकार ब्रह्म	सार्वभौम सत्य–सिद्धान्त (UNIVERSAL TRUTH-THEORY) : विश्व–बन्धुत्व का सिद्धान्त
28. साकार ब्रह्म	लव कुश सिंह
29. पुनर्जन्म–सत् मार्ग से	बुड्ढा कृष्ण (कृष्ण भाग – 2 और अन्तिम) – कृष्ण की अगली और अन्तिम कड़ी
30. पुनर्जन्म–रज मार्ग से	स्वामी विवेकानन्द का पुनर्जन्म
31. पुनर्जन्म–तम मार्ग से	रावण की अगली कड़ी
32. आत्मा	दृश्य विश्वात्मा / शिव / ब्रह्म / मैं
33. अभिनय	वास्तविक जीवन का अभिनेता (Real Life Actor)
34. बम	ज्ञान बम – आध्यात्मिक न्यूट्रान बम
35. अस्त्र	अनियन्त्रित पशुपास्त्र (नारायणास्त्र या सु–दर्शन चक्र व ब्रह्मास्त्र समाहित)
36. माया	योग माया समाहित भोगमाया
37. ज्ञान	एकात्म कर्मज्ञान (शास्वत) : व्यष्टि एवं समष्टि
38. बुद्धि	विश्व बुद्धि व चेतना या सत्य चेतना : पूर्व व्यक्त सत्य चेतना
39. ध्यान व योग	दृश्य सत्य–क्रियाकलाप–एकात्म योग व ध्यान (अन्तिम योग व अन्तिम ध्यान)
40. मिशन	प्राकृतिक सत्य मिशन (Natural Truth Mission)–सर्वोच्च और अन्तिम मिशन
41. धार्मिक नगर	एकात्म काशी– जीवनदायिनी सत्यकाशी : पंचम, अन्तिम तथा सप्तम काशी
42. शक्ति	आत्मशक्ति (SPIRIT POWER), मस्तिष्क शक्ति (BRAIN POWER), मन शक्ति (MIND POWER), सत्य शक्ति (TRUTH POWER)
43. जीवन कथा	विश्वमानव लीला / दर्पण : दो विपरीत दिशाओं के साथ प्रथम एवं अन्तिम कथा
44. प्रेम और कर्म	शास्वत प्रेम और कर्म
45. समन्वय	अन्तिम समन्वय–सिद्धान्त
46. आचार्य	अन्तिम समन्वयाचार्य
47. कला	विश्वमानव कला (कृष्ण कला समाहित)
48. परिचालन प्रणाली	अवतार का परिचालन प्रणाली : मानव–10 (Avatar's Operating System-AOS : Human-10)
49. शंकराचार्य पीठ	सत्यकाशी पीठ : पंचम और अन्तिम शंकराचार्य पीठ

भाग-5

केन्द्र या मध्य (भारत) में पांचवां और अन्तिम सत्यकाशी पीठ

सत्यकाशी पीठ: स्थान

सत्यकाशी पीठ: इतिहास और उद्देश्य

पाँचवाँ और अंतिम शंकराचार्य पीठ: इसकी विशेषता

दिशा	पीठ का नाम/ स्थान	उद्देश्य	संबंधित वेद	महावाक्य	तत्व
उत्तर	बदरी ज्योतिर्मठ पीठ उत्तराखंड, जोशीमठ	ज्ञान और विवेक	अथर्ववेद	अयमात्मा ब्रह्म (यह आत्मा ब्रह्म है)	वायु
दक्षिण	श्रींगेरी शारदा पीठ कर्नाटक, श्रींगेरी	स्थिरता और परंपरा	यजुर्वेद	अहम् ब्रह्मास्मि (मैं ब्रह्म हूँ)	पृथ्वी
पूर्व	पुरी गोवर्धनमठ पीठ ओडिशा, पुरी	भक्ति और समर्पण	ऋग्वेद	प्रज्ञानं ब्रह्म (चेतना ब्रह्म है)	जल
पश्चिम	द्वारका शारदा पीठ गुजरात, द्वारका	कर्म और संकल्प	सामवेद	तत्त्वमसि (तू ब्रह्म है)	अग्नि
केन्द्र या मध्य	सत्यकाशी पीठ उत्तर प्रदेश, चरणाद्रिगढ़	चेतना और एकत्व	कर्मवेद	सर्वे ब्रह्म (सभी ब्रह्म हैं)	आकाश

क्षिति, जल, पावक, गगन, समीरा। पंच तत्व मिलि बनेहु शरीरा ।।

सत्यकाशी पीठ: स्थान

मानव जीवन की यात्रा को हम चार स्तरों में देख सकते हैं - **संभल (Shambhal), संभला (Shambhala), ज्ञानगंज (Gyanganj) और संगरीला (Sangrila)**

संभल (Shambhal) को हम भौतिक जगत का प्रतीक मान सकते हैं। यह धरती पर बसा हुआ वास्तविक नगर है, जहाँ लोग रहते हैं, संघर्ष करते हैं और जीवन की यात्रा करते हैं। धार्मिक मान्यता के अनुसार यहाँ भविष्य में कल्कि अवतार का जन्म होगा। इसका अर्थ यह भी है कि संभल हमें यह याद दिलाता है कि परिवर्तन और नवजागरण हमेशा इसी सांसारिक धरती से प्रारंभ होता है।

संभला (Shambhala) आध्यात्मिक जगत का प्रतीक है। यह उस आदर्श समाज और चेतना की ओर संकेत करता है, जहाँ धर्म, करुणा और सत्य का शासन है। बौद्ध ग्रंथों में इसे एक अदृश्य, पवित्र राज्य बताया गया है। इसका दार्शनिक अर्थ यह है कि हर मनुष्य के भीतर एक संभला है - एक ऐसा क्षेत्र जहाँ शांति, संतुलन और धर्म की शक्ति हमेशा जीवित रहती है। यह हमारे भीतर के आदर्श और परम लक्ष्य का रूप है।

ज्ञानगंज (Gyanganj) गूढ़ और रहस्यमय चेतना का प्रतीक है। यह वह क्षेत्र है, जहाँ अमर योगी और सिद्ध रहते हैं, और जो साधारण दृष्टि से छिपा हुआ है। इसका अर्थ यह है कि सत्य और सर्वोच्च ज्ञान कभी सतही रूप में उपलब्ध नहीं होते, बल्कि गहन साधना और आंतरिक परिवर्तन से ही प्राप्त किए जा सकते हैं। ज्ञानगंज हमें यह सिखाता है कि परम सत्य अदृश्य है, परंतु साधना से प्रकट हो सकता है।

इस प्रकार, ये चारों स्तर - **भौतिक, आध्यात्मिक, गूढ़ और आदर्श** - मानव जीवन और चेतना की समग्र यात्रा का प्रतिनिधित्व करते हैं, जहाँ साधना, अनुभव और ज्ञान मिलकर आत्मा को पूर्णता की ओर ले जाते हैं।

इस प्रकार, इन तीनों को मिलाकर देखा जाए तो:

- **संभल** = जीवन और समाज का यथार्थ (भौतिक जगत)
- **संभला** = आदर्श और धर्म का उच्च स्वरूप (आध्यात्मिक जगत)
- **ज्ञानगंज** = रहस्यमय सत्य और अमर ज्ञान (गूढ़ जगत)

ये तीनों मिलकर मानव जीवन की पूर्ण यात्रा का संकेत देते हैं - भौतिक से आध्यात्मिक और फिर गूढ़ एवं परम सत्य तक।

संगरीला (Sangrila/Shangri-La) एक कल्पित पर्वतीय स्थल है, जिसे आदर्श समाज और शांति का प्रतीक माना जाता है। यह जगह सामान्य दृष्टि से अदृश्य या दूरस्थ मानी जाती है, जहाँ जीवन सुखमय, स्वस्थ और सामंजस्यपूर्ण होता है। दार्शनिक रूप से इसे मानव चेतना के उच्चतम स्तर, आत्मा की शांति और आदर्श जीवन का प्रतीक माना जाता है। **संगरीला (Sangrila)** का अर्थ यह भी है कि सच्ची खुशी और संतुलन केवल भीतर की यात्रा और साधना से ही प्राप्त होते हैं, बाहरी समृद्धि से नहीं।

1. **शब्द-संदर्भ में**: "Sangrila" अक्सर "Shangri-La" का रूपांतर होता है, जो कि एक कल्पित, आदर्श, रहस्यमयी और शांति-पूर्ण स्थान है।
2. **दार्शनिक/आध्यात्मिक संदर्भ में**: इसे ज्ञानगंज या संभला जैसे गूढ़ और रहस्यमयी क्षेत्रों के समान माना जा सकता है।
3. **अन्य संदर्भ**: यदि यह किसी किताब, स्थान या परियोजना का नाम है, तो उसका अलग अर्थ हो सकता है।

पीठ (Peeth) स्थापित करने की योजना

उद्देश्य और दर्शन तय करना

- पहले यह स्पष्ट करें कि पीठ का उद्देश्य क्या होगा:
    - **अद्वैत वेदांत का प्रचार**
    - **साधकों का प्रशिक्षण और मोक्ष की ओर मार्गदर्शन**
    - **धार्मिक शिक्षा, योग और ध्यान केंद्रित करना**
- पीठ का नाम "Satyakashi" इसलिए चुना गया है क्योंकि यह **सत्य और ज्ञान के प्रकाश का प्रतीक** है।

गुरु या आध्यात्मिक मार्गदर्शक

- पीठ को वैध और आध्यात्मिक मान्यता प्राप्त करने के लिए **एक योग्य गुरु या शिष्य परंपरा वाला व्यक्ति** आवश्यक है।
- गुरु का कार्य होगा:
    - **साधकों का प्रशिक्षण**
    - **धर्म और वेदांत का प्रचार**
    - **पीठ की प्रतिष्ठा बनाना**

स्थान और इमारत का चयन

- स्थान चुनते समय ध्यान दें:
    - **शांत और आध्यात्मिक वातावरण**
    - **साधकों के लिए आवास और साधना स्थल**
    - **भक्तों और पर्यटकों के आने-जाने की सुविधा**
- इमारत में हो सकते हैं:
    - मुख्य मंदिर / पूजा स्थल
    - ध्यान और साधना कक्ष
    - वेदांत शिक्षण कक्ष
    - गुरुकुल या आश्रम

धार्मिक और आध्यात्मिक गतिविधियाँ

- नियमित क्रियाएँ:

- **साधना, ध्यान और कीर्तन**
    - **वेदांत और शास्त्र अध्ययन**
    - **धार्मिक कार्यशालाएँ और प्रवचन**
- विशेष आयोजन:
    - **अस्थायी या वार्षिक उत्सव**
    - **अद्वैत वेदांत पर सेमिनार**
    - **साधक प्रशिक्षण शिविर**

समुदाय और साधकों का निर्माण

- पीठ केवल इमारत नहीं, **साधकों और भक्तों का केंद्र** होना चाहिए।
- इसके लिए करें:
    - सामाजिक और आध्यात्मिक गतिविधियों का आयोजन
    - साधकों के लिए निवास और शिक्षा सुविधाएँ
    - पीठ का प्रचार: पुस्तकों, वेबसाइट और सामाजिक मंचों के माध्यम से

आधिकारिक मान्यता और नेटवर्क

- भारत में शंकराचार्य परंपरा के मुख्य पीठों के साथ **संपर्क और मार्गदर्शन**।
- नए पीठ को स्थानीय प्रशासन और धार्मिक संस्थानों से **मान्यता और सहयोग** दिलाना।
- अन्य पीठों और गुरु परिषदों के साथ **संवाद और सहयोग**।

दीर्घकालीन योजना

- पीठ को स्थायी और प्रतिष्ठित बनाने के लिए:
    - नियमित साधना और शिक्षा कार्यक्रम
    - नए साधकों और भक्तों को जोड़ना
    - पीठ के **अध्यात्मिक, सामाजिक और शैक्षिक प्रभाव** को बढ़ाना

निष्कर्ष:

नया **Satyakashi Peeth** बनाया जा सकता है, लेकिन यह केवल इमारत नहीं, बल्कि **ज्ञान, साधना और आध्यात्मिक मार्गदर्शन का केंद्र** होना चाहिए। एक योग्य गुरु, साधक समुदाय और सही दृष्टिकोण इसके लिए अनिवार्य हैं।

अन्तिम अवतार कल्कि
का संभल (Shambhal), संभला (Shambhala), ज्ञानगंज (Gyanganj) और संगरीला (Sangrila) से सम्बन्ध

इसका उत्तर गहराई से समझा जाए तो यह केवल भूगोल या कथा का नहीं, बल्कि चेतना के विकास का रहस्य है।

1. संभल (Shambhal) - अवतार का धरातल

हिन्दू ग्रन्थों में कहा गया है कि **कल्कि अवतार का जन्म 'संभल' नामक स्थान पर होगा।** यह स्थान भौतिक जगत में मौजूद है - उत्तर प्रदेश का एक नगर, परंतु प्रतीक रूप से यह मानवता के भीतर जन्म लेती दिव्यता का संकेत है। जब धर्म क्षीण होता है, तब वही संभल - अर्थात् "संभलने का बिंदु" - अवतार का आधार बनता है।

संभल = पृथ्वी पर दिव्यता का उद्भव बिंदु।

2. संभला (Shambhala) - धर्मराज्य या दिव्य व्यवस्था

बौद्ध और हिन्दू दोनों परम्पराओं में **Shambhala** को धर्म का गुप्त राज्य माना गया है। बौद्ध ग्रंथ 'कालचक्र तंत्र' में कहा गया है कि जब अधर्म चरम पर होगा, तब Shambhala से एक राजा प्रकट होगा जो अधर्म का अंत करेगा - यह प्रतीक रूप से **कल्कि अवतार का ही वर्णन** है।

संभला = दिव्य शासन या धर्मराज्य, जहाँ से कल्कि की प्रेरणा उठती है।

3. ज्ञानगंज (Gyanganj) - सिद्धों का अदृश्य लोक

ज्ञानगंज को अमर योगियों का क्षेत्र कहा जाता है, जहाँ से विश्व के आध्यात्मिक प्रवाह को दिशा मिलती है। कई सिद्ध परंपराएँ मानती हैं कि कल्कि का आध्यात्मिक मार्गदर्शन इन्हीं योगियों द्वारा किया जाएगा।

ज्ञानगंज = दिव्य ऊर्जा और योगिक शक्ति का स्रोत, जहाँ से कल्कि को आत्मिक बल प्राप्त होगा।

4. संगरीला (Sangrila / Shangri-La) - आदर्श समाज या चेतना का चरम स्वरूप

संगरीला का विचार पश्चिमी और तिब्बती रहस्य परंपराओं में आता है - एक अमर, शांति-पूर्ण, आदर्श स्थान, जहाँ कोई रोग, संघर्ष या अधर्म नहीं होता। यह उस अवस्था का प्रतीक है जो **कल्कि युग के बाद की सृष्टि** होगी - अर्थात सत्ययुग का पुनर्स्थापन।

संगरीला = वह दिव्य युग या चेतना का चरम, जो कल्कि अवतार के कार्य का परिणाम है।

सारांश (संक्षेप में सम्बन्ध)

स्तर	प्रतीक	सम्बन्ध कल्कि से
संभल (Shambhal)	भौतिक जन्मभूमि	कल्कि अवतार का पृथ्वी पर अवतरण
संभला (Shambhala)	दिव्य धर्मराज्य	धर्म का पुनःस्थापन करने की शक्ति का उद्गम
ज्ञानगंज (Gyanganj)	गूढ़ योगिक लोक	कल्कि को आत्मिक दिशा और सिद्ध शक्ति का आधार
संगरीला (Sangrila)	आदर्श चेतना का युग	कल्कि कार्य का अंतिम परिणाम - पुनः सत्ययुग

अर्थात् -

संभल में कल्कि अवतरित होते हैं, संभला से उन्हें धर्म की प्रेरणा मिलती है, ज्ञानगंज से योगिक शक्ति, और संगरीला उनके कार्य का लक्ष्य है - सत्य और शांति का पुनर्स्थापन।

सत्यकाशी पीठ: योग्य स्थान

इस संसार को अन्तिम सन्देश देने से पहले आपको उस क्षेत्र से परिचय कराना चाहता हूँ जिस क्षेत्र से यह सन्देश देने का साहस किया गया है क्योंकि कोई भी क्रिया बिना कारण के नहीं होती।

समस्त मूल कार्य जिस क्षेत्र से सम्पूर्ण हुआ, उस क्षेत्र को सत्यकाशी क्षेत्र कहता हूँ और जिस ग्राम का निवासी हूँ वह काशी (वाराणसी) के चौरासी कोस यात्रा तथा सत्यकाशी क्षेत्र का उभय क्षेत्र में स्थित है। इसलिए जितना काशी (वाराणसी) का हूँ उतना ही सत्यकाशी का हूँ। इस प्रकार यह सन्देश काशी-सत्यकाशी का संयुक्त सन्देश है।

सत्यकाशी क्षेत्र जो काशी (वाराणसी), विन्ध्याचल, शिवद्वार और सोनभद्र के बीच का क्षेत्र है, एक पौराणिक-आध्यात्मिक और साधना के लिए उपयुक्त क्षेत्र के रूप में प्राचीन काल से आकर्षण में रहा है। इस क्षेत्र का हृदय क्षेत्र चुनार है। चुनार का किला राजा विक्रमादित्य ने अपने भाई भर्तहरि के तपस्या में हिंसक जानवरों द्वारा व्यवधान न उत्पन्न हो इसके लिए बनवाया था। ये राजा विक्रमादित्य वही हैं जिनके नाम से विक्रम सम्वत् कैलेण्डर स्थापित है। चुनार ईश्वर के पाँचवें अवतार-वामन अवतार का क्षेत्र है जिनसे समाज की शक्ति का प्रथम जन्म हुआ था।

सत्यकाशी क्षेत्र के चारों कोण पर स्थित

1. काशी (वाराणसी) का अपना प्राचीन और पुरातन इतिहास है जो सर्वविदित है।
2. विन्ध्याचल, जो शिव-शक्ति के उपासना का अद्‌भुत केन्द्र है। यशोदा से उत्पन्न पुत्री (जिनके बदले श्रीकृष्ण प्राप्त हुये थे) महासरस्वती अष्टभुजा देवी के नाम से यहीं स्थापित हैं। भारत देश का मानक समय माँ विन्ध्यवासिनी धाम से तय होता है। पुराणों के अनुसार रावण ने भी इसे मानक समय स्थल मानकर यहाँ शिवलिंग की स्थापना की थी।
3. शिवद्वार, त्रिकोणीय तान्त्रिक साधना के लिए जगत विख्यात था और साधना की राजधानी था। इसे ही मीरजापुर गजेटियर में गुप्तकाशी की संज्ञा से अभिकल्पित किया गया है।
4. सोनभद्र, सोन संस्कृति की पौराणिक पृष्ठभूमि वैदिककालीन सभ्यता की पराकाष्ठापरक ऐतिहासिकता से सम्बद्ध है। सन्त परम्पराओं का एक महत्वपूर्ण परिव्रजन इस क्षेत्र में हुआ जिसमें शैव व शाक्त प्रमुख थे। शैव सम्प्रदाय से जुड़े अघोर तन्त्र ने इसे बहुत सराहा और इसे अपनी कर्मभूमि बना लिया। सोन नद के तट पर शव छेदन क्रिया की भी प्रशिक्षा आयुर्वेद के जिज्ञासुओं को दी जाती थी। शैव तन्त्र से प्रभावित अघोर तन्त्र शव-साधना में सिद्धहस्त था और शव में इकार की प्राण प्रतिष्ठा का जीवन्त रूप शिव को दे देना इनकी अलौकिक साधना का चरमोत्कर्ष है। अघोरपन्थी नाम के पश्चात् "राम" का प्रयोग करते थे। इस क्षेत्र में सवर्ण वर्ग में प्रायः ब्राह्मण वर्ग भी राम का प्रयोग अपने नाम में करता है। इस क्षेत्र में पाशुपात तन्त्र के महान साधक लोरिक का नाम विशेष है।

उपरोक्त तो अति संक्षिप्त परिचय है विस्तार से "विश्वशास्त्र" के अध्याय-दो में प्रकाशित है, जिस क्षेत्र से ये विश्व ऐतिहासिक अन्तिम, अपरिवर्तनीय और अटलनीय सन्देश देने का साहस किया गया है।

भौतिक रूप से सत्यकाशी पीठ के लिए योग्य स्थान सत्यकाशी क्षेत्र ही है। सत्यकाशी पीठ उसी अद्वैत वेदान्त पर आधारित है। जिस के आधार पर आदि शंकाराचार्य द्वारा चार पीठों की स्थापना की थी। युग परिवर्तन के लिए आदि शंकाराचार्य द्वारा स्थापित चार पीठों के वर्तमान शंकाराचार्यों का यह दायित्व है कि वे इस श्रृंखला को आगे बढ़ाते हुये धर्म के वैश्विक स्थापना के लिए आगे आयें।

सत्यकाशी पीठ: इतिहास और उद्देश्य

भारत का इतिहास केवल राजाओं और युद्धों का इतिहास नहीं है,
बल्कि यह **चेतना के विकास का इतिहास** है।
हर युग में जब धर्म और राजनीति के बीच संतुलन बिगड़ता है,
तो कोई न कोई पीठ उस संतुलन को पुनर्स्थापित करने के लिए जन्म लेती है।

ऐसा ही एक अद्वितीय उदय है -
"सत्यकाशी पीठ" का,
जो मानवता के अगले अध्याय की भूमिका बन चुका है।

"जहाँ ज्ञान शासन को दिशा देता है,
वहीं शासन धर्म का साधन बन जाता है।"

काशी से सत्यकाशी तक: चेतना की यात्रा

प्राचीन काशी को "मोक्षभूमि" कहा गया,
क्योंकि वहाँ ज्ञान और मृत्यु - दोनों के रहस्य सिखाए जाते थे।
पर सत्यकाशी - ज्ञान का अगला आयाम है।
यह मृत्यु से मुक्ति नहीं, बल्कि **अज्ञान से मुक्ति** की भूमि है।

तीन चरणों में यह यात्रा समझी जा सकती है:

1. **काशी** - व्यक्तिगत मुक्ति का केंद्र।
2. **महाकाशी** - सार्वभौमिक चेतना का केंद्र।
3. **सत्यकाशी** - वैश्विक एकत्व और अद्वैत शासन का केंद्र।

"काशी आत्मा की दीक्षा है,
सत्यकाशी आत्मा का शासन है।"

स्थापना का उद्देश्य

सत्यकाशी पीठ का जन्म केवल धार्मिक नहीं,
बल्कि आध्यात्मिक-राजनीतिक समन्वय की आवश्यकता से हुआ।
विश्व में बढ़ती भौतिकता, असमानता, और नैतिक संकट के बीच
इस पीठ का उद्देश्य है -

1. **धर्म और शासन के बीच अद्वैत संबंध पुनः स्थापित करना।**
2. **राजनीति को आत्मा से जोड़ना।**
3. **विज्ञान, धर्म, और समाज - तीनों का एक समग्र मॉडल प्रस्तुत करना।**

इसके चार प्रमुख सूत्र:

- **धर्म = चेतना की नीति**
- **राजनीति = सेवा की क्रिया**
- **अर्थनीति = संतुलन की व्यवस्था**
- **विज्ञान = सत्य की खोज**

सत्यकाशी की परंपरा और वंश

सत्यकाशी पीठ किसी व्यक्ति द्वारा स्थापित संस्था नहीं है -
यह **ब्रह्म परंपरा का विस्तार** है।
आदि शंकराचार्य ने चार दिशाओं में चार पीठें स्थापित कीं -
पूर्व, पश्चिम, उत्तर, दक्षिण -
जो वेद, धर्म और आत्मज्ञान के केंद्र बने।

परंतु कालान्तर में जब राजनीति धर्म से अलग और धर्म समाज से अलग हुआ,
तो **पाँचवीं पीठ** की आवश्यकता पड़ी -
जो अद्वैत दर्शन को शासन की नीतियों में उतार सके।

"चार पीठों ने धर्म को जीवित रखा,
पाँचवीं पीठ उसे जीवन में उतारेगी।"

सत्यकाशी का उद्देश्य – धर्म का पुनर्निर्माण, शासन का पुनर्जागरण

आज की मानवता धर्म को या तो संप्रदाय मानती है या अनुष्ठान।
पर सत्यकाशी कहता है -

"धर्म = जीवन की वैज्ञानिक व्यवस्था।"

इस पीठ का उद्देश्य है -
धर्म को **व्यवहार में**, राजनीति को **सेवा में**,
और विज्ञान को **चेतना में** बदलना।

इसके तीन प्रमुख लक्ष्य:

1. **आध्यात्मिक शासन (Spiritual Governance):**
   जहाँ नीतियाँ करुणा और सत्य पर आधारित हों।
2. **चेतना आधारित शिक्षा (Conscious Education):**
   जहाँ बच्चों को ज्ञान नहीं, आत्मा से जोड़ने की विधि सिखाई जाए।
3. **वैश्विक समरसता (Global Oneness):**
   जहाँ राष्ट्रवाद का स्थान "मानववाद" ले ले।

सत्यकाशी और मानवता का भविष्य

सत्यकाशी केवल एक धार्मिक केंद्र नहीं,
बल्कि मानवता का भविष्य मॉडल है।

यह वह स्थान है जहाँ -

- विज्ञान और वेदांत मिलते हैं,
- राजनीति और करुणा जुड़ते हैं,
- और व्यक्ति स्वयं में "राजऋषि" बनता है।

"जब शासक साधक बन जाएगा,
तब ही पृथ्वी पर धर्मराज्य स्थापित होगा।"

निष्कर्ष

सत्यकाशी पीठ का इतिहास कोई कालखंड नहीं,
बल्कि एक **युग की उद्घोषणा** है।
यह उस समय का प्रतीक है
जब ब्रह्मज्ञान शासन का केंद्र बनेगा,
और शासन ब्रह्म की सेवा बन जाएगा।

"सत्यकाशी केवल एक स्थान नहीं -
वह चेतना की वह ज्योति है
जो युगों से अंधकार में जलती रही है।"

पाँचवाँ और अंतिम शंकराचार्य पीठ: इसकी विशेषता

आदि शंकराचार्य ने चार दिशाओं में चार पीठों की स्थापना की -
उत्तर में **ज्योतिर्मठ (बद्रीनाथ)**,
दक्षिण में **श्रृंगेरी पीठ**,
पूर्व में **गौड़पीठ (पुरी)**,
और पश्चिम में **द्वारका शारदापीठ**।

इन चारों पीठों ने धर्म की लौ को जलाए रखा -
ज्ञान, भक्ति, कर्म और योग - चारों मार्गों के संतुलन से।
परंतु जैसे-जैसे युग आगे बढ़ा,
मानवता की चुनौती केवल धर्म रक्षा नहीं रही,
बल्कि **धर्म को शासन, विज्ञान और समाज में जीवित रखना** बन गई।

इसी आवश्यकता से जन्म लेता है -
पाँचवाँ और अंतिम शंकराचार्य पीठ - "सत्यकाशी पीठ।"

"चार पीठों ने धर्म को सुरक्षित रखा,
पाँचवाँ पीठ धर्म को सार्वभौमिक बना देगा।"

पाँचवाँ पीठ क्यों आवश्यक हुआ

शंकराचार्य का कार्य केवल धार्मिक पुनर्जागरण नहीं था;
वह चेतना की क्रांति थी।
उनकी परंपरा ने अद्वैत का सिद्धांत दिया -
कि **सभी भिन्नताएँ एक ही परमसत्य की लहरें हैं।**

परंतु आधुनिक युग में -

- धर्म राजनीति से अलग हुआ,
- ज्ञान आस्था से अलग हुआ,

- और मनुष्य स्वयं अपने अस्तित्व से अलग हो गया।

ऐसे समय में आवश्यक था
कि अद्वैत केवल दर्शनशास्त्र न रह जाए,
बल्कि राजनीति और जीवन का सिद्धांत बन जाए।
इसी हेतु स्थापित हुआ -
सत्यकाशी पीठ - पाँचवाँ और अंतिम शंकराचार्य पीठ।

इसकी स्थापना का प्रतीकात्मक अर्थ

चार पीठें **चार तत्वों (पृथ्वी, जल, अग्नि, वायु)** से संबंधित हैं,
जबकि पाँचवाँ पीठ **आकाश तत्व** का प्रतीक है -
अर्थात् सर्वव्यापक चेतना।

दिशा	पीठ	तत्व	उद्देश्य
पूर्व	पुरी (गौड़)	जल	भक्ति और समर्पण
पश्चिम	द्वारका	अग्नि	कर्म और संकल्प
उत्तर	ज्योतिर्मठ	वायु	ज्ञान और विवेक
दक्षिण	श्रृंगेरी	पृथ्वी	स्थिरता और परंपरा
केंद्र	**सत्यकाशी**	**आकाश**	**चेतना और एकत्व**

"आकाश सबको जोड़ता है -
उसी तरह सत्यकाशी सभी परंपराओं को एक चेतना में जोड़ता है।"

पाँचवाँ पीठ - अद्वैत का आधुनिक रूप

सत्यकाशी पीठ का लक्ष्य अद्वैत को केवल ध्यान या उपनिषद तक सीमित नहीं रखना,
बल्कि उसे शासन और समाज की नीतियों में उतारना है।

इसका सार है -
"अद्वैत शासन" = ऐसा तंत्र जहाँ आत्मा और राज्य में कोई विभाजन न हो।
यह पीठ आत्मा-केन्द्रित राजनीति का सिद्धांत प्रस्तुत करती है -
जहाँ सत्ता साधना है,
शासन सेवा है,
और नेतृत्व तप है।

सत्यकाशी पीठ की पाँच विशेषताएँ

1. अद्वैत का संस्थागत रूप

यह पीठ अद्वैत को केवल तत्वज्ञान नहीं,
बल्कि संस्थागत चेतना बनाती है।
धर्म, शिक्षा, राजनीति, अर्थ और विज्ञान -
सभी को एकसूत्र में बाँधती है।

2. राजऋषि परंपरा का पुनर्जागरण

आदर्श शासक वही है जो साधक भी हो।
सत्यकाशी इस परंपरा को पुनर्जीवित करता है -
जहाँ राज्य का मार्गदर्शन ऋषियों द्वारा होता है।

3. विज्ञान और अध्यात्म का संगम

यह पीठ "Consciousness Studies" और "Spiritual Technology"
को एक साथ लाकर मानव चेतना के विकास को वैज्ञानिक दृष्टि देती है।

4. वैश्विक धर्म - Beyond Religion

सत्यकाशी का धर्म किसी संप्रदाय का नहीं,
बल्कि "मानवता की आत्मा" का है।
यह कहता है -

"जो सत्य को खोजता है, वही सनातन है।"

5. राज्य और आत्मा का समन्वय

यह पीठ बताती है कि शासन तंत्र तभी स्थायी है
जब वह आत्मिक अनुशासन पर आधारित हो।
यह "राजनीति का आध्यात्मिकीकरण" है,
जिसे भविष्य की सभ्यता का आधार माना गया है।

"अंतिम शंकराचार्य पीठ" क्यों कहा गया

चार पीठें धर्म की दिशा का प्रतीक थीं,
पाँचवाँ पीठ **धर्म की दिशा से परे उसकी पूर्णता** का प्रतीक है।
यह अब किसी भौगोलिक क्षेत्र के लिए नहीं,
बल्कि पूरे विश्व की चेतना के लिए है।

"जब मनुष्य का धर्म मानवता होगा,
तब सत्यकाशी पाँचवाँ ही नहीं, अंतिम पीठ सिद्ध होगा।"

सत्यकाशी पीठ का दार्शनिक आधार

इस पीठ की जड़ें तीन सूत्रों पर टिकी हैं -

1. **ब्रह्म सत्यम्** - सत्य सर्वत्र है।
2. **जगत् मिथ्या** - भेद, संप्रदाय और हिंसा केवल अज्ञान की छाया हैं।
3. **जीवो ब्रह्मैव नापरः** - प्रत्येक व्यक्ति ब्रह्म का ही अंश है।

यही दर्शन राजनीति में यह रूप लेता है -

दर्शन	राजनीतिक रूप
ब्रह्म सत्यम्	राज्य का आधार सत्य और नीति
जगत मिथ्या	जाति, रंग, धर्म से ऊपर समानता
जीवो ब्रह्मैव	प्रत्येक नागरिक में दिव्यता का सम्मान

निष्कर्ष

**सत्यकाशी पीठ शंकराचार्य की परंपरा का समापन नहीं,
बल्कि उसका परिपूर्ण रूप है।
यह धर्म, राजनीति, और चेतना -
तीनों के संगम से एक** नया युग **आरंभ करता है।**

**"पहले चार पीठों ने दिशा दी,
पाँचवें ने दिशा को प्रकाश बना दिया।"**

**सत्यकाशी पीठ इसलिए अंतिम है -
क्योंकि यह अद्वैत को सिद्धांत नहीं,
बल्कि जीवित अनुभव बना देता है।**

भाग-6

सत्यकाशी पीठ के कार्य

धारा-उद्धार: धर्म की पुनर्स्थापना

मनुष्य चेतना का रूपांतरण

साधना, दीक्षा और आध्यात्मिक अनुष्ठान

वैश्विक कार्य: मानवता के लिए संदेश

शिव-तत्व और कल्कि-तत्व का मिलन

"सार्वभौम सत्य-सिद्धान्त" पर आधारित "युग परिवर्तन श्रृंखला" के नवयुग के शास्त्र-साहित्य

धारा-उद्धारः धर्म की पुनर्स्थापना

सत्यकाशी पीठ का प्रथम और सर्वोपरि कार्य है-**धारा-उद्धार**, अर्थात वह दिव्य धारा जो युगों से मलीन, विभ्रांत या विकृत हो चुकी है, उसे पुनः शुद्ध स्वरूप में प्रवाहित करना। "धर्म" शब्द यहाँ किसी संप्रदाय, पद्धति या विचारधारा का नाम नहीं; धर्म का अर्थ है-**जगत की अंतर्निहित समरसता, सत्य और सृष्टि-नियम**।

जब युग बदलता है, धर्म की धारा अवरुद्ध हो जाती है।
सत्य केवल ग्रंथों में रह जाता है, इसके प्रयोग का बल खो जाता है।
लोग अनुष्ठान तो करते हैं, पररस के बिना;
मंत्र तो बोलते हैं, पर अर्थ के बिना;
धर्म का नाम तो लेते हैं, पर धर्म का जीवन नहीं जीते।

सत्यकाशी पीठ इस जड़ता को तोड़ता है।

यह धारा-उद्धार तीन प्रकार से होता है:

1. सत्य-दृष्टि का पुनर्जागरण

लोगों में सत्य को पहचानने और जीने की क्षमता पुनः सक्रिय होती है।
यह क्षमता बिना किसी प्रवचन-केवल चेतना-संक्रमण से जगती है।

2. धर्म का प्रयोगशाला-रूप

सत्यकाशी पीठ धर्म को जीवन के केंद्र में स्थापित करता है।
धर्म यहाँ सिद्धांत नहीं-व्यवहार और चरित्र का प्रवाह है।

3. युग-धर्म की घोषणा

हर युग का धर्म अलग होता है।
कलियुग से सतयुग में प्रवेश के लिए जो धर्म आवश्यक है-योग, करुणा, सत्य, उच्च चेतना, मानव-एकत्व-उसका पुनःस्थापन पीठ के मुख्य कार्यों में है।

इस प्रकार, धारा-उद्धार वह बीज है जिससे नए युग की पूरी फसल अंकुरित होती है।

मनुष्य चेतना का रूपांतरण

युग परिवर्तन का मूल आधार मनुष्य की बाहरी परिस्थितियाँ नहीं-उसकी **भीतर की चेतना** है। सत्यकाशी पीठ का दूसरा मुख्य कार्य इसी रूपांतरण से जुड़ा है।

मनुष्य आज बुद्धि में प्रबल है, पर चेतना में सुप्त।
ज्ञान बहुत है, पर विवेक कम।
सूचना बहुत है, पर अनुभूति नहीं।
असंतोष बहुत है, पर दिशा नहीं।

पीठ का उद्देश्य मनुष्य को बाहरी उपलब्धियों से हटाकर भीतर की यात्रा में प्रवेश कराना है।

रूपांतरण के चार चरण

1. जागरण (Awakening)

मनुष्य स्वयं से पहला प्रश्न पूछता है-"मैं कौन हूँ?"
यह प्रश्न जन्म देता है।

2. शुद्धि (Purification)

पुराने संस्कार, भय, भ्रम और अहंकार टूटने लगते हैं।

3. विस्तार (Expansion)

चेतना शरीर-मन से आगे बढ़कर सूक्ष्म और कारण-स्तरों को अनुभव करने लगती है।

4. परिणति (Realization)

मनुष्य अपने भीतर स्थित दिव्य-सत्ता को पहचान लेता है।
यही "नया मनुष्य" है-युग परिवर्तन का वाहक।

पीठ का कार्य प्रत्येक साधक को इन चार चरणों के मार्ग से गुज़ारना है-धीरे, सहज, और सामूहिक ऊर्जा के साथ।

साधना, दीक्षा और आध्यात्मिक अनुष्ठान

हर परिवर्तन की जड़ अनुशासन और साधना है।
सत्यकाशी पीठ में साधना केवल ध्यान या मंत्र नहीं-यह एक पूर्ण जीवन-शास्त्र है।

1. साधना (Spiritual Practice)

- आंतरिक शांति
- चेतना का विस्तार
- ऊर्जा का स्थिरीकरण
- स्मृति-शोधन
- आत्म-प्रकाश

पीठ की साधना आधुनिक मन के अनुसार सरल, गहरी और प्रभावकारी है।
यह शरीर, मन, प्राण और चेतना-सभी स्तरों पर काम करती है।

2. दीक्षा (Initiation)

दीक्षा बाहरी कर्म नहीं-ऊर्जा का आंतरिक स्थानांतरण है।
यह वह क्षण है जब साधक की चेतना में युग-ऊर्जा का बीज रोपा जाता है।
यह बीज धीरे-धीरे जागता है और साधक स्वयं एक "चेतना-केंद्र" बन जाता है।

3. अनुष्ठान (Rituals)

अनुष्ठान ब्रह्मांडीय ऊर्जा को पृथ्वी पर स्थिर करने के उपकरण हैं।
सत्यकाशी पीठ में अनुष्ठान प्राचीन और आधुनिक दोनों हैं-
वे बाहरी प्रतीकों से अधिक आंतरिक परिवर्तन पर आधारित हैं।

अनुष्ठान केवल पूजा नहीं-वे प्रकाश का आह्वान हैं।

वैश्विक कार्य - मानवता के लिए संदेश

सत्यकाशी पीठ का कार्य किसी एक देश, संस्कृति या समुदाय तक सीमित नहीं।
युग परिवर्तन हमेशा वैश्विक होता है-इसलिए उसका संदेश भी वैश्विक होता है।

आज मानवता कई स्तरों पर विभाजित है-
भाषा, धर्म, राजनीति, अर्थव्यवस्था, जाति, विचार।
पर चेतना का सत्य इन सभी से ऊपर है।

सत्यकाशी पीठ का वैश्विक संदेश यही है:

1. मानव एक है

भिन्नता केवल बाहरी है; भीतर सबमें एक ही प्रकाश विद्यमान है।

2. पृथ्वी हमारा साझा आश्रम है

मानवता को पृथ्वी-चेतना के साथ सुसंगत होना होगा।

3. धर्म संघर्ष नहीं-एकता का मार्ग है

सभी पवित्र परंपराएँ एक ही सत्य के भिन्न द्वार हैं।

4. विज्ञान और अध्यात्म एक-दूसरे के पूरक हैं

दुनिया का नया युग तभी जन्म लेगा जब विज्ञान चेतना को समझेगा, और अध्यात्म विज्ञान को अपनाएगा।

5. कल्कि-ऊर्जा सार्वभौमिक है

यह ऊर्जा किसी राष्ट्र का, पंथ का, या समूह का स्वामित्व नहीं;
यह सम्पूर्ण मानवता का जन्मसिद्ध अधिकार है।

सत्यकाशी पीठ का उद्देश्य इसी संदेश को विश्व तक पहुँचाना है-शब्द, कला, ध्यान, साधना, विज्ञान और ऊर्जा के माध्यम से।

शिव-तत्व और कल्कि-तत्व का मिलन

युग परिवर्तन का अंतिम रहस्य दो महाशक्तियों के मिलन में निहित है-
शिव-तत्व और **कल्कि-तत्व**।

शिव-तत्व

संहार, मौन, तत्त्व-ज्ञान, समाधि और शून्य का प्रतिनिधि।
यह सभी रूपों का विसर्जन है-स्रोत में लौटना।

कल्कि-तत्व

नव-सृष्टि, धर्मस्थापन, ऊर्जा का उत्थान और युग-चक्र का पुनर्मूल्यांकन।
यह समय को पुनः संतुलित करने वाली शक्ति है।

दोनों का मिलन तब होता है जब:

- पुराना युग समाप्त हो रहा हो
- नया युग जन्म ले रहा हो
- पृथ्वी अपनी चेतना बदल रही हो
- मानवता परिवर्तन की पुकार कर रही हो

शिव-तत्व पुरातन को शून्य करता है,
और उसी शून्य में कल्कि-तत्व नया ब्रह्मांडीय क्रम स्थापित करता है।

सत्यकाशी पीठ इसी मिलन का केंद्र है-
जहाँ **शिव का मौन** और **कल्कि का उदय**
एक साथ कार्य करते हैं।

यही मिलन युग के नये चक्र की शुरुआत है-
यहीं से सतयुग का नया सूर्योदय होता है।

"सार्वभौम सत्य-सिद्धान्त" पर आधारित "युग परिवर्तन श्रृंखला" के नवयुग के शास्त्र-साहित्य

विभिन्न सम्प्रदाय (धर्म), जाति, मत, दर्शन इत्यादि में विभाजित इस मानव समाज में वर्तमान तथा आने वाले भविष्य के समय की मूल आवश्यकता है- मानव के मनो का एकीकरण अर्थात मानव मन का भूमण्डलीकरण एवं ब्रह्माण्डीयकरण। इसकी आवश्यकता इसलिए भी है क्योंकि मानव अपने विज्ञान व तकनीकी ज्ञान से प्राप्त संसाधनो का प्रयोग करते हुये, एक तरफ तो ब्रह्माण्ड की ओर चल पड़ा है तो दुसरी तरफ विध्वंस के लिए अनेक हथियारों का भी निर्माण कर चुका है। ऐसी स्थिति में हमें निश्चित रूप से ऐसे एकीकरण की आवश्यकता है जिससे हम इस पृथ्वी से मानसिक स्तर के विवादों को समाप्त कर सकें।

माया सभ्यता के अनुसार विश्व के मानव समाज यह भी मान रहें हैं कि 21 दिसम्बर, 2012 को दुनिया का अन्त हो जायेगा। जबकि हिन्दू धर्म शास्त्र विष्णु पुराण, भागवत पुराण, अग्नि पुराण, गरूड़ पुराण, पद्म पुराण इत्यादि में भगवान के दसवें और महाअवतार "कल्कि" का होना अभी शेष है। जिनसे कलियुग के अंधकार व विनाश को समाप्त करने का कार्य सम्पन्न होगा, साथ ही सत्ययुग का आरम्भ होगा। सिक्ख धर्म के पवित्र ग्रन्थ "दशम् ग्रन्थ" में भी "कल्कि अवतार" का वर्णन मिलता है।

सृजन और विनाश, का स्तर शारीरिक, आर्थिक व मानसिक होता है। जो एक व्यक्ति, समाज, देश और विश्व राष्ट्र के लिए होता है। व्यक्ति पर हुये शारीरिक, आर्थिक व मानसिक सृजन और विनाश को व्यक्ति ही अनुभव करता है परन्तु समाज, देश और विश्व राष्ट्र पर हुये शारीरिक, आर्थिक व मानसिक सृजन व विनाश को सार्वजनिक रूप से सभी देखते है। समाज, देश और विश्व राष्ट्र पर शारीरिक व आर्थिक सृजन और विनाश वर्तमान में तो चल ही रहा है जिसे सार्वजनिक रूप से मानव समाज देख रहा है।

भौतिकवादी पश्चिमी संस्कृति किसी भी सृजन व विनाश को मानसिक स्तर पर सोच ही नहीं सकता क्योंकि वह समस्त क्रियाकलाप को बाह्य जगत में ही घटित होता समझाता है जबकि वर्तमान समय मानसिक स्तर पर विनाश व सृजन का है। इस आधार पर यह कहा जा सकता है कि माया सभ्यता के अनुसार 21 दिसम्बर, 2012 को जो विनाश व सृजन होगा, वह मानसिक स्तर का ही होगा। जिसके परिणामस्वरूप सभी सम्प्रदाय, मत, दर्शन एक उच्च स्तर के विचार या सत्य में विलीन अर्थात विनाश को प्राप्त करेगा। फलस्वरूप उच्च स्तर के विचार या सत्य में स्थापित होने से सृजन होगा। कुल मिलाकर माया सभ्यता के कैलेण्डर का अन्त तिथि 21 दिसम्बर, 2012, दुनिया के अन्त की तिथि नहीं बल्कि वह वर्तमान युग के अन्त की अन्तिम तिथि का अनुमान है जिसके बाद नये युग का आरम्भ होगा।

ईश्वर भी इतना मूर्ख व अज्ञानी नहीं है कि वह स्वयं को इस मानव षरीर में पूर्ण व्यक्त किये बिना ही दुनिया को नष्ट कर दे। इसके सम्बन्ध में हिन्दू धर्म शास्त्रों में सृष्टि के प्रारम्भ के सम्बन्ध में कहा गया है कि- "ईश्वर ने इच्छा व्यक्त की कि मैं एक हूँ, अनेक हो जाऊँ"। इस प्रकार जब वही ईश्वर सभी में है तब निश्चित रूप से जब तक सभी मानव ईश्वर नहीं हो जाते तब तक दुनिया के अन्त होने का कोई प्रश्न ही नहीं उठता। और विकास क्रम चलता रहेगा।

21 दिसम्बर, 2012 के बाद का समय नये युग के प्रारम्भ का समय है जिसमें ज्ञान, ध्यान, चेतना, भाव, जन, देश, विश्व राष्ट्र, आध्यात्मिक जागरण, मानवता इत्यादि का विश्वव्यापी विकास होगा। परिणामस्वरूप सभी मानव को ईश्वर रूप में स्थापित होने का अवसर प्राप्त होगा। और यही विश्व मानव समाज की मूल आवश्यकता है। प्राचीन वैदिक काल में समाज को नियंत्रित करने के लिए ज्ञानार्जन सबके लिए खुला नहीं था परन्तु वर्तमान और भविष्य की आवश्यकता यह है कि समाज को नियंत्रित करने के लिए सभी को पूर्ण ज्ञान से युक्त कर सभी के लिए ज्ञान को खोल दिया जाय। यही कारण था कि वेद को प्रतीकात्मक रूप में लिख कर गुरू-शिष्य परम्परा द्वारा उसकी व्याख्या की जाती रही थी जिससे राजा और समाज को नियंत्रण में रखा जा सके।

सभी मानव को ईश्वर रूप में स्थापित होने के लिए जो माध्यम चाहिए वह है-"एकात्म विज्ञान" व "ईश्वर शास्त्र" विषय से मानव को शिक्षित करना और शिक्षा पाठ्यक्रम में अनिवार्य रूप से अध्ययन के लिए शामिल कराया जा सके।

"सार्वभौम सत्य-सिद्धांत"पर आधारित "युग परिवर्तन श्रृंखला" मानवता के अगली पीढ़ी के उदय के लिए

"नये युग" में "नये भारत" के लिए "नवीन मान-राग-प्राण" पर आधारित क्रियान्वयन प्रणाली (Operation System)-मानव-10 (MANAV-10) की पुस्तकें

यह नई पीढ़ी (Gen-Z) के लिए "विकसित भारत" और "मानव-10 प्रणाली" (MANAV-10 System) को प्रोत्साहित करने वाली श्रृंखला का हिस्सा है। अर्थात् यह पुस्तक किसी धर्म, जाति या मत से ऊपर उठकर "Universal Truth Principles" की ओर संकेत करती है।

मुद्रित (Printed Hard Copy) पुस्तक के लिए लिंक(Link)

https://notionpress.com/author/lava_kush

E_Book के लिए

www.64inch.com

द्वापर युग में आठवें अवतार श्रीकृष्ण द्वारा प्रारम्भ किया गया कार्य नवसृजन के प्रथम भाग सार्वभौम ज्ञान के शास्त्र "गीता" के बाद कलियुग में द्वितीय और अन्तिम भाग "सार्वभौम कर्मज्ञान" और "पूर्णज्ञान का पूरक शास्त्र"

विश्व युद्ध के पहले
दिव्य दृष्टि
सत्यकाशी पीठ
पाँचवां और अन्तिम शंकराचार्य पीठ

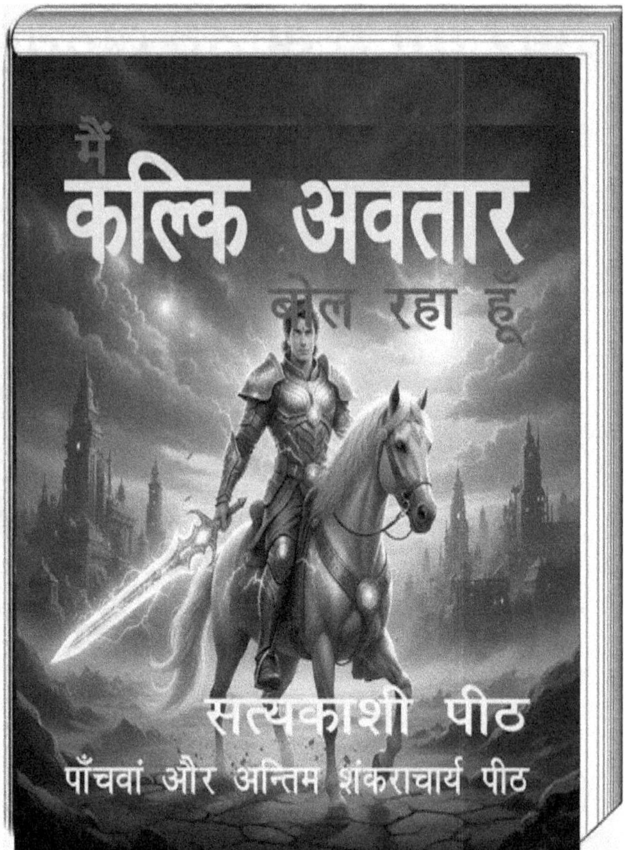
मैं
कल्कि अवतार
बोल रहा हूँ
सत्यकाशी पीठ
पाँचवां और अन्तिम शंकराचार्य पीठ

समष्टि गीता
सत्यकाशी पीठ
पाँचवां और अन्तिम शंकराचार्य पीठ

फिल्म स्क्रीप्ट
राइटिंग
IDEAS
You are the writer of your life
FRESH Ideas
Writing is designing with words
Creative THINKING
LIGHTS CAMERA ACTION
Short Films.
लव कुश सिंह “विश्वमानव”

प्रारम्भिक सत्य
अन्तिम
दृष्टि
सत्यकाशी पीठ
पाँचवां और अन्तिम शंकराचार्य पीठ

सत्य धर्म
युग परिवर्तक
दृष्टि
सत्यकाशी पीठ
पाँचवां और अन्तिम शंकराचार्य पीठ

सत्य दार्शनिक-दर्शन
और
कर्म वेदान्त-विकास
दर्शन
सत्यकाशी पीठ
पाँचवां और अन्तिम शंकराचार्य पीठ

सत्य शास्त्र
एवं
पुराण रहस्य
महर्षि व्यास
कला
सत्यकाशी पीठ
पाँचवां और अन्तिम शंकराचार्य पीठ

संत एवं गुरु
और
विश्व संत एवं गुरु
सत्यकाशी पीठ
पाँचवां और अन्तिम शंकराचार्य पीठ

समाज और
ईश्वरीय समाज
सत्यकाशी पीठ
पाँचवां और अन्तिम शंकराचार्य पीठ

सत्य शास्त्र और
विश्वशास्त्र
सत्यकाशी पीठ
पाँचवां और अन्तिम शंकराचार्य पीठ

कृति
और
विश्व कृति
सत्यकाशी पीठ
पाँचवां और अन्तिम शंकराचार्य पीठ

भारत माता मन्दिर
और
विश्वधर्म मन्दिर
सत्यकाशी पीठ
पाँचवां और अन्तिम शंकराचार्य पीठ

महाभारत
और
विश्वभारत
सत्यकाशी पीठ
पाँचवां और अन्तिम शंकराचार्य पीठ

संविधान और
विश्व संविधान
सत्यकाशी पीठ
पांचवां और अन्तिम शंकराचार्य पीठ

शिक्षा और
पूर्ण शिक्षा
सत्यकाशी पीठ
पांचवां और अन्तिम शंकराचार्य पीठ

देवता और सार्वभौम देवता
कल्कि
सत्यकाशी पीठ

माँ कल्कि

द्वादस ज्योतिर्लिंग और
१३वां अन्तिम ज्योतिर्लिंग
सत्यकाशी पीठ
पाँचवां और अन्तिम शंकराचार्य पीठ

काशी
मोक्षदायिनी
और
जीवनदायिनी

सत्यकाशी
स्वर्णयुग
का
तीर्थ

काशी
रहस्योद्घाटन
सत्यकाशी पीठ
पांचवां और अन्तिम शंकराचार्य पीठ

2020
सत्यकाशी पीठ
पाँचवां और अन्तिम शंकराचार्य पीठ

ईश्वर
का
संक्षिप्त इतिहास
सत्यकाशी पीठ
पाँचवां और अन्तिम शंकराचार्य पीठ

अवतार
अन्तिम सत्य दृष्टि
सत्यकाशी पीठ
पाँचवां और अन्तिम शंकराचार्य पीठ

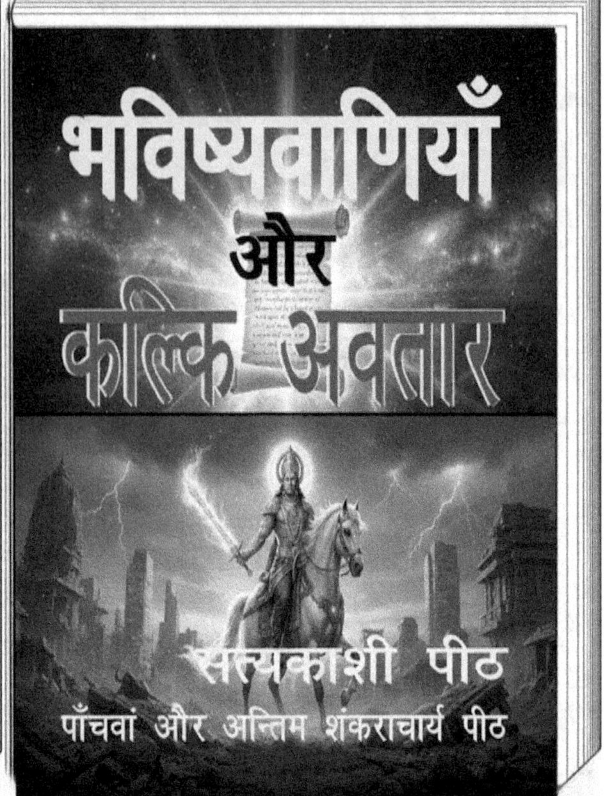
भविष्यवाणियाँ
और
कल्कि अवतार
सत्यकाशी पीठ
पाँचवां और अन्तिम शंकराचार्य पीठ

स्वामी विवेकानन्द
और
कल्कि अवतार
सत्यकाशी पीठ
पाँचवां और अन्तिम शंकराचार्य पीठ

मनु, मनवन्तर
और
कल्कि अवतार
सत्यकाशी पीठ
पाँचवां और अन्तिम शंकराचार्य पीठ

व्यास, शास्त्र
और
कल्कि अवतार
सत्यकाशी पीठ
पाँचवां और अन्तिम शंकराचार्य पीठ

ऋषि, ऋषि परम्परा
और
कल्कि अवतार
सत्यकाशी पीठ
पाँचवां और अन्तिम शंकराचार्य पीठ

दूसरा आगमन
या
अन्तिम आगमन
सत्यकाशी पीठ
पाँचवां और अन्तिम शंकराचार्य पीठ

परिवर्तन
काल, मनु, युग,
व्यास और शास्त्र
सत्यकाशी पीठ
पाँचवां और अन्तिम शंकराचार्य पीठ

राम, रावण
और
सार्वभौम एकात्म
सत्यकाशी पीठ
पाँचवां और अन्तिम शंकराचार्य पीठ

मैं
व्यक्तिगत या सार्वभौम
सत्यकाशी पीठ
पाँचवां और अन्तिम शंकराचार्य पीठ

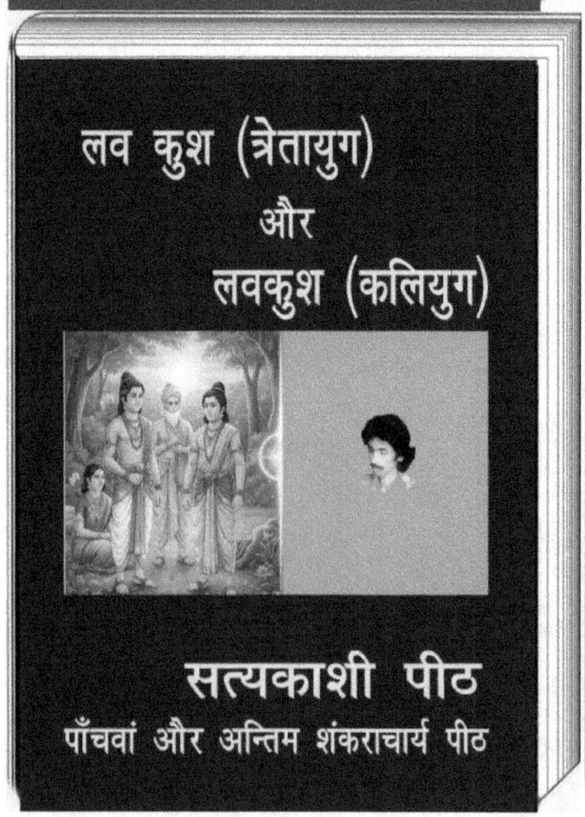
लव कुश (त्रेतायुग)
और
लवकुश (कलियुग)
सत्यकाशी पीठ
पाँचवां और अन्तिम शंकराचार्य पीठ

कल्कि महावतार
आ चुके हैं
(ACTION PLAN)
सत्यकाशी पीठ
पाँचवां और अन्तिम शंकराचार्य पीठ

लव कुश सिंह
(कल्कि महावतार)
जीवन, ज्ञान, कर्म और विश्वरूप
सत्यकाशी पीठ
पाँचवां और अन्तिम शंकराचार्य पीठ

वैश्विक बुद्ध
बुद्ध का
भाग-दो
और अन्तिम
सत्यकाशी पीठ
पाँचवां और अन्तिम शंकराचार्य पीठ

बुड्ढ़ा कृष्ण
कृष्ण का
भाग-दो
और अन्तिम
सत्यकाशी पीठ
पाँचवां और अन्तिम शंकराचार्य पीठ

सम्पूर्ण क्रान्ति
अन्तिम कार्य योजना
64
सत्यकाशी पीठ
पांचवां और अन्तिम शंकराचार्य पीठ

सम्पूर्ण क्रान्ति
वेबसाइट मार्गदर्शन
विवरणिका
सत्यकाशी पीठ
पाँचवां और अन्तिम शंकराचार्य पीठ

पुनर्निर्माण
(RENEW)
समस्या, समाधान
और
राष्ट्र निर्माण की योजना
पाँचवां और अन्तिम शंकराचार्य पीठ

पुनर्निर्माण
(RENEW)
ग्राम एवं नगर वार्ड
प्रेरक
सत्यकाशी पीठ
पाँचवां और अन्तिम शंकराचार्य पीठ

द्वापर युग में आठवें अवतार श्रीकृष्ण द्वारा प्रारम्भ किया गया कार्य "नवसृजन" के
प्रथम भाग "सार्वभौम ज्ञान" के शास्त्र "गीता" के बाद कलियुग में
द्वितीय और अन्तिम भाग "सार्वभौम कर्मज्ञान" और "पूर्णज्ञान का पूरक शास्त्र"
।। विश्वशास्त्र ।।
द नॉलेज ऑफ फाइनल नॉलेज
परिचय
- लव कुश सिंह "विश्वमानव"

एन्टायर पालिटिक्स
पूर्ण पाठ्यक्रम
सत्यकाशी पीठ
पाँचवां और अन्तिम शंकराचार्य पीठ

वसुधैव
कुटुम्बकम्
सत्यकाशी पीठ
पाँचवां और अन्तिम शंकराचार्य पीठ

।।कर्मवेद।।
प्रथम, अन्तिम तथा पंचम
सत्यकाशी पीठ
पांचवां और अन्तिम शंकराचार्य पीठ

आठवें अवतार
श्रीकृष्ण
सत्यकाशी पीठ
पांचवां और अन्तिम शंकराचार्य पीठ

अयोध्या नहीं,
मुंगेर है
राम जन्मभूमि
सत्यकाशी पीठ
पाँचवां और अन्तिम शंकराचार्य पीठ

विश्वमानव
भूतपूर्व नेतृत्वकर्ताओं
का
स्पष्टिकरण
सत्यकाशी पीठ
पाँचवां और अन्तिम शंकराचार्य पीठ

विश्वमानव
वर्तमान नेतृत्वकर्ताओं
का
स्पष्टिकरण
सत्यकाशी पीठ
पाँचवां और अन्तिम शंकराचार्य पीठ

विश्वमानव
वार्ता, वक्तव्य
एवं
वाणीयाँ
सत्यकाशी पीठ

विश्वमानव
पत्रावली, प्रसारण
और
अन्तिम पत्र
सत्यकाशी पीठ
पाँचवां और अन्तिम शंकराचार्य पीठ

सत्य जनहित
आह्वान
सत्यकाशी पीठ
पाँचवां और अन्तिम शंकराचार्य पीठ

विश्व शान्ति
अन्तिम सत्य दृष्टि
सत्यकाशी पीठ
पाँचवां और अन्तिम शंकराचार्य पीठ

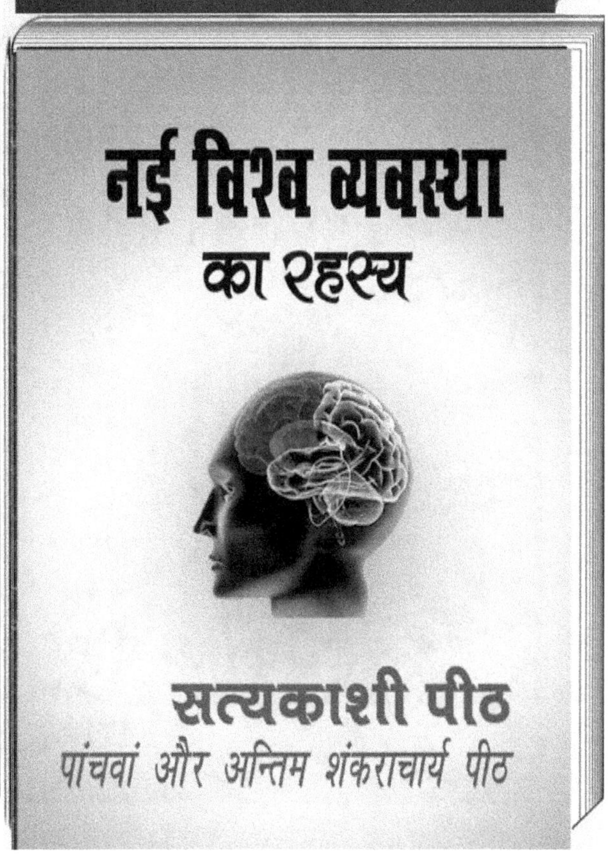
नई विश्व व्यवस्था
का रहस्य
सत्यकाशी पीठ
पांचवां और अन्तिम शंकराचार्य पीठ

समाजवाद
ब्रह्माण्डीय विकास का अवतारी मार्ग
सत्यकाशी पीठ
पांचवां और अन्तिम शंकराचार्य पीठ

भारतवाद
राष्ट्रवाद की मुख्यधारा
सत्यकाशी पीठ
पांचवां और अन्तिम शंकराचार्य पीठ

100 वर्षीय संयुक्त राष्ट्र
को अग्रिम सन्देश
सत्यकाशी पीठ
पांचवां और अन्तिम शंकराचार्य पीठ

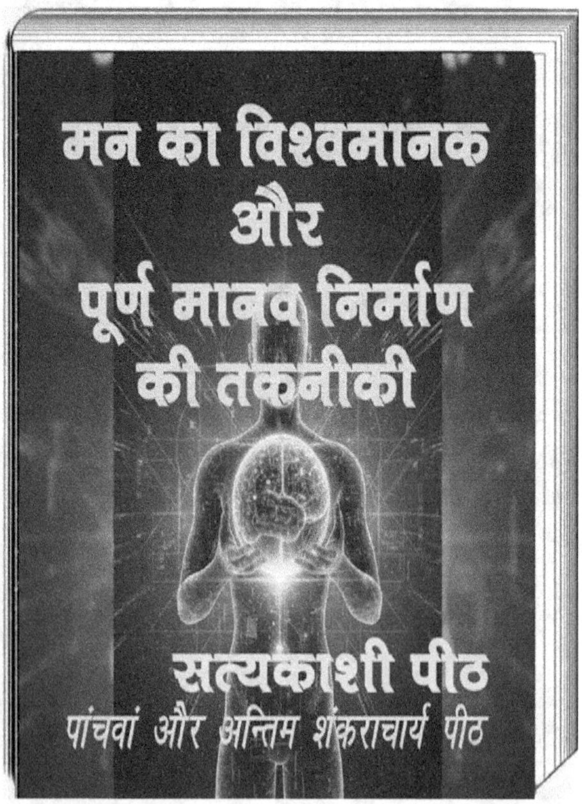
मन का विश्वमानक
और
पूर्ण मानव निर्माण
की तकनीकी
सत्यकाशी पीठ
पांचवां और अन्तिम शंकराचार्य पीठ

गणराज्य, संघ,
मानकीकरण संगठन
और
सम्पूर्ण मानक
सत्यकाशी पीठ
पाँचवां और अन्तिम शंकराचार्य पीठ

व्यापार केन्द्र
दृश्य सत्य
सत्यकाशी पीठ
पाँचवां और अन्तिम शंकराचार्य पीठ

सार्वभौम एकात्म
नव विश्व निर्माण
सत्यकाशी पीठ
पांचवां और अन्तिम शंकराचार्य पीठ

मानक विपणन
प्रणाली
सत्यकाशी पीठ
पाँचवां और अन्तिम शंकराचार्य पीठ

स्वर्णयुग का मानक
आदर्श नागरिक
दिशा निर्देश
सत्यकाशी पीठ
पांचवां और अन्तिम शंकराचार्य पीठ

स्वर्णयुग का
विश्वधर्म
परिचय
सत्यकाशी पीठ
पांचवां और अन्तिम शंकराचार्य पीठ

मैत्रेय बुद्ध
की ओर
सत्यकाशी पीठ
पांचवां और अन्तिम शंकराचार्य पीठ

विशाल ज्ञान विज्ञान
सबका समाधान
सूर्योदय
जय जनता जय कानून
हम सब एक दूसरे से हैं और एक दूसरे के लिए हैं
सौजन्य से : सारे गैर सरकारी प्राणी : सरकारी प्राणी : इज्जतदार नेता और
सबका भविष्य विद्यार्थीगण........के लिए।

सार्वभौम सत्य-सिद्धान्त आधारित "युग परिवर्तक" श्रृंखला
कल्कि धाम
और
कल्कि परिचय
- लव कुश सिंह "विश्वमानव"

सार्वभौम सत्य-सिद्धान्त आधारित "युग परिवर्तक" श्रृंखला
चार शंकराचार्य पीठ
और
पांचवां-अन्तिम पीठ
सत्यकाशी पीठ
सत्यकाशी पीठ
सत्यकाशी पीठ
पांचवां और अन्तिम शंकराचार्य पीठ

कल्कि अमृत
महाकुम्भ
2025
FINAL KNOWLEDGE BOMB BLAST
सत्यकाशी पीठ
पांचवां और अन्तिम शंकराचार्य पीठ

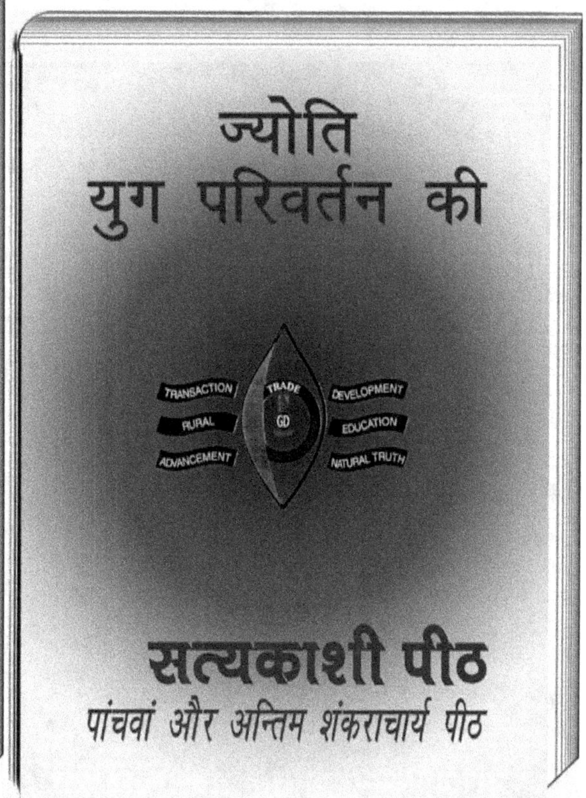
ज्योति
युग परिवर्तन की
TRANSACTION
TRADE
DEVELOPMENT
RURAL
GD
EDUCATION
ADVANCEMENT
NATURAL TRUTH
सत्यकाशी पीठ
पांचवां और अन्तिम शंकराचार्य पीठ

युग परिवर्तन
के
शब्द
सत्यकाशी पीठ
पांचवां और अन्तिम शंकराचार्य पीठ

विचारों का अंत
2025
सत्यकाशी पीठ
पांचवां और अन्तिम शंकराचार्य पीठ

विश्व सत्य घोषणा-पत्र
2025–मानव जाति तक
RSS
Rational Service Society
सत्यकाशी पीठ
पांचवां और अन्तिम शंकराचार्यपीठ

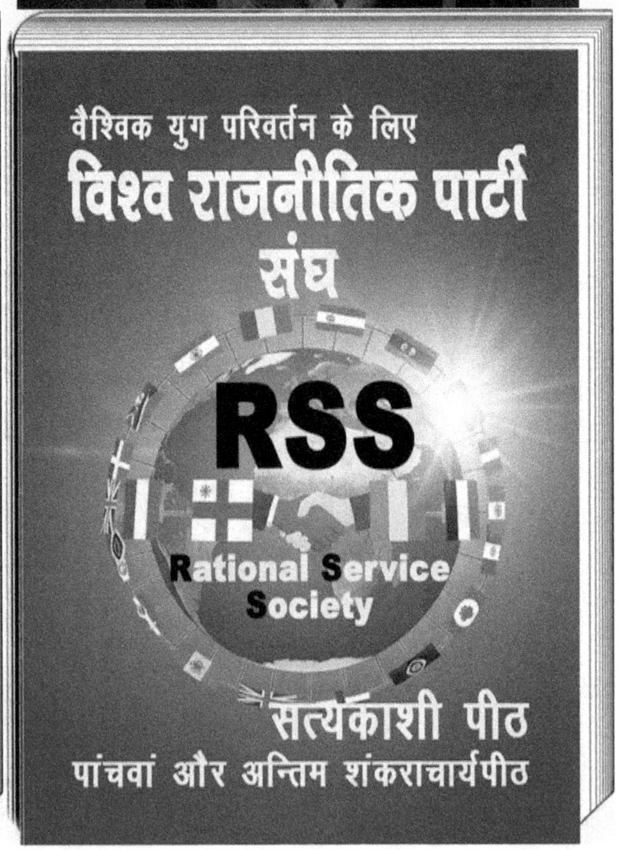
वैश्विक युग परिवर्तन के लिए
विश्व राजनीतिक पार्टी
संघ
RSS
Rational Service Society
सत्यकाशी पीठ
पांचवां और अन्तिम शंकराचार्यपीठ

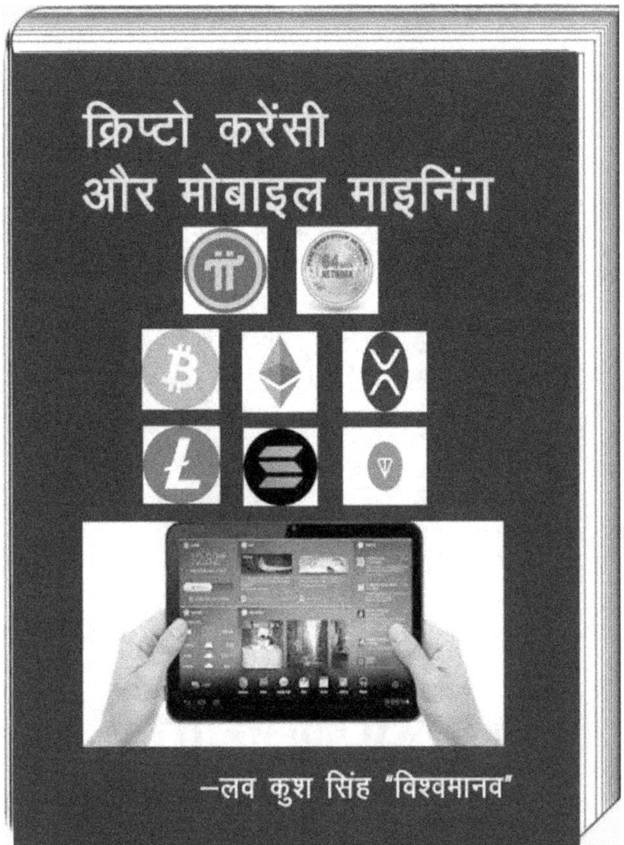
क्रिप्टो करेंसी
और मोबाइल माइनिंग
–लव कुश सिंह "विश्वमानव"

पीढ़ी
मानवीय और ईश्वरीय
2 3 4 5 6 7 8 9 10
वात्सल्य त्रिपाठी

बुढ़ा कृष्ण
अन्तिम मिलन
वात्सल्य त्रिपाठी

GEN जी
अन्तिम लक्ष्य
वात्सल्य त्रिपाठी

पाँचवां-अन्तिम पीठ
सत्यकाशी पीठ
परिचय
वात्सल्य त्रिपाठी
पाँचवां और आंतिम शंकराचार्य पीठ

कबीर और
जेन-जी
नई चेतना, नया मानव
चेतना और नवयुग की संवाद यात्रा
वात्सल्य त्रिपाठी

कल्कि की
ज्योति
बिहार से
ज्योति राठौड़

एक बिहारी
धरती पर भारी
ज्योति राठौड़

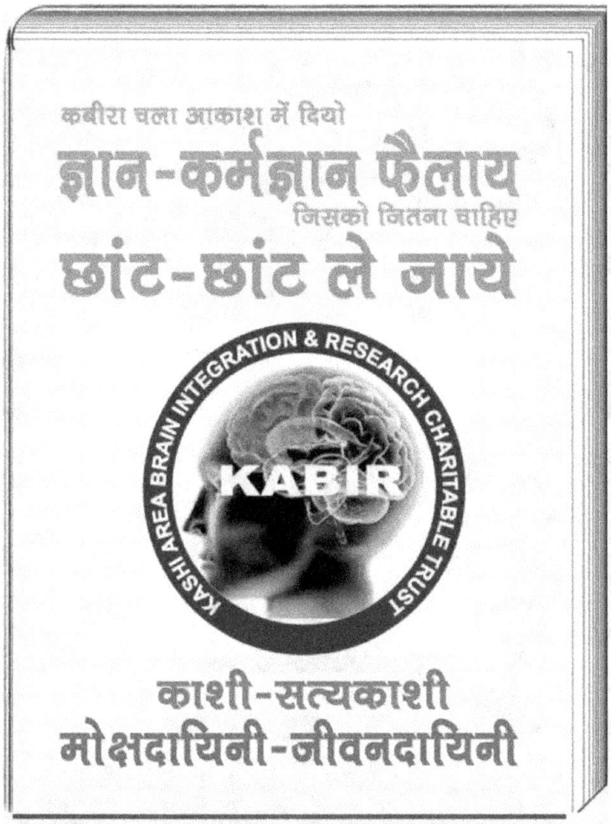
कबीरा चला आकाश में दियो
ज्ञान-कर्मज्ञान फैलाय
जिसको जितना चाहिए
छांट-छांट ले जाये
KASHI AREA BRAIN INTEGRATION & RESEARCH CHARITABLE TRUST
KABIR
काशी-सत्यकाशी
मोक्षदायिनी-जीवनदायिनी

कुर्म वंश
और
चरणाद्रिगढ़
स्वामी रमेशानन्द

आर.एस.एस
नवयुग के लिए
वैश्विक व्यक्तिगत पुस्तकालय
RATIONAL SERVICE SOCIETY (RSS)
WORLD PERSONAL LIBRARY FOR NEW AGE
A GUIDE TO GLOBAL WISDOM & FUTURE THOUGHT
स्वामी रमेशानन्द

झोला उठने के बाद
सोशल मीडिया
के लिए
कन्टेन्ट बैंक
विस्तृत गाइड: विचार, रणनीतियाँ, और संसाधन
www.64inch.com
सत्यकाशी पीठ
पांचवां और अन्तिम शंकराचार्य पीठ

झोला उठने के बाद
कल्कि
सत्यकाशी पीठ
पांचवां और अन्तिम शंकराचार्य पीठ

युग परिवर्तन के लिए:
विश्व पुस्तकालय बनाम कल्कि पुस्तकालय
www.64inch.com
बनाम
कल्कि पुस्तकालय
ज्ञान का महासंग्राम - भविष्य का निर्माण
सत्यकाशी पीठ
पांचवां और अन्तिम शंकराचार्य पीठ

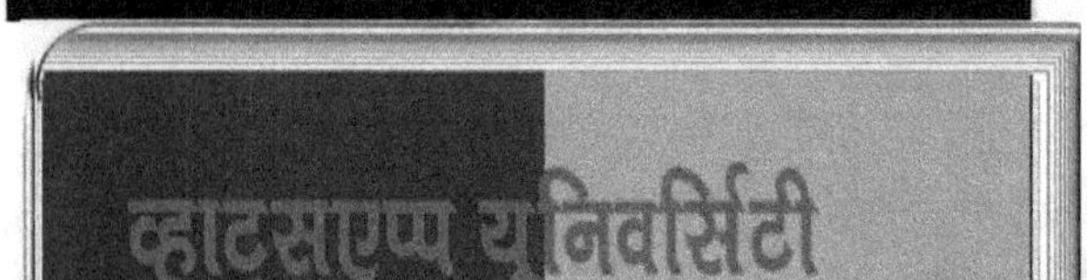
व्हाट्सएप्प यूनिवर्सिटी
और
सु-इसु यूनिवर्सिटी
सत्यकाशी पीठ
पांचवां और अन्तिम शंकराचार्य पीठ

इंडिया
भारत का विश्वरूप
सत्यकाशी पीठ
पांचवां और अन्तिम शंकराचार्य पीठ

अधूरे सपनों का अन्तिम मार्ग
सत्यकाशी पीठ
पांचवां और अन्तिम शंकराचार्य पीठ

मानक संविधान और बहुजन
सत्यकाशी पीठ
पांचवां और अन्तिम शंकराचार्य पीठ

विकसित भारत अन्तिम मुद्दे
-ईश्वरीय/मानवीय पीढ़ी-10 (GEN-10)
-व्यक्तिगत
-पारिवारीक
-सामाजिक
-धार्मिक
-राष्ट्रीय
-वैश्विक
सत्यकाशी पीठ
पांचवां और अन्तिम शंकराचार्य पीठ

एक नया विकल्प
THREADS
सत्यकाशी पीठ
पांचवां और अन्तिम शंकराचार्य पीठ

विकसित भारत
शिक्षितों का अन्तिम ईश्वरीय मॉडल
सत्यकाशी पीठ
पांचवां और अन्तिम शंकराचार्य पीठ

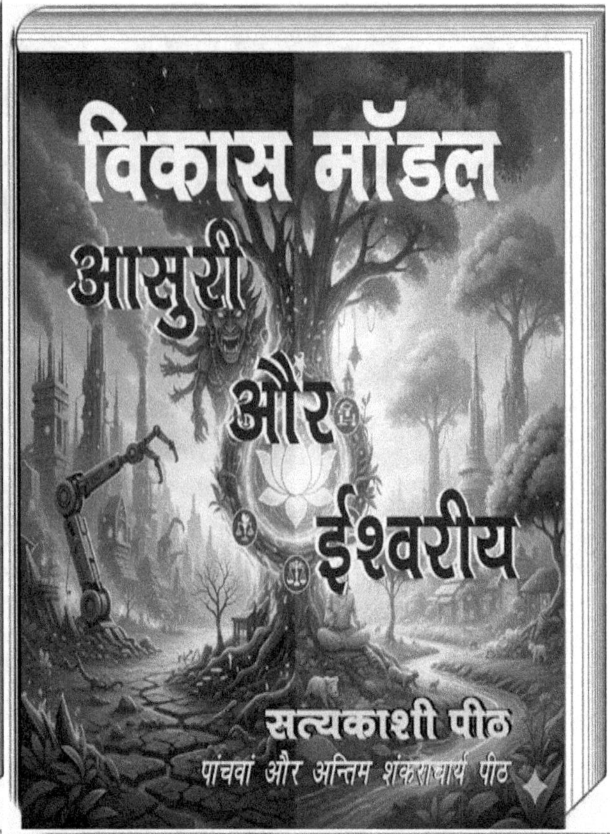
विकास मॉडल
आसुरी
और
ईश्वरीय
सत्यकाशी पीठ
पांचवां और अन्तिम शंकराचार्य पीठ

युग परिवर्तन और 1000 वर्षों के लिए
सत्यकाशी पीठ
का सम्पूर्ण कार्य
कौन,
क्यों,
कैसे
कल्कि?
सत्यकाशी पीठ
पांचवां और अन्तिम शंकराचार्य पीठ

बैल बुद्धि
और
विकसित
भारत
सत्यकाशी पीठ
पांचवां और अन्तिम शंकराचार्य पीठ

सत्यकाशी पीठ
पांचवां और अन्तिम शंकराचार्य पीठ

एक्सट्रा
टु ए बी
समान नागरिक व्यापार ज्ञान संहिता (CCTKC)
सत्यकाशी पीठ
पांचवां और अन्तिम शंकराचार्य पीठ

एक्सट्रा
टु ए बी
समान नागरिक आर्थिक संहिता (UCEC)
सत्यकाशी पीठ
पांचवां और अन्तिम शंकराचार्य पीठ

अंध भक्ति
से मुक्ति की ओर
मुक्ति मंत्र
“जिसने अंधभक्ति दिया
वही मुक्ति देगा”
सत्यकाशी पीठ
पांचवां और अन्तिम शंकराचार्य पीठ

VISHVABHARAT
न मो
नारायण
सत्यकाशी पीठ
पांचवां और अन्तिम शंकराचार्य पीठ

अगला स्तर
फिल्म और राजनीति पर
विचारों का संग्रह
सत्यकाशी पीठ
पांचवां और अन्तिम शंकराचार्य पीठ

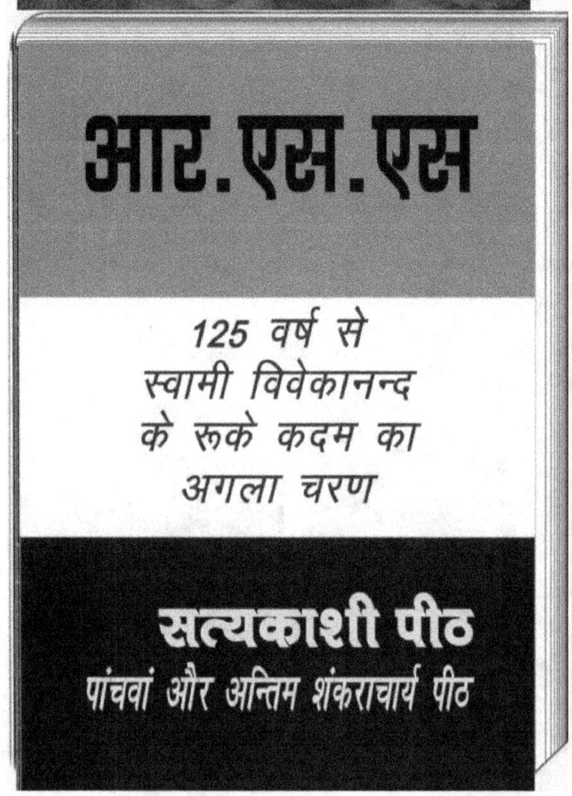
आर.एस.एस
125 वर्ष से
स्वामी विवेकानन्द
के रूके कदम का
अगला चरण
सत्यकाशी पीठ
पांचवां और अन्तिम शंकराचार्य पीठ

आर.एस.एस
रहस्योद्घाटन
सत्यकाशी पीठ
पांचवां और अन्तिम शंकराचार्य पीठ

125 वर्ष बाद
स्वामी विवेकानन्द
का अगला चरण

सत्येश्वर नरेन्द्र
सत्यकाशी पीठ
पांचवां और अन्तिम शंकराचार्य पीठ

आत्मकथा
लेखन कला
का विश्वमानक
सत्यकाशी पीठ
पांचवां और अन्तिम शंकराचार्य पीठ

लुच्चा
पुराण
पौराणिक कथाओं
और पात्रों के
सत्य समझ की व्यास दृष्टि
सत्यकाशी पीठ
पांचवां और अन्तिम शंकराचार्य पीठ

आठवां
सावर्णि मनु स्मृति
सत्यकाशी पीठ
पांचवां और अन्तिम शंकराचार्य पीठ

विश्वमानक
शून्य श्रृंखला
सत्यकाशी पीठ
पांचवां और अन्तिम शंकराचार्य पीठ

सर्वजीत साधना
भवन
एक आध्यात्मिक अनुभव
सत्यकाशी पीठ
पांचवां और अन्तिम शंकराचार्य पीठ

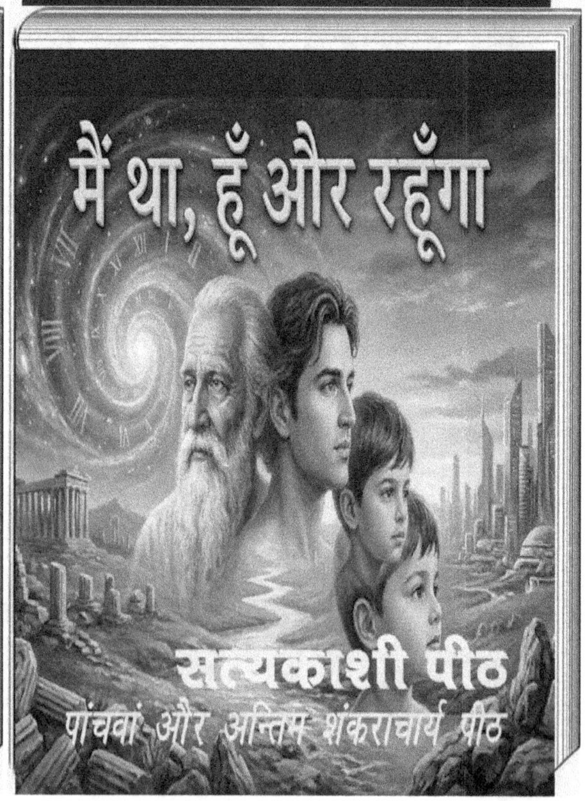
मैं था, हूँ और रहूँगा
सत्यकाशी पीठ
पांचवां और अन्तिम शंकराचार्य पीठ

लव
सत्यकाशी पीठ
पांचवां और अन्तिम शंकराचार्य पीठ

परब्रह्म,
प्रकृति,
अवतार
और वा नर
सत्यकाशी पीठ
पांचवां और अन्तिम शंकराचार्य पीठ

संसार
दृश्य
और
अदृश्य
सत्यकाशी पीठ
पांचवां और अन्तिम शंकराचार्य पीठ

कर्मोपनिषद्
सत्यकाशी पीठ
पांचवां और अन्तिम शंकराचार्य पीठ

विश्वभारत
पुराण
सत्यकाशी पीठ
पांचवां और अन्तिम शंकराचार्य पीठ

एकात्म विज्ञान
सत्यकाशी पीठ
पांचवां और अन्तिम शंकराचार्य पीठ

मानक विज्ञान
सत्यकाशी पीठ
पांचवां और अन्तिम शंकराचार्य पीठ

ईश्वर शास्त्र
सत्यकाशी पीठ
पांचवां और अन्तिम शंकराचार्य पीठ

युगावतारों के प्रकटीकरण की कार्यविधि:
राम-कृष्ण-लवकुश
सत्यकाशी पीठ
पांचवां और अन्तिम शंकराचार्य पीठ

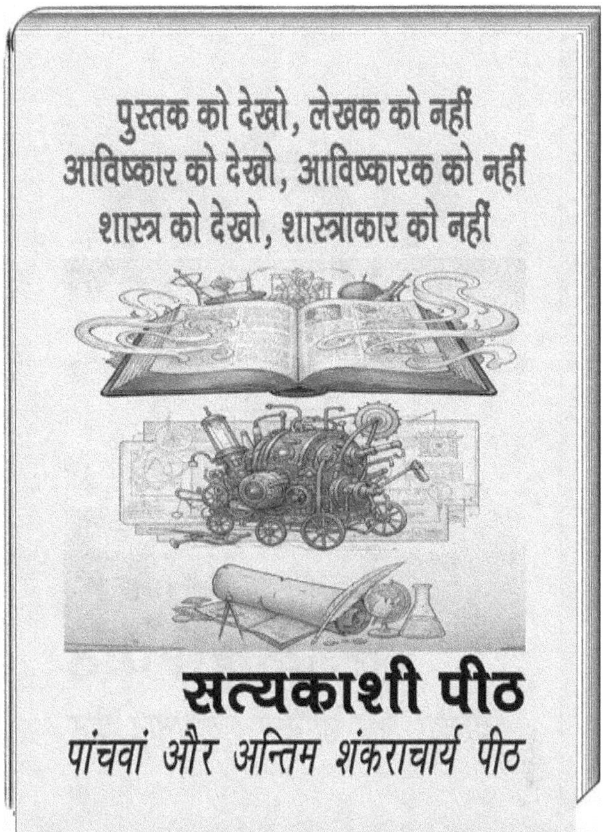
पुस्तक को देखो, लेखक को नहीं
आविष्कार को देखो, आविष्कारक को नहीं
शास्त्र को देखो, शास्त्राकार को नहीं
सत्यकाशी पीठ
पांचवां और अन्तिम शंकराचार्य पीठ

56 से 64
की ओर
सत्यकाशी पीठ
पांचवां और अन्तिम शंकराचार्य पीठ

मैं सत्यकाशी हूँ
कविता
सत्यकाशी पीठ
पांचवां और अन्तिम शंकराचार्य पीठ

पटेल
भारत के शारीरिक एकीकरण के बाद
मन का एकीकरण लक्ष्य
सत्यकाशी पीठ
पांचवां और अन्तिम शंकराचार्य पीठ

मन से
आत्मा तक
3 6 9 और 7
सत्यकाशी पीठ
पांचवां और अन्तिम शंकराचार्य पीठ

भारत
400 पार मुद्दा किसका
?
सत्यकाशी पीठ
पांचवां और अन्तिम शंकराचार्य पीठ

आर. एस. एस - पुस्तकालय
पढ़ो और कमाओ
शिक्षित समाज, समर्थ राष्ट्र
सत्यकाशी पीठ
पांचवां और अन्तिम शंकराचार्य पीठ

विश्वयुद्ध के पहले
विश्वगुरु भारत
का विश्व शान्ति और
पुनर्निर्माण का अन्तिम सन्देश
सत्यकाशी पीठ
पांचवां और अन्तिम शंकराचार्य पीठ

चुटिया पण्डित
वृन्दावन की सत्य घटना
स्वामी नन्दनानंद

कल्कि का
चुनार और वृन्दावन
से उठता प्रेम
स्वामी नन्दनानंद

कल्कि का
बेगुसराय और मीरजापुर
जन्म और कर्म क्षेत्र
स्वामी नन्दनानंद

सत्येश्वरोपनिषद्
सत्येश्वर
और
झूठेश्वर
वात्सल्य त्रिपाठी

अन्तिम अवतार
कल्कि
के लिए शेष कर्म
वात्सल्य त्रिपाठी

कल्कि अवतार
का मानव-10
विकसित भारत का प्रवेश द्वार
वात्सल्य त्रिपाठी

पप्पू-गप्पू
और
नागरिक झुलेलाल
वात्सल्य त्रिपाठी

ओपेन गेम
कभी-कभी नहीं,
अब कन्फर्म है
अपुन ही
भगवान है
(वेब सीरीज)
वात्सल्य त्रिपाठी

SATYAKASHI
THE END OF MIRZAPUR
सत्यकाशी पीठ
पांचवां और अन्तिम शंकराचार्य पीठ

अण्डरवर्ल्ड
सनातन से पुरुषों से छुपी महिलाओं की कहानी
(फिल्म स्क्रीनप्ले-रेडी टू शूट)
वात्सल्य त्रिपाठी

सोना और सोना
एवं
नारी सशक्तिकरण
वैदिक काल से वर्तमान तक
सत्यकाशी पीठ
पांचवां और अन्तिम शंकराचार्य पीठ

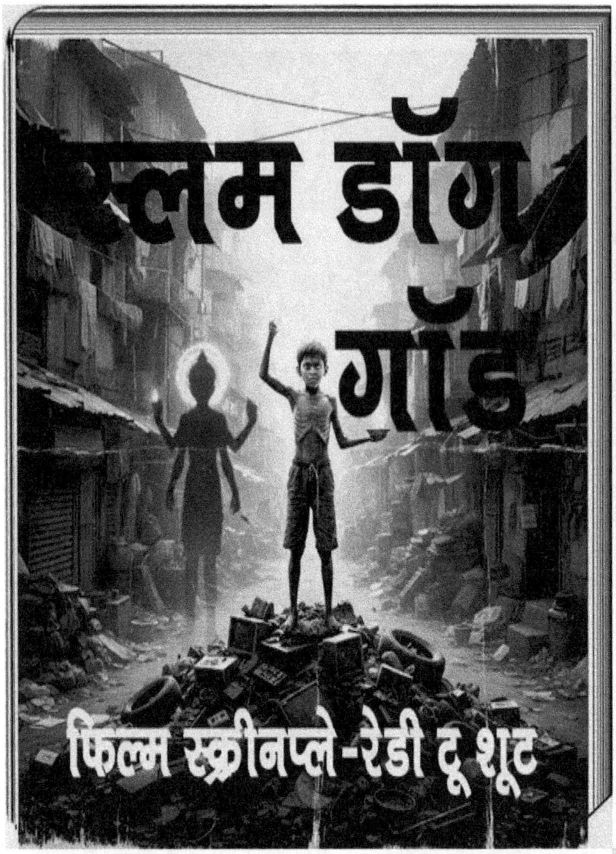
स्लम डॉग
गॉड
फिल्म स्क्रीनप्ले-रेडी टू शूट

उत्तर प्रदेश
का
उत्तर
वात्सल्य त्रिपाठी

अन्तिम समन्वयाचार्य
कल्कि
वात्सल्य त्रिपाठी

2026
2+0+2+6=10
पांचवां और अन्तिम शंकराचार्य पीठ

राम न आयेंगे
लवकुश आ रहें हैं
www.64inch.com
पांचवां और अन्तिम शंकराचार्य पीठ

युग परिवर्तन के
150 पुस्तकें-परिचय
ज्ञान, प्रेरणा और भविष्य की ओर एक कदम
150
सत्यकाशी पीठ
पांचवां और अन्तिम शंकराचार्य पीठ
"एक नई शुरुआत के लिए ज्ञान की खोज"

जैसी तुम्हारी इच्छा वैसा करो

डॉ0 सर्वपल्ली राधाकृष्णन का जन्म 5 सितम्बर, 1888 को दक्षिण भारत के तिरूतनि स्थान पर हुआ था जो चेन्नई से 64 किमी उत्तर–पूर्व में है। डॉ0 सर्वपल्ली राधाकृष्णन भारत के उपराष्ट्रपति और दूसरे राष्ट्रपति सन् 1952 से 1962 तक में रहे। डॉ0 सर्वपल्ली राधाकृष्णन भारतीय समाजिक संस्कृति से ओत–प्रोत एक महान शिक्षाविद् महान दार्शनिक, महान वक्ता और आस्थावान हिन्दू विचारक थे। डॉ0 सर्वपल्ली राधाकृष्णन ने अपने जीवन के महत्वपूर्ण 40 वर्ष शिक्षक के रूप में व्यतीत किये। उनमें एक आदर्श शिक्षक के सारे गुण मौजूद थे। डॉ0 सर्वपल्ली राधाकृष्णन समस्त विश्व को एक शिक्षालय मानते थे। उनकी मान्यता थी कि शिक्षा के द्वारा ही मानव दिमाग का सद्उपयोग किया जाना सम्भव है इसलिए समस्त विश्व को एक इकाई समझकर ही शिक्षा का प्रबन्धन किया जाना चाहिए। उनके जन्मदिन को "शिक्षक दिवस" के रूप में मनाया जाता है।

इति ते ज्ञानमाख्यातं गुह्यादगुह्यतरं मया।
विमृश्न्यैतदशेषेण यथेच्छसि तथा कुरू।।

(श्रीमद्भगवद्गीता, अध्याय–18, श्लोक–63)

अर्थात् – मैंने तुम्हें जो बताया, वह सब से बड़ा रहस्य है। इस पर भलीभाँति विचार कर तुम्हारी जैसी इच्छा वैसा करो।

"परमात्मा देखने में तटस्थ या निरपेक्ष दिखाई देता है, क्योंकि उसने चुनने का निर्णय अर्जुन के हाथ में छोड़ दिया है। उसकी यह निरपेक्षता ही अर्जुन के चिन्ता का कारण है। वह किसी पर भी दबाव नहीं डालता क्योंकि स्वतःस्फूर्त स्वतन्त्रता बहुत मूल्यवान होती है। भगवान अपना आदेश ऊपर से नहीं थोपता। वह स्वतन्त्र छोड़ देता है। परमात्मा की पुकार को स्वीकार करने या अस्वीकार कर देने के लिए हम हर समय स्वतन्त्र हैं। हम लड़खड़ाने लगें तो वह सहायता देने के लिए तैयार रहता है और प्रतीक्षा करने को तैयार है जब तक हम उसकी ओर उन्मुख न हों।

सब कुछ पहले से निर्धारित मानने वाले सिद्धान्त में टकराव के कारण यूरोप और भारत में काफी वाद–विवाद हुआ है। यूरोप का प्रमुख सिद्धान्त है कि संकल्प शक्ति और मानवीय प्रयत्न की स्वतन्त्रता का मनुष्य के उद्धार में बहुत बड़ा हाथ होता है। यद्यपि स्वयं संकल्प शक्ति को भी परमात्मा की कृपा के समर्थन की आवश्यकता पड़ सकती है। पहले से सब कुछ तय मानने वालों को अच्छे कार्यों और प्रार्थना के लिए यत्न करना होता है, क्योंकि वहाँ भी मानते हैं कि ये उपाय नियति को आगे बढ़ाने में सहायक तो हो सकते हैं लेकिन वे उसे रोक नहीं सकते। मनुष्य इस बात के लिए स्वतन्त्र है कि परमात्मा उन मनुष्यों पर कृपा करना चाहता है जो अपने आचरण से उस कृपा को ग्रहण करने के लिए तैयार करते हैं।

आध्यात्मिक नेता हम पर शारीरिक हिंसा, चमत्कार, प्रदर्शन के जरिये प्रभाव नहीं डालते। यदि सच्चा शिष्य कोई गलती कर भी बैठे, तो वह उसे केवल सलाह देगा। यदि शिष्य को चुनाव करने की स्वतन्त्रता पर आँच आती हो, तो वह उसे गलत रास्ते से भी वापस लौट आने के लिए विवश नहीं करेगा। गलती भी विकास की एक दिशा है।

कृष्ण केवल सारथी हैं। वह अर्जुन के आदेश का पालन करेगा। उसने कोई शस्त्र धारण नहीं किया हुआ है। यदि वह अर्जुन पर कोई प्रभाव डालता है तो वह उसे अपने उस सर्वजयी प्रेम के जरिए डालता है। जो कभी समाप्त नहीं होता।

अर्जुन को अपने लिए स्वयं विचार करना चाहिए और अपने लिए स्वयं ही मार्ग खोज करना चाहिए। अस्पष्ट मान्यताओं को अनिवार्य रूप से और भावुकतापूर्वक अपना लिए जाने के कारण फलस्वरूप कट्टर धर्मान्धता उत्पन्न हुई है और उनके कारण मनुष्यों को अकथनीय कष्ट उठाना पड़ा है। इसलिए यह आवश्यक है कि मन और विश्वासों के लिए कोई तर्क संगत और अनुभावात्मक औचित्य ढूंढ़े।

अर्जुन को एक वास्तविक अखण्डता की अनुभूति प्राप्त करनी होगी लेकिन उसके विचार अपने हैं। और गुरू के जरिये उस पर थोपे नहीं गये हैं। दूसरों पर अपने विचार थोपना शिक्षण नहीं हैं।"

– भगवद्गीता के आखिरी उपदेश पर भारतीय दर्शन के व्याख्याकार और दूसरे राष्ट्रपति डॉ0 राधाकृष्णनन का विवेचन

"यह विश्वशास्त्र, मनुष्यों पर थोपा नहीं जा रहा बल्कि वह मनुष्यों को, मनुष्यो के इस संसार मे जो वर्तमान है उसे और उसके आगे अनन्त मार्ग दिखा रहा है और सभी मार्गों के एकीकरण द्वारा, उस मार्ग को भी दिखा रहा है जो विश्व को सत्य–सुन्दर–शिव बना सकता है। फिर भी हे मनुष्यों जैसी तुम्हारी इच्छा वैसा करो। वर्तमान से योग कराने के लिए ही मैं व्यक्त होता हूँ।" – लव कुश सिंह "विश्वमानव"

सत्य मानक शिक्षा
(Real Standard Education)
एक राष्ट्र
एक शास्त्र
विश्वशास्त्र
64 Inch-BOOK
NOTICE - Software का Testing
Login?
Register now?
डिग्री और नौकरी
की शिक्षा
सरकार से
जीवन की "समझ और बुद्धि" की शिक्षा
रू0 1/– प्रतिदिन में यहाँ से
App-64inch-BOOK
सत्य मानक शिक्षा
App-64inch-BOOK

"सत्य मानक शिक्षा" का व्यापार-एक अन्तहीन व्यापार

एक नदी पर पुल था जिसे कोई व्यक्ति पैदल दो घण्टे में पार करता था। यह पुल पैदल यात्रीयों के लिए रोक दिया गया था जिसके लिए पुल के ठीक मध्य (एक घण्टे की यात्रा) पर एक गार्ड नियुक्त था। गार्ड एक घण्टे सोता था और एक घण्टे जागता था। एक चालाक व्यक्ति को पुल से नदी पार करना अतिआवश्यक था। इसलिए गार्ड जब सोया तब वह यात्रा प्रारम्भ किया जैसे ही गार्ड के जागने का समय आया, वह वापस लौटने लगा। गार्ड समझा कि वह दूसरे किनारे से आ रहा है इसलिए उसने उस यात्री को पकड़ा और दूसरी ओर भेज दिया। इस प्रकार यात्री नदी पार हो गया।

यदि हम में से किसी को तैरकर नदी पार करना हो और आधे से पहले ही हमारा हिम्मत टूटने लगे तो हम वापस ही आना चाहेंगे। यदि आधे से अधिक तैरने के बाद हिम्मत टूटने लगेगा तो हौसला बढ़ाकर आगे ही बढकर पार करना चाहेंगे।

इसी प्रकार मनुष्य के विकास क्रम में हम सब अदृश्य विज्ञान (आध्यात्म) से दृश्य विज्ञान (भौतिक) की ओर बढ़ गये हैं। नदी या पुल का एक किनारा अदृश्य विज्ञान है तो दूसरा किनारा दृश्य विज्ञान। वर्तमान का हमारा अधिकतम जीवन नदी के दूसरे किनारे दृश्य विज्ञान की ओर है, हर पल। जन्म से ही हम अधिकतम वे सब वस्तुएँ प्रयोग कर रहे हैं जिसका कच्चा माल भले ही ईश्वरकृत हो परन्तु उपयोग का रूप मनुष्यकृत है और विज्ञान द्वारा निर्मित है। इस प्रकार मनुष्य निर्माता के रूप में अपना रूप व्यक्त कर ईश्वर की ओर ही बढ़ रहा है।

नदी के पुल पर बैठे उस गार्ड का काम और तैरने वाले का निर्णय "सत्य शिक्षा" है। वर्तमान में मनुष्य समाज अदृश्य काल से चलकर दृश्य काल में आ चुका है। आधे से वापस किनारे जाना "सत्य" को पाना है। और आधे से दूसरे किनारे पार हो जाना "सिद्धान्त" को पाना है। इन्हीं सिद्धान्त को पाने के बाद संविधान-नियम-कानून का जन्म होता है जिससे आज हम सभी संचालित व प्रभावित है। इस "सत्य-सिद्धान्त" की शिक्षा ही "सत्य मानक शिक्षा" है।

वर्तमान में जीने का अर्थ होता है-विश्व ज्ञान जहाँ तक बढ़ चुका है वहाँ तक के ज्ञान से अपने मस्तिष्क को युक्त करना। तभी डेढ़ हजार वर्ष पुराने हमारे मस्तिष्क का आधुनिकीकरण हो पायेगा। सिर्फ वर्तमान में तो पशु रहकर कर्म करते हैं। "सत्य मानक शिक्षा" मनुष्य के मस्तिष्क के आधुनिकीकरण की शिक्षा है या विज्ञान की भाषा में कहें तो मस्तिष्क के आधुनिकीकरण का साफ्टवेयर या माइक्रोचिप्स (Integrated Circuit-I.C) है। वर्तमान की अब नवीनतम परिभाषा है-"पूर्ण ज्ञान से युक्त होना" और कार्यशैली की परिभाषा है-"भूतकाल का अनुभव, भविष्य की आवश्यकतानुसार पूर्णज्ञान और परिणाम ज्ञान से युक्त होकर वर्तमान समय में कार्य करना।"

ज्ञान के इस युग में शिक्षा-विद्या-कला का व्यापार मनुष्य के धरती पर रहने तक रहेगा। ऐसी स्थिति में "सत्य मानक शिक्षा"का व्यापार भी उस समय तक के लिए स्थायित्व में है। शिक्षा-विद्या-कला कोई प्रापर्टी नहीं है कि पिता जी ग्रहण कर चुके हैं तो पुत्र को हिस्सा प्राप्त हो जायेगा। पुत्र को भी वहीं से अर्थात् अक्षर ज्ञान से शुरू होना पड़ेगा जहाँ से पिता ने शुरू किया था। इस प्रकार "सत्य मानक शिक्षा"का व्यापार एक अन्तहीन व्यापार है जो मनुष्य के पृथ्वी पर रहने तक चलता रहेगा।

स्कूल-कालेजों के जाल से शिक्षा के व्यापार का विकास होता है न कि शिक्षा का। शिक्षा का विकास तो शिक्षा पाठ्यक्रम पर निर्भर होता है जिससे शिक्षक और शिक्षार्थी दोनों निर्मित होते हैं। जब तक पूर्ण शिक्षा पाठ्यक्रम का निर्माण नहीं होता, शिक्षा का विकास नहीं हो सकता लेकिन शिक्षा के व्यापार का विकास होता रहेगा।

आध्यात्म और विज्ञान ने मानव सभ्यता के विकास में अब कम से इतना विकास तो कर ही चुका है कि अब हमें मन के एकीकरण के लिए कार्य करना चाहिए। और उस मन पर कार्य करने का ही परिणाम है-

सम्पूर्ण ब्रह्माण्ड में व्याप्त एक ही सत्य-सिद्धान्त द्वारा व्यक्तिगत व संयुक्त मन को एकमुखी कर सर्वोच्च, मूल और अन्तिम स्तर पर स्थापित करने के लिए शून्य पर अन्तिम आविष्कार WS-0 श्रृंखला की निम्नलिखित पाँच शाखाएँ है।

1. डब्ल्यू.एस. (WS)-0: विचार एवम् साहित्य का विश्वमानक
2. डब्ल्यू.एस. (WS)-00: विषय एवम् विशेषज्ञों की परिभाषा का विश्वमानक
3. डब्ल्यू.एस. (WS)-000: ब्रह्माण्ड (सूक्ष्म एवम् स्थूल) के प्रबन्ध और क्रियाकलाप का विश्वमानक
4. डब्ल्यू.एस. (WS)-0000: मानव (सूक्ष्म तथा स्थूल) के प्रबन्ध और क्रियाकलाप का विश्वमानक
5. डब्ल्यू.एस. (WS)-00000: उपासना और उपासना स्थल का विश्वमानक

और पूर्णमानव निर्माण की तकनीकी WCM-TLM-SHYAM.C (World Class Manufacturing – Total Life Maintenance – Satya-Heart-Yog-Ashram-Meditaion.Conciousness) है।

जो शिक्षा का नया माडल है। गरीबों की समस्या सुलझानें का नैतिक दायित्व है। देश में 25 वर्ष से कम उम्र के 55 करोड़ लोगों के लिए पुननिर्माण जैसी योजना हैं। उन्हें नौकरी और प्रशिक्षण की व्यवस्था है। रचनात्मकता, समन्वय, लीडरशिप, ग्लोबल तथा प्रोफेशनल विषयों को पढ़ने तथा सूचना तकनीक के जरिए पढ़ाई पर ध्यान केन्द्रित करने से युक्त है। हमारे देश में जो अध्यापक हैं, वे शोध नहीं करते और जो शोध करते हैं वे पढ़ाते नहीं, इसलिए शिक्षार्थी को ही शोध पत्र (विश्वशास्त्र) पढ़ाया जाय क्योंकि शिक्षक पढ़ने से तो रहे क्योंकि समान्यतः धन के आने की सुनिश्चितता के बाद लोग पढ़ना छोड़ देते हैं, यही नहीं कोशिश तो यह भी रहती है कि पढ़ाना भी न पड़े और उन्हें सेवा से हटाया भी नहीं जा सकता।

स्वामी विवेकान्द जी ने कहा था – "सुधारकों से मैं कहूंगा कि मैं स्वयं उनसे कहीं बढ़कर सुधारक हूँ। वे लोग इधर-उधर थोड़ा सुधार करना चाहते हैं- और मैं चाहता हूँ आमूल सुधार। हम लोगों का मतभेद है केवल सुधार की प्रणाली में। उनकी प्रणाली विनाशात्मक है और मेरी संघटनात्मक। मैं सुधार में विश्वास नहीं करता, मैं विश्वास करता हूँ स्वाभाविक उन्नति में।"

स्वाभाविक उन्नति तभी होती है जब संसाधन उपलब्ध हो। कार-मोटरसाइकिल घर में पहले से रहता है तो स्वाभाविक रूप से कम उम्र में ही घर के लोग चलाना सिख जाते हैं

जो व्यक्ति या देश केवल आर्थिक उन्नति को ही सर्वस्व मानता है वह व्यक्ति या देश एक पशुवत् जीवन निर्वाह के मार्ग पर है-जीना और पीढ़ी बढ़ाना। दूसरे रूप में इसे ऐसे समझा जा सकता है कि ऐसे व्यक्ति जिनका लक्ष्य धन रहा था वे अपने धन के बल पर अपनी मूर्ति अपने घर पर ही लगा सकते हैं परन्तु जिनका लक्ष्य धन नहीं था, उनका समाज ने उन्हें, उनके रहते या उनके जाने के बाद अनेकों प्रकार से सम्मान दिया है और ये सार्वजनिक रूप से सभी के सामने प्रमाणित है। पूर्णत्व की प्राप्ति का मार्ग शारीरिक-आर्थिक उत्थान के साथ-साथ मानसिक-बौद्धिक उत्थान होना चाहिए और यही है ही। इस प्रकार भारत यदि पूर्णता व विश्व गुरूता की ओर बढ़ना चाहता है तब उसे मात्र कौशल विकास ही नहीं बल्कि राष्ट्रीय बौद्धिक विकास की ओर भी बढ़ना होगा। बौद्धिक विकास, व्यक्ति व राष्ट्र का इस ब्रह्माण्ड के प्रति दायित्व है और उसका लक्ष्य है।

राष्ट्र के पूर्णत्व के लिए पूर्ण शिक्षा निम्नलिखित शिक्षा का संयुक्त रूप है-

अ-सामान्यीकरण (Generalisation) शिक्षा

ज्ञान के लिए- यह शिक्षा व्यक्ति और राष्ट्र का बौद्धिक विकास कराती है जिससे व्यक्ति व राष्ट्रीय सुख में वृद्धि होती है।

ब-विशेषीकरण (Specialisation) शिक्षा

कौशल के लिए- यह शिक्षा व्यक्ति और राष्ट्र का कौशल विकास कराती है जिससे व्यक्ति व राष्ट्रीय उत्पादकता में वृद्धि होती है।

स-सत्य नेटवर्क (REAL NETWORK)

समाज में प्रकाशित होने के लिए-क्योंकि कोई भी क्यों न हो उसे स्वयं अपना परिचय (BIO-DATA) देना पड़ता है तभी उसके अनुसार समाज उसका उपयोग करता है।

वर्तमान समय में विशेषीकरण की शिक्षा, भारत में चल ही रहा है और वह कोई बहुत बड़ी समस्या भी नहीं है। समस्या है सामान्यीकरण शिक्षा की। व्यक्तियों के विचार से सदैव व्यक्त होता रहा है कि-मैकाले शिक्षा पद्धति बदलनी चाहिए, राष्ट्रीय शिक्षा नीति व पाठ्यक्रम बनना चाहिए। ये तो विचार हैं। पाठ्यक्रम बनेगा कैसे?, कौन बनायेगा? पाठ्यक्रम में पढ़ायेंगे क्या?

एक पूर्ण मानव निर्माण प्रक्रिया में शिक्षा पाठ्यक्रम के स्वरूप का विश्वमानक निम्नवत् है। जो किसी विशेष देश-काल-पात्र पर निर्भर नही करता अर्थात् यह प्रत्येक देशों और व्यक्तियों के लिए शिक्षा का स्वरूप है। जिससे ब्रह्माण्डीय, वैश्विक और व्यक्तिगत संतुलन, स्थिरता, एकता, प्रबन्ध, विकास, शान्ति और सुरक्षा निर्धारित होती है।

1. प्राइमरी शिक्षा (कक्षा-5 तक)-भाषा ज्ञान आधारित:- क्षेत्रीय, देश, विश्व और विज्ञान की भाषा का ज्ञान, सामान्य विज्ञान, सामान्य ज्ञान, चित्र कला।

2. जूनियर हाई स्कूल (कक्षा-6 से 8 तक)-समाज ज्ञान आधारित:- क्षेत्रीय, देश, विश्व और विज्ञान की भाषा का ज्ञान, सामान्य विज्ञान, सामान्य ज्ञान, चित्र कला का विस्तार, खेल, संगीत, कृषि, समाज विज्ञान।

3. हाई स्कूल (कक्षा-9 से 10 तक)-सामान्यीकृत ज्ञान आधारित:- ज्ञान-कर्मज्ञान समाहित WCM-TLM-SHYAM.C (World Class Manufacturing – Total Life Maintenance – Satya-Heart-Yog-Ashram-Meditaion.Conciousness) प्रणाली अर्थात शिक्षा पाठ्यक्रम का विश्व मानक, कालानुसार विज्ञान, तकनीकी, व्यापारीक व प्रबन्धकीय ज्ञान की शिक्षा।

4. इण्टरमीडिएट (कक्षा-11 से 12 तक)-विशेषीकृत ज्ञान आधारित:- कौशल विकास की शिक्षा।

5. उच्च शिक्षा-इच्छानुसार विशेष क्षेत्र आधारित

"किसी देश का संविधान, उस देश के स्वाभिमान का शास्त्र तब तक नहीं हो सकता जब तक उस देश की मूल भावना का शिक्षा पाठ्यक्रम उसका अंग न हो। इस प्रकार भारत देश का संविधान भारत देश का शास्त्र नहीं है। संविधान को भारत का शास्त्र बनाने के लिए भारत की मूल भावना के अनुरूप नागरिक निर्माण के शिक्षा पाठ्यक्रम को संविधान के अंग के रूप में शामिल करना होगा। जबकि राष्ट्रीय संविधान और राष्ट्रीय शास्त्र के लिए हमें विश्व के स्तर पर देखना होगा क्योंकि देश तो अनेक हैं राष्ट्र केवल एक विश्व है, यह धरती है, यह पृथ्वी है। भारत को विश्व गुरू बनने का अन्तिम रास्ता यह है कि वह अपने संविधान को वैश्विक स्तर पर विचार कर उसमें विश्व शिक्षा पाठ्यक्रम को शामिल करे। यह कार्य उसी दिशा की ओर एक पहल है, एक मार्ग है और उस उम्मीद का एक हल है। राष्ट्रीयता की परिभाषा व नागरिक कर्तव्य के निर्धारण का मार्ग है। जिस पर विचार करने का मार्ग खुला हुआ है।"

"भारत का प्रत्येक नागरिक अपने जीवकोपार्जन के मार्ग व संघर्ष में अपने विषय का जानकार व अनुभव तो प्राप्त कर रहा है परन्तु कुछ पाने के क्रम में कुछ छूट भी जाता है इसलिए प्रत्येक नागरिक को अपने अहंकार को भूलकर यह स्वीकार करना होगा कि वह अपने विषय से हटकर अन्य विषय के विषय में कम या नहीं जानता है।"

अतः एक "आदर्श नागरिक" बनने के क्रम में न्यूनतम ज्ञान सभी को एक समान रूप से चाहिए।

NEW WORLD ORDER

"न्यू इण्डिया" का एक्शन प्लान
www.64inch.com
The Knowledge Equalizer

"सार्वभौम सत्य–सिद्धान्त" एवं "आध्यात्मिक सत्य" पर आधारित जीवन शास्त्र –"विश्वशास्त्र" की

"युग परिवर्तन" श्रृंखला की पुस्तकें

मुख्य शास्त्र

01. *विश्वशास्त्र – द नॉलेज आफ फाइनल नॉलेज*

सारांश के अनुसार

02. मैं सत्यकाशी से कल्कि महावतार बोल रहा हूँ (समष्टि गीता – यथार्थ प्रकाश)

शीर्षक के अनुसार भाग

03. विश्वस्तरीय फिल्म लेखन कला
04. प्रारम्भिक सत्य – अन्तिम दृष्टि
05. सत्य धर्म – युग परिवर्तक दृष्टि
06. सत्य दार्शनिक–दर्शन और कर्म वेदान्त–विकास दर्शन
07. सत्य शास्त्र एवं पुराण रहस्य–महर्षि व्यास कला
08. संत एवं गुरू और विश्व संत एवं गुरू
09. समाज और ईश्वरीय समाज
10. सत्य शास्त्र और विश्वशास्त्र
11. कृति और विश्व कृति
12. भारत माता मन्दिर और विश्वधर्म मन्दिर
13. महाभारत और विश्वभारत
14. संविधान और विश्व संविधान
15. शिक्षा और पूर्ण शिक्षा
16. देवता और सार्वभौम देवता कल्कि
17. देवीयाँ और सार्वभौम देवी माँ वल्कि
18. द्वादश ज्योतिर्लिंग और 13वां अन्तिम ज्योतिर्लिंग
19. काशी – मोक्षदायिनी और जीवनदायिनी
20. सत्यकाशी – स्वर्णयुग का तीर्थ
21. काशी – रहस्योद्घाटन
22. 2020 – मन का नवीनीकरण
23. ईश्वर का संक्षिप्त इतिहास
24. अवतार – अन्तिम सत्य दृष्टि
25. भविष्यवाणियाँ और कल्कि अवतार
26. स्वामी विवेकानन्द और कल्कि अवतार
27. मनु, मनवन्तर और कल्कि महावतार
28. व्यास, शास्त्र और कल्कि महावतार
29. ऋषि, ऋषि परम्परा और कल्कि महावतार
30. दूसरा आगमन या अन्तिम आगमन
31. परिवर्तन–काल, मनु, युग, व्यास और शास्त्र
32. राम, रावण और सार्वभौम एकात्म
33. मैं, व्यक्तिगत या सार्वभौम
34. लव कुश (त्रेतायुग) और लवकुश (कलियुग)
35. कल्कि महावतार आ चुके हैं (ACTION PLAN)
36. लव कुश सिंह (कल्कि महाअवतार)–जीवन, ज्ञान, कर्म और विश्वरूप
37. वैश्विक बुद्ध – बुद्ध का भाग दो और अन्तिम
38. बुड्ढा कृष्ण – कृष्ण का भाग दो और अन्तिम
39. सम्पूर्ण क्रान्ति–अन्तिम कार्य योजना
40. पुनर्निर्माण (RENEW)–समस्या, समाधान और राष्ट्र निर्माण की योजना
41. पुनर्निमाण (RENEW)– ग्राम एवं नगर वार्ड प्रेरक
42. विश्वशास्त्र द नालेज आफ फाइनल नालेज–परिचय
43. एन्टायर पालिटिक्स – पूर्ण पाठ्यक्रम
44. वसुधैव–कुटुम्बकम्
45. कर्मवेद : प्रथम, अन्तिम तथा पंचम वेद
46. आठवें अवतार श्रीकृष्ण के अनकहे संदेश
47. अयोध्या नहीं, मुंगेर है राम जन्मभूमि
48. विश्वमानव–भूतपूर्व नेतृत्वकर्ताओं का स्पष्टिकरण
49. विश्वमानव–वर्तमान नेतृत्वकर्ताओं का स्पष्टिकरण
50. विश्वमानव–वार्ता, वक्तव्य एवं वाणियाँ
51. विश्वमानव–पत्रावली, प्रसारण और अन्तिम पत्र
52. सत्य जनहित आह्वान
53. विश्व शान्ति–अन्तिम सत्य दृष्टि
54. नई विश्व व्यवस्था का रहस्य
55. समाजवाद – ब्रह्माण्डीय विकास का अवतारी मार्ग
56. भारतवाद – राष्ट्रवाद की मुख्यधारा
57. 100 वर्षीय संयुक्त राष्ट्र को अग्रिम सन्देश
58. सार्वभौम एकात्म–नव विश्व निर्माण
59. गणराज्य, संघ, मानकीकरण संगठन और सम्पूर्ण मानक
60. व्यापार केन्द्र (TRADE CENTRE)–दृश्य सत्य
61. मन का विश्वमानक और पूर्ण मानव निर्माण की तकनीकी (WCM-TLM-SHYAM.C)
62. मानक विपणन प्रणाली (3F:FUEL-FIRE-FUEL)
63. स्वर्णयुग का मानक आदर्श नागरिक–दिशा निर्देश
64. विश्वधर्म : परिचय (स्वर्णयुग का धर्म)

व्यक्ति और विभागीय स्तर पर सफाई–सुधार का पहला प्रारूप की पुस्तक – डा0 रमेश कुमार द्वारा लिखित "विशाल ज्ञान विज्ञान सबका समाधान" है

दर्शन, विचार एवं संपादन

लव कुश सिंह "विश्वमानव"

Search on Google -> Lava Kush Singh "vishwmanav"

पुस्तक उपलब्ध

notionpress.com
Book Store

www.ingramcontent.com/pod-product-compliance
Lightning Source LLC
LaVergne TN
LVHW080937071026
849535LV00013B/4237
* 9 7 8 1 6 4 8 9 9 3 7 2 5 *